令和3年1月

# 訂正とお詫び

『最新　保育士養成講座』第9巻「保育専門職と保育実践－保育実習／保育内容の理解と実践」に、下記のような誤りがありました。
ここに訂正し、ご迷惑をおかけいたしましたことをお詫び申しあげます。

全国社会福祉協議会出版部

# 正誤表

37頁　図 I -1-4　タイトル

| 誤 | 安全感の輪 |
|---|---|
| 正 | **安心感**の輪 |

37頁　3〜6行め

| 誤 | 子どもの発達とは、「安全基地」や「安全な場所」…（中略）…次第に「安全基地」や「安全な場所」である・・・ |
|---|---|
| 正 | 子どもの発達とは、「**安心の基地**」や「**安全な避難所**」…（中略）…次第に「**安心の基地**」や「**安全な避難所**」である・・・ |

41頁　「6　認知的スキルと否認知的スキルの育成」の5行め

| 誤 | 「豊かな好奇心をもつこと、失敗してもくじけず、その失敗を生かしていくこと、必要な時には集中できること、我慢ができること、自分にそれなりの自信があること、くよくよせず楽天的であること」[5]・・・ |
|---|---|
| 正 | 「豊かな好奇心をもつこと、失敗してもくじけず、その失敗を生かしていくこと、必要な時には集中できること、我慢ができること、自分にそれなりの自信があること、くよくよせず楽天的である**こと**」・・・　　　　　（＊5を削除） |

43頁　引用文献

| 誤 | ＊5.　汐見稔幸「保育所保育指針」『ここがポイント！3法令ガイドブック－新しい『幼稚園教育要領』無藤隆・汐見稔幸・砂上史子『保育所保育指針』『幼保連携型認定こども園教育・保育要領』の理解のために』フレーベル館、2017年、81頁。 |
|---|---|
| 正 | ＊5. を削除 |

43頁　参考文献に下記の文献を追記

**5.　汐見稔幸「保育所保育指針」『ここがポイント！　3法令ガイドブック－新しい『幼稚園教育要領』無藤隆・汐見稔幸・砂上史子『保育所保育指針』『幼保連携型認定こども園教育・保育要領』の理解のために』フレーベル館、2017年、81頁。**

76頁　ポイント語句「ふり遊び」「象徴機能」出典名

| 誤 | 『「学び」の認知心理学用語事典』 |
|---|---|
| 正 | 『「学び」の認知**科学事典**』 |

108頁　第 I 部　第2章　第5節　2　子どもの年齢による発達と造形表現

| 誤 | ❷象徴期、意味づけ期、命名期 **注6**：2歳〜3歳半ごろ／❹図式期：4歳〜9歳ごろ |
|---|---|
| 正 | ❷象徴期、意味づけ期、命名期：2歳〜3歳半ごろ　　／❹図式期 **注6**：4歳〜9歳ごろ |

注6）ローウェンフェルドはスキーマの段階とも記している。

197頁　ケース3：「ウサギとカメ」の記憶　12行め

| 誤 | ウサギを追い越して、丘の上のゴールに先に辿り着いて勝利したのである[7]。 |
|---|---|
| 正 | ウサギを追い越して、丘の上のゴールに先に辿り着いて勝利した**のである。**　　　（＊7を削除） |

198頁　ケース3：「ウサギとカメ」の記憶　出典名

| 誤 | 『イソップ寓話』「ウサギとカメ」をもとに立花作成。 |
|---|---|
| 正 | ポール・ガルドン絵、さがの弥生訳『イソップ寓話　うさぎとかめ』童話館出版、2012年をもとに立花作成。 |

216頁　引用文献

| 誤 | ＊2．坂口経「プラトン『テアイテトス』の知識論における「感覚」の役割」・・・（中略）・・・87頁。<br>（中略）<br>＊7．さがの弥生、ポールガルドン絵『うさぎとかめ－イソップ寓話』・・・<br>＊8．寮美千子『マザー・テレサへの旅－ボランティアってだれのため？』・・・<br>＊9．米田伸次・田渕五十生・田中義信・大津和子・藤原孝章『テキスト国際理解』・・・<br>＊10．高橋正臣監、秋山俊夫・鶴元春・上野徳美編『人間関係の心理と臨床』・・・<br>＊11．立花直樹「保育相談援助における面接技術」西尾祐吾監、立花直樹・安田誠人編『保育現場で役立つ相談援助・相談支援』・・・<br>＊12．立花直樹「相談援助者になるために」前田敏雄監、佐藤伸隆・中西遍彦ら遍『演習・保育と相談援助　第2版』・・・ |
|---|---|
| 正 | ＊2．坂口経「プラトン『テアイテトス』の知識論における「感覚」の役割」・・・（中略）・・・<u>101頁</u>。<br>（中略）<br><u>＊7．</u>寮美千子『マザー・テレサへの旅－ボランティアってだれのため？』・・・<br><u>＊8．</u>米田伸次・田渕五十生・田中義信・大津和子・藤原孝章『テキスト国際理解』・・・<br><u>＊9．</u>高橋正臣監、秋山俊夫・鶴元春・上野徳美編『人間関係の心理と臨床』・・・<br><u>＊10．</u>立花直樹「保育相談援助における面接技術」西尾祐吾監、立花直樹・安田誠人編『保育現場で役立つ相談援助・相談支援』・・・<br><u>＊11．</u>立花直樹「相談援助者になるために」前田敏雄監、佐藤伸隆・中西遍彦ら編『演習・保育と相談援助　第2版』・・・ |

216頁　参考文献　下記の文献を追記

| 12．ポール・ガルドン絵、さがの弥生訳『イソップ寓話　うさぎとかめ』童話館出版、2012年。 |
|---|

232頁

| 誤 | 正 |
|---|---|
| そのためには、実習1か月前程度から実施されるオリエンテーション時や実習初日に実習園の<u>保育課程</u>や配属予定クラスの指導計画、・・・ | そのためには、実習1か月前程度から実施されるオリエンテーション時や実習初日に実習園の<u>全体的な計画</u>や配属予定クラスの指導計画・・・ |

233頁

| 誤 | 正 |
|---|---|
| <u>保育課程</u>、指導計画、デイリープログラムについては、・・・ | <u>全体的な計画</u>、指導計画、デイリープログラムについては、・・・ |

281頁　図Ⅱ-3-3　出典名

| 誤 | 出典：社会福祉法人恩賜財団母子愛育会日本子ども家庭総合研究所編『子どもの虐待対応の手引き　平成17年3月25日改定版』有斐閣、2005年、228～229頁。 |
|---|---|
| 正 | 出典：<u>厚生労働省資料「子ども虐待対応の手引き（平成25年8月改定版）」。</u> |

最新 保育士養成講座

第**9**巻

# 保育専門職と保育実践
## —保育実習／保育内容の理解と実践

『最新　保育士養成講座』総括編纂委員会／編

全国社会福祉協議会

本書はテキストという性格上、歴史的事実等の表現は当時のままであること、また医学的表現等は学術用語として用いられていることをお断りさせていただきます。

# 刊行にあたって

　保育士とは、「第18条の18第1項の登録を受け、保育士の名称を用いて、専門的知識及び技術をもって、児童の保育及び児童の保護者に対する保育に関する指導を行うことを業とする者」（児童福祉法第18条の4第1項）をいいます。この場合の「児童」とは、18歳未満の者をさしています。また、「保育」については、「養護及び教育（学校教育を除く）を行うことをいう」（児童福祉法第6条の3第7項を一部変更）と規定されています。つまり、保育士は、以下の3つの業務を行う専門職ということになります。

①　「就学前児童の保育」early childhood care & education（いわゆるエデュケア）

②　「18歳未満の児童の保育」childcare work（いわゆるケアワーク）

③　「児童の保護者に対する保育に関する指導」（保育指導業務、技術体系としては「保育相談支援」の専門性）

　平成31（2019）年度保育士養成校入学生から、新しい保育士養成課程が導入されることとなりました。上記の業務を遂行する専門職を養成する新保育士養成課程において、最も中核となる科目（原理と内容）を選定すると以下の科目となります。この6〜7科目が、保育士養成課程における最も大切な科目といえ、これらの科目は保育士養成に固有の科目で、他の専門職が学ばない中核的な科目となります。

①　就学前の児童の養護と教育が一体となった保育：保育原理、保育内容総論

②　18歳未満の児童の保育・養育・養護・育成支援・発達支援など：社会的養護Ⅰ、社会的養護Ⅱ・障害児保育

③　保育指導：子ども家庭支援論、子育て支援（保育相談支援）

　新しい保育士養成課程の導入は、前回の養成課程導入後10年を経て、その間の保育・保育士をめぐる動向をふまえたものとなります。この間、18歳未満の保育のあり方には、大きな変革がありました。制度的には、

平成27(2015)年度から子ども・子育て支援新制度が創設され、平成28(2016)年の改正児童福祉法では、「児童の権利に関する条約」の精神が盛り込まれるなど、子ども家庭福祉の理念が現代社会のありようを反映し、明確化されました。

また、各種支援のための政府の指針も多く発出されています。保育士業務に深く関わるものとしては、平成24(2012)年3月の児童養護施設運営指針等の社会的養護関係施設運営指針の発出、平成27(2015)年3月の放課後児童クラブ運営指針、同年4月の放課後等デイサービスガイドラインの発出、平成29(2017)年7月の児童発達支援ガイドラインの発出などがあります。さらに、同年3月31日には、新しい保育所保育指針、幼保連携型認定こども園教育・保育要領、幼稚園教育要領の改定版が告示され、平成30(2018)年度から施行されています。

なかでも、保育所保育指針改正では、年齢層ごとの保育のねらいおよび内容の明確化、幼児期の教育の積極的な位置づけ、養護に関する基本的事項の明記などが盛り込まれています。これらを受けた養成課程改正では、今後の保育士に必要とされる専門的知識および技術、さらには専門職としての倫理を念頭に置きつつ、保育士養成課程を構成する教科目の名称や授業形態、単位数に加え、目標や教授内容について改訂が進められました。それにともない、保育士試験科目の改定も行われています。

『最新　保育士養成講座』シリーズの始まりは、昭和38(1963)年にさかのぼります。それから半世紀以上が経ちました。この間、全国社会福祉協議会では、保育士試験受験者、保育士養成校の学生にむけたテキストを発刊し続けてきました。そして、今回、これまでの『新　保育士養成講座(全12巻)』の全面改訂版として、『最新　保育士養成講座(全10巻)』を発刊することといたしました。

保育所保育指針では、保育士の力量を倫理、知識、技術、判断の4点に整理しています。このなかでは専門職としての価値や倫理が根底となります。それらを基盤として、専門的知識、専門的技術が獲得されていきます。そして、それらのすべてが統合された専門性が「判断」として生きて

くることとなります。保育士はこうした専門性を生かし、以下の4つの立ち位置を縦横に駆使しつつ、子どもと親とのよりよい関係の構築や子どもの発達の保障に取り組む専門職といえるのです。

- ・親と子の間に介在し、よりよい親子関係の形成に寄与する
- ・子どもとの応答的な関係を取り結び、子どもの安全基地となる
- ・子ども同士の間に介在し、仲立ちをし、子ども同士の民主的な人間関係の取り結びを支援する
- ・子ども同士がきまりを守りつつ自主的に活動する場を見守り、必要に応じて介入する

このような期待に応えることのできる保育士養成のため、この『最新 保育士養成講座』は、編著者一同、心を傾けて執筆しています。本テキストが、保育士をめざす方々やその関係者に広く活用されることを心から願っています。

平成31(2019)年1月
『最新　保育士養成講座』総括編纂委員会
委員長　柏女霊峰

# 目　次

デザイン：サザンカンパニー

# 「保育専門職と保育実践」を学ぶ前に

# 本書の成立ち

　本書は、従来の「保育実習」と「保育内容」という複数教科が「保育専門職と保育実践」という軸で統合され、ひとつの巻として構成されている。

　従来の「保育実習」教科では事前事後指導や実習中の日誌の書き方などに論点が置かれていた。一方、「保育内容」教科では主に「健康」「人間関係」「環境」「言葉」「表現」の5領域に論点が置かれていた。今回複数教科として統合されることにより、従来にない「保育専門職と保育実践」というかたちで、理論と実践が融合した構成になった。

　本書では、保育実習での実際の保育実践における学びがより理論と結び付くように、保育の軸となる「保育の内容」の理論指導法、子ども理解、保育の計画についても記載されている。保育には唯一の正解を示すような教科書がないだけではなく、個々の地域の実情や各園の理念や方針などによって多様な保育形態、内容、指導法が実践されている。同じ保育内容を実践する場合でも、各園や保育者が創意工夫し、環境構成、教材、保育形態などは多様なものとなっている。

　そのような保育実践のあり方をふまえ、保育実習に行った学生が、保育の基盤となる保育の内容や指導法、子ども理解などに気づき、保育実践の軸となる具体的な子どもの姿や保育者との関わりについて観察し、記録し、実践のなかで学ぶことを期待している。本書がその一助として役立つことを強く願っている。

# 本書の構成

　本書は、保育士養成講座の1巻として、保育実習を前提とし

て構成されている。保育実習の位置づけである「施設実習(保育所以外の児童福祉施設)」および「保育所実習」が中心となっているが、保育実習先として認められている幼保連携型認定こども園についても反映した内容になっている。

　幼保連携型認定こども園には「保育教諭を置かなくてはならない」とされ、保育教諭は幼稚園教諭免許と同時に保育士の登録を受けた者でなければならないとされている。したがって、本書は保育士試験の出題範囲である「保育実習理論」「保育実習実技(言語表現に関する技術、音楽表現に関する技術、造形表現に関する技術)」にも対応する内容になっている。また、保育実践の内容は、平成29(2017)年3月告示の保育所保育指針(以下、保育指針)および幼保連携型認定こども園教育・保育要領(以下、教育・保育要領)をふまえたものとなっている。

## 1　第Ⅰ部「保育専門職〈実習前に学ぶ理論〉」

　第Ⅰ部は、「保育専門職〈実習前に学ぶ理論〉」として、特に実習前に学んでほしい理論について述べている。

　第1章では、「保育者の役割」として、「第1節　保育者の専門性」「第2節　保育者の現代的意義」「第3節　保育者の連携・協働」「第4節　保育者の専門性と子どもの生活」について理論的に学ぶ。保育者の専門性とは何かについて、現代的課題との関連で理解することにより、現代において保育者が担うべき役割や責任について自覚することが重要になる。また、保育者、栄養士、看護師などが連携・協働しながら保育を行うことや、保育者がその資質向上を図ることなどについても学ぶ。この学びをとおして、保育者としての自分の未来像を具体的に思い描き、自分の「めざす保育者像」を考えることにつなげてほしい。

　第2章では、「保育内容の理解と実践」として、「第1節　子どもの生活と遊び」「第2節　保育における環境とことば」「第3節　保育実践の工夫(見立て遊び・ごっこ遊び、運動遊び)」「第4節　保育実践の工夫(音楽表現遊び)」「第5節　保育実践の工夫(造形表現遊び、ことばの表現)」について理論と実践を融合的に学ぶ。保育実習で実際に子どもと関わり、子どもの遊びを計画し、援助するうえで必要なことがらを、具体的な遊びや活動例をとおして学ぶ。

第3章では、「保育内容と指導法」として、「第1節　法令における保育の内容」「第2節　保育内容の総合的指導」「第3節　保育における観察と記録」について、保育実習に行く前の事前指導に役立つ内容になっている。保育内容が保育指針、幼稚園教育要領、教育・保育要領においてどのように位置づけられているのかを理解することをとおして、発達段階に応じた保育内容や、5領域を総合的に指導する意味を学ぶ。また、保育者の資質および保育の質の向上に必要不可欠な保育記録のあり方についても具体的に学ぶ。

　第4章では、「保育の計画および評価」として、「第1節　保育の計画と評価の基本」「第2節　保育所(認定こども園)における保育の計画および評価」について学ぶ。子どもの主体性を尊重しつつ、保育のねらいを達成するためには、保育の計画が重要になる。保育所などにおける保育計画の種類を理解するとともに、具体的な保育計画の作成についても学ぶ。

　上記のうち特に第2章〜第4章は、保育実習で実際に部分保育や全日保育などを担当する際の前提となるものであり、保育実習など実際の保育実践に結び付けることで、よりいっそう理解が深まる。保育実習前の事前指導に限らず、事後指導にも生かしてほしい。

## 2　第Ⅱ部「保育実践〈実習と事後の振り返り〉」

　第Ⅱ部は、「保育実践〈実習と事後の振り返り〉」について、特に実習とその後の振り返りに関わる内容ついて述べている。実習と何を学ぶのかということを、第Ⅰ部の内容とも関連させながら実習前の事前指導や、実習後の振り返りにおいて活用してほしい。

　第1章では、「保育実習の制度的位置づけ」として、「第1節　保育士養成における『保育実習』の制度的位置づけ」「第2節　子どもと保育士等との関係」「第3節　個々の子どもに応じた援助や受容的・応答的な関わり」について学ぶ。保育士養成のカリキュラム全体のなかで保育実習がどのような位置づけと意義をもつのかを自覚することで、実習生としての自覚や主体的に学ぶ姿勢につなげてほしい。

　第2章では、「保育所(認定こども園)における実習指導」と

して、「第1節　保育所(認定こども園)での実習」「第2節　乳幼児教育を行う保育者としての役割」「第3節　保育所(認定こども園)実習における保育の振り返り、評価」について実践の視点から学ぶ。実習前には、実際の保育所(認定こども園)における保育者の役割を学ぶことで実習における子どもとの関わり方について具体的なイメージをもつことができる。また、実習後には、自分自身の実習生としての子どもに対する関わり方の反省と評価に生かすことができる。

　第3章では、「居住型児童福祉施設等における実習指導」として、「第1節　児童福祉施設等での実習」「第2節　生活支援、対人援助職としての施設保育士の役割」「第3節　児童養護施設における実践の自己評価」について、実習指導の視点から学ぶ。保育所(認定こども園)における実習と児童福祉施設での実習の共通点と違いを意識して学ぶことで、児童福祉施設の実習で必要な姿勢や準備についてより深く理解することができる。

## 第3節　本書の活用方法

　本書を通じて、「保育専門職と保育実践」について理論と実践を融合して学ぶなかで、特に次のことがらを意識して学んでほしい。

- ・福祉の専門職としての保育士の専門性とは何か。
- ・保育者として子どもをどのように理解し関わるべきか。
- ・「人」としての子どもの育ちに必要な保育者の役割やおとなの役割は何か。
- ・保育内容である生活・遊び(活動)を通じて、子どものどのような「資質・能力」を育てているのか。
- ・遊び(活動)のなかで子どもは、何を楽しみ、何を試し、何を工夫しているのか。

　これらのことがらを意識するためには、自分なりによく考え、他者の意見に積極的に耳を傾けることが重要である。そして、実習においては、よく観察し、よく記録し、よく振り返る

ことが重要になる。

　また、本書を学ぶ際には、子どもがいきいきと遊んでいる姿がまさにそうであるように、学生一人ひとりがいきいきとした興味と関心をもって積極的に取り組み、できるだけアクティブラーニング(課題の発見、解決に向けた主体的―協動的な学びなど)をとおして学んでほしいと願っている。

　実習に行くまで、実習中、そして実習を終えた後、それぞれの段階で保育専門職と保育内容とは何かを学ぶために、ぜひ本書を活用していただきたい。

　子どもの最善の利益のために、保育実習が子どもとともに学び多きものであるように、そして、本書が保育者としての歩みに役立つことを心から祈念する次第である。

# I 保育専門職〈実習前に学ぶ理論〉

## 第1章

# 保育者の役割

**学習のポイント**

　保育者とは、子ども、特に乳幼児期の保育に携わる人である。よくいわれる「子どもが好き」「意欲がある」「人柄がよい」ということは大切なことであるが、保育者をめざすときにどのような資質・能力が求められるのだろうか。

　乳幼児期の教育(保育)は、「生涯にわたる人格形成の基礎」とともに、小学校以降の義務教育およびその後の教育の基礎を培う重要な時期である。人としてスタートする重要な時期に出会ったおとなとして、専門家としてどのように子どもにはたらきかければよいのか。未成熟な発達過程の時期であるからこそ、感じて気づいてくれるおとなの存在が必要である。

　単に事実を教えるような教育ではなく、子どもが生きることを「探究」したくなるような関わりや、"人は快(愛情や信頼をともなう心地よい関係)である"という「情動」交流が育まれるようにはたらきかけることが求められている。そのために、子どもの育ちに関わるあらゆる分野の専門的知識や技術が求められている。

# 保育者の専門性

　保育者の専門性は、すべて一人ひとりの「子どもの最善の利益」の尊重に根ざすとともに、その実現を目的としている。「最善の利益」の「最善」とは子どもにとっての「最善」を表し、それを最も大切なこととして追求する姿勢であり、ことばや行いもそこを基盤として判断しなければならない。特に重要なことは、以下の事項である。

---

1. 子どもの人権を守るための法的・制度的な裏づけとなる「児童福祉法」「児童憲章」「子どもの権利条約」等について理解すること。
2. 子どもを取り巻く家庭や地域の環境をふまえ、生まれてから成人に至るまでの発達を長期的視野でとらえながら、現在（いま）の福祉の増進を図ること。
3. 国籍や文化の違いを認め合い、互いに尊重する姿勢を保育士・保育教諭が全員で確認すること。

---

　保育の場が集団であっても、子どもを集団としてとらえるのではなく、一人の個としてとらえ、一人の人間として尊重しなければならない。すなわち、保育者は、子ども目線で考え、子どもが主体的・意欲的に活動できるよう、一人ひとりの発達に応じた援助をとおして心身ともに健やかに育つようにはたらきかけることである。

　次に示す児童福祉法は、保育所保育および保育者（保育士）の基盤となる法律である。保育所は児童福祉施設であり、保育士は、福祉職であることが明確に示されている。

児童福祉法　第1章　総則〈抜粋〉

第1条　全て児童は、児童の権利に関する条約の精神にのっとり、適切に養育されること、その生活を保障されること、愛され、保護されること、その心身の健やかな成長及び発達並びにその自立が図られることその他の福祉を等しく保障される権利を有する。

第2条　全て国民は、児童が良好な環境において生まれ、かつ、社会のあらゆる分野において、児童の年齢及び発達の程度に応じて、その意見が尊重され、その最善の利益が優先して考慮され、心身ともに健やかに育成されるよう努めなければならない。

○2　児童の保護者は、児童を心身ともに健やかに育成することについて第一義的責任を負う。

○3　国及び地方公共団体は、児童の保護者とともに、児童を心身ともに健やかに育成する責任を負う。

第3条　前二条に規定するところは、児童の福祉を保障するための原理であり、この原理は、すべて児童に関する法令の施行にあたつて、常に尊重されなければならない。

第2節　定義

第4条　この法律で、児童とは、満十八歳に満たない者をいい、児童を左のように分ける。

一　乳児　満一歳に満たない者

二　幼児　満一歳から、小学校就学の始期に達するまでの者

三　少年　小学校就学の始期から、満十八歳に達するまでの者

第7条　この法律で、児童福祉施設とは、助産施設、乳児院、母子生活支援施設、保育所、幼保連携型認定こども園、児童厚生施設、児童養護施設、障害児入所施設、児童発達支援センター、児童心理治療施設、児童自立支援施設及び児童家庭支援センターとする。

第7節　保育士

第18条の4　この法律で、保育士とは、第18条の18第1

> 項の登録を受け、<u>保育士の名称を用いて、専門的知識及び技術をもつて、児童の保育及び児童の保護者に対する保育に関する指導を行うことを業とする者</u>をいう。
>
> （下線は筆者）

## 1 児童憲章

児童憲章は、日本国憲法の精神に基づき、児童に対する正しい観念を確立し、すべての児童の幸福を図るために定められた児童の権利宣言である。昭和26(1951)年5月5日、次に示す3つの基本綱領と12条の本文から成る児童憲章が制定された。

児童憲章は、時代が変わろうとも、子どもに関わるおとな、特に専門職として忘れてはならない事項である。

> 児童憲章
>
> われらは、日本国憲法の精神にしたがい、児童に対する正しい観念を確立し、すべての児童の幸福をはかるために、この憲章を定める。
>
> **児童は、人として尊ばれる。**
> **児童は、社会の一員として重んぜられる。**
> **児童は、よい環境の中で育てられる。**
>
> 一 すべての児童は、心身ともに健やかにうまれ、育てられ、その生活を保障される。
> 二 すべての児童は、家庭で、正しい愛情と知識と技術をもつて育てられ、家庭に恵まれない児童には、これにかわる環境が与えられる。
> 三 すべての児童は、適当な栄養と住居と被服が与えられ、また、疾病と災害からまもられる。
> 四 すべての児童は、個性と能力に応じて教育され、社会の一員としての責任を自主的に果たすように、みちびかれる。
> 五 すべての児童は、自然を愛し、科学と芸術を尊ぶように、みちびかれ、また、道徳的心情がつちかわれる。
> 六 すべての児童は、就学のみちを確保され、また、十分に整つた教育の施設を用意される。

七　すべての児童は、職業指導を受ける機会が与えられる。

八　すべての児童は、その労働において、心身の発育が阻害されず、教育を受ける機会が失われず、また、児童としての生活がさまたげられないように、十分に保護される。

九　すべての児童は、よい遊び場と文化財を用意され、悪い環境からまもられる。

十　すべての児童は、虐待・酷使・放任その他不当な取扱からまもられる。あやまちをおかした児童は、適切に保護指導される。

十一　すべての児童は、身体が不自由な場合、または精神の機能が不充分な場合に、適切な治療と教育と保護が与えられる。

十二　すべての児童は、愛とまことによつて結ばれ、よい国民として人類の平和と文化に貢献するように、みちびかれる。

## 2　子どもの権利条約

　「児童の権利に関する条約（子どもの権利条約）」は、1989年の第44回国連総会において採択され、1990年に発効した（日本は1994年に批准）。子どもの基本的人権を国際的に保障するために定められた条約である。<u>子どもの生存、発達、保護、参加という包括的な権利</u>を実現・確保するために必要となる具体的な事項を規定している（下線は筆者）。18歳未満の児童（子ども）は権利をもつ主体と位置づけ、おとなと同様ひとりの人間としての人権を認めるとともに、成長の過程で特別な保護や配慮が必要な子どもならではの権利も定めている。子ども、特に乳幼児期はおとなに依存しなければ生きていけない存在である。保育者は、このことを理解し、保育の実践において実行する専門家でなければならない。

　「子どもの人権」は、日常生活において、一人ひとりの育ちや子ども理解、またクラス集団としての運営においても常に意識し、振り返り評価しながら実践することが大切である。

児童の権利に関する条約（子どもの権利条約）〈要旨〉

・生命、生存及び発達に対する権利（命を守られ成長できること）

　すべての子どもの命が守られ、もって生まれた能力を十分に伸ばして成長できるよう、医療、教育、生活への支援などを受けることが保障されます。

・子どもの最善の利益（子どもにとって最もよいこと）

　子どもに関することが行われる時は、「その子どもにとって最もよいこと」を第一に考えます。

・子どもの意見の尊重（意見を表明し参加できること）

　子どもは自分に関係のある事柄について自由に意見を表すことができ、おとなはその意見を子どもの発達に応じて十分に考慮します。

・差別の禁止（差別のないこと）

　すべての子どもは、子ども自身や親の人種、性別、意見、障がい、経済状況などどんな理由でも差別されず、条約の定めるすべての権利が保障されます。

## 3　子どもの最善の利益

　子どもは、自ら伸びゆく無限の可能性を備えている。保育者（保育士・保育教諭）は、愛情をもって子どもを育て、養護するとともに、その可能性を最大限に広げるようはたらきかける存在である。そのはたらきかけの基本は、「子どもを権利の主体としてとらえ、その人権を守る」ということであり、根源的な理念である。「子どもの最善の利益」とは、一人ひとりの子どもが生きるその瞬間である現在（いま）である。子どもの「生きる力」は、「最善」である現在（いま）を基盤とし、未来（あす）へとつながる。昨日、今日、明日が鎖のようにつながり、未来へと子どもは育つ。そのためには、保育者はどのような役割を果たすかが専門職として問われている。保育所保育指針（以下、保育指針）「第1章　総則」には次のように記載されている。特に、「……その職責を遂行するための専門性の向上に絶えず努めなければならない」（保育所保育指針解説〈以下、保育指針解

説〉「第1章　総則」「1　保育所保育に関する基本原則」「(1)保育所の役割　エ」)と今回の保育指針では改定されている。すなわち、保育者は、職務についてからも専門職としての使命を自覚し、臨床への研修や実践における研鑽を重ねる努力が求められているのである。

---

保育所保育指針　第1章　総則

　　この指針は、児童福祉施設の設備及び運営に関する基準（昭和23年厚生省令第63号。以下「設備運営基準」という。)第35条の規定に基づき、保育所における保育の内容に関する事項及びこれに関連する運営に関する事項を定めるものである。各保育所は、この指針において規定される保育の内容に係る基本原則に関する事項等を踏まえ、各保育所の実情に応じて創意工夫を図り、保育所の機能及び質の向上に努めなければならない。

1　保育所保育に関する基本原則
(1)　保育所の役割
ア　保育所は、児童福祉法（昭和22年法律第164号）第39条の規定に基づき、保育を必要とする子どもの保育を行い、その健全な心身の発達を図ることを目的とする児童福祉施設であり、入所する子どもの最善の利益を考慮し、その福祉を積極的に増進することに最もふさわしい生活の場でなければならない。
イ　保育所は、その目的を達成するために、保育に関する専門性を有する職員が、家庭との緊密な連携の下に、子どもの状況や発達過程を踏まえ、保育所における環境を通して、養護及び教育を一体的に行うことを特性としている。
ウ　保育所は、入所する子どもを保育するとともに、家庭や地域の様々な社会資源との連携を図りながら、入所する子どもの保護者に対する支援及び地域の子育て家庭に対する支援等を行う役割を担うものである。
エ　保育所における保育士は、児童福祉法第18条の4の規定を踏まえ、保育所の役割及び機能が適切に発揮されるように、倫理観に裏付けられた専門的知識、技術及び

---

> 判断をもって、子どもを保育するとともに、子どもの保護者に対する保育に関する指導を行うものであり、<u>その職責を遂行するための専門性の向上に絶えず努めなければならない。</u>
>
> （下線は筆者）

## 4　保育所保育指針における保育士の専門性

　保育指針解説には、保育所の保育士について、「保育所の役割及び機能が適切に発揮されるように、倫理観に裏付けられた専門的知識、技術および判断をもって、子どもを保育するとともに子どもの保護者に対する保育に関する指導を行う」とし、保育士の専門性について、以下に示す6つ（①～⑥）をあげている。

> 保育所保育指針解説
> 第1章　保育所保育に関する基本原則
> ⑴　保育所の役割
> （中略）
> 　保育所における保育士は、子どもの保育や家庭での子育ての支援に関する専門職として、保育所保育の中核的な役割を担う。
> 　保育所の保育士に求められる主要な知識及び技術としては、次のようなことが考えられる。すなわち、<u>①これからの社会に求められる資質を踏まえながら、乳幼児期の子どもの発達に関する専門的知識を基に子どもの育ちを見通し、一人一人の子どもの発達を援助する知識及び技術、②子どもの発達過程や意欲を踏まえ、子ども自らが生活していく力を細やかに助ける生活援助の知識及び技術、③保育所内外の空間や様々な設備、遊具、素材等の物的環境、自然環境や人的環境を生かし、保育の環境を構成していく知識及び技術、④子どもの経験や興味や関心に応じて、様々な遊びを豊かに展開していくための知識や技術、⑤子ども同士の関わりや子どもと保護者の関わりなどを見守り、その気持ちに寄り添いながら適宜必要な援助をしていく関係構築の知識及び技術、⑥保護者等への相談、助言に関する</u>

知識及び技術、の六つである。

　保育士には、こうした専門的な知識及び技術を、状況に応じた判断の下、適切かつ柔軟に用いながら、子どもの保育と保護者への支援を行うことが求められる。その際、これらの知識や技術及び判断は、子どもの最善の利益を尊重することをはじめとした児童福祉の理念に基づく倫理観に裏付けられたものでなくてはならない。

　これらのことを踏まえ、保育所における保育士としての職責を遂行していくためには、日々の保育を通じて自己を省察するとともに、同僚と協働し、共に学び続けていく姿勢が求められる。幅広い観点において子どもに対する理解を深め、子どもや子育て家庭の実態や社会の状況を捉えながら、自ら行う保育と保護者に対する支援の質を高めていくことができるよう、常に専門性の向上に努めることが重要である。

（下線は筆者）

　保育者（保育士・保育教諭）は、この専門性をふまえつつ、社会福祉の専門職としての強い自覚と自らの行為に対する責任感をもち、知識・技術の習得に努めていかなければならないといえる。また、専門職としての適切な「判断」を行うためには、判断の基盤となる専門的知識はもとより、気づきのセンス、豊かでバランスのとれた感性に磨きをかけていく必要があるといえる。保育指針解説の第5章「職員の資質向上」では、全国保育士会倫理綱領（以下、倫理綱領）について言及している。このことをふまえながら、保育士・保育教諭は、「全国保育士会倫理綱領」の条文にある内容すべてについて実践していくことを自らの責務としていく必要がある。

## 5　全国保育士会倫理綱領

　平成15（2003）年に策定された倫理綱領は全国保育士会の活動の根本となるものである。倫理綱領のすべての条文は、保育指針解説の内容とも関連している。ガイドブックは、保育指針（改定）および幼保連携型認定こども園教育・保育要領（以下、教育・保育要領）（改訂）に合わせ、平成21（2009）年に改訂版、

平成30(2018)年に改訂2版を発行している。倫理綱領は、保育者として、次に示す内容や意義について、「一人ひとりの適切な認識のもとに、意識に深く根ざし、それが行動となって現れることが必要」であるといわれている。倫理綱領は、子どもをいかなる存在ととらえ、専門職としてどのような視点で保育を行うかという保育士・保育教諭の基本姿勢を表し、子どもの育ちに関わるすべての保育士・保育教諭のための内容として謳っている。3つの宣言の第一は「子どもの育ち」を中心に考える、第二は「その子どもの幸せのために保護者および家庭の支援を行う」、第三は「その家庭を取り巻く社会の働きかけを自らの使命・役割」としている。保育者(保育士・保育教諭)は、子どもの自ら伸びゆく力や、保護者が自ら行う子育てを「支える」専門職として認識している。

---

**全国保育士会倫理綱領**

　すべての子どもは、豊かな愛情のなかで心身ともに健やかに育てられ、自ら伸びていく無限の可能性を持っています。

　私たちは、子どもが現在(いま)を幸せに生活し、未来(あす)を生きる力を育てる保育の仕事に誇りと責任をもって、自らの人間性と専門性の向上に努め、一人ひとりの子どもを心から尊重し、次のことを行います。

　　**私たちは、子どもの育ちを支えます。**
　　**私たちは、保護者の子育てを支えます。**
　　**私たちは、子どもと子育てにやさしい社会をつくります。**

(子どもの最善の利益の尊重)
1. 私たちは、一人ひとりの子どもの最善の利益を第一に考え、保育を通してその福祉を積極的に増進するよう努めます。

(子どもの発達保障)
2. 私たちは、養護と教育が一体となった保育を通して、一人ひとりの子どもが心身ともに健康、安全で情緒の安定した生活ができる環境を用意し、生きる喜びと力を育むことを基本として、その健やかな育ちを支えます。

---

（保護者との協力）

3. 私たちは、子どもと保護者のおかれた状況や意向を受けとめ、保護者とより良い協力関係を築きながら、子どもの育ちや子育てを支えます。

（プライバシーの保護）

4. 私たちは、一人ひとりのプライバシーを保護するため、保育を通して知り得た個人の情報や秘密を守ります。

（チームワークと自己評価）

5. 私たちは、職場におけるチームワークや、関係する他の専門機関との連携を大切にします。

　また、自らの行う保育について、常に子どもの視点に立って自己評価を行い、保育の質の向上を図ります。

（利用者の代弁）

6. 私たちは、日々の保育や子育て支援の活動を通して子どものニーズを受けとめ、子どもの立場に立ってそれを代弁します。

　また、子育てをしているすべての保護者のニーズを受けとめ、それを代弁していくことも重要な役割と考え、行動します。

（地域の子育て支援）

7. 私たちは、地域の人々や関係機関とともに子育てを支援し、そのネットワークにより、地域で子どもを育てる環境づくりに努めます。

（専門職としての責務）

8. 私たちは、研修や自己研鑽を通して、常に自らの人間性と専門性の向上に努め、専門職としての責務を果たします。

社会福祉法人　全国社会福祉協議会
全国保育協議会
全国保育士会

# 保育者の現代的意義

ここであらためておとなの生活文化の変容による子どもの生活文化の変容を考える。

『サザエさん』や『ちびまるこちゃん』の時代（1970年代ごろ）、子どもはさまざまな家庭や地域を通じた人との出会いがあった。人としてどのように生きるのかという生活モデルを見ながら成長することができた。子どもは、家庭で兄弟姉妹とともに育ち、異年齢の関係から対人関係を学んでいたのである。そして、さまざまな人と関わり合いながら、異なる生活文化と出会い、「多様な人との折り合いをつける力」、「人間を理解する力」、「物の仕組みや探究する力」など[注1]が自然と育ち、身についていたのである。

例えば、『サザエさん』の家庭にはタラちゃんという子どもがいる。2～3歳の男の子である。タラちゃんは家庭にいるだけで、「おじいちゃん・おばあちゃん・お父さん・お母さん（サザエさん）・おじのカツオ君（小学生・男子）や、おばのワカメちゃん（小学生・女子）・猫のタマ」という異なる生活をする人（猫）との出会いがある。また、地域に住む親せき夫婦がイクラちゃんという自分より小さい子どもを連れてくることから、子どもを育てるという喜びとともに、泣かれて困るというような葛藤や困惑があることを学ぶ場面がある。タラちゃんは、さまざまな人と関わりながら、お茶の飲み方ひとつをとっても、もの（湯飲み・コップ・哺乳瓶・色・形・大きさ・好みなど）の違い、ことばや行いの違いなどに気づくであろう。また、地域の中で、買い物や散歩に行くことは、自然環境、店や病院、警察、消防署、郵便局等といった社会との出会いがあり、「これください」「いくらですか」といったことばのやりとりやお金のやりとりという社会の仕組みを学ぶ場面がある。かつては、このように家庭や地域の中で他者と交流しながら、次第に多様性を理解し自分の生活や生き方に取り込んでいく学びがあったのである。

注1
このような力は「非認知的能力」や「社会情動的なスキル」といわれる。簡単にいうと、好奇心や探究心などといった「気づく力」、やる気（目標）への情熱やがんばる力（忍耐力）などの「やりぬく力」、他者との交流、関係性をつくるなどといった「関係を調整する力」などのことである。

　しかし、少子化時代を迎えたこれからの時代は、子どもの数も減り、自由に遊べる空き地や公園も少なくなってきており、かつてのように子ども同士が家庭や地域で関わりながら育ち合う機会を保障することがむずかしくなってきている。また、ひとり親家庭の増加や子どもの貧困、子どもの虐待等も大きな社会問題となっているように、子どもたちがくつろいで過ごせる養護的環境や安心・安全な環境の保障もむずかしい時代になってしまっている。さらに、親になるまで子どもと関わった経験もなく、子育て場面を見たことがない人も増えており、どうやって子どもを育てたらよいのかわからないおとなが多くなってしまっているのも現代の特徴といえる。

　このようなおとなの子育て力の低下は大きな問題である。子どもの育ちを保障する専門性をもった保育者が、家庭や地域と連携しながら子どもの育ちを支えるとともに、また保育を通じて保護者の子育て力を高めるような支援を行うことが求められている。保育の場が中心となって、地域とつながっていくなかで、子どもや保護者が社会の一員として豊かな生活を送れるような関わりを生み出していくことも求められている。すなわち、保育者が人を育てるモデルになり、保育のさまざまな「活動」を通じて、子どもが「家庭や地域」における人との関わりを経験しながら育つように連携することが大切なのである。また、保育者が仲だちとなり、保育の場を通じておとな（保護者含む）が「家庭や地域」における子育ての体験や相談ができるように支援することが大切である。

　このように、社会や子どもを取り巻く環境の変化等により、子どもの育ちを保障するために家庭や地域との連携・支援の重要性が高まってきている。このことは、法令等にも反映され、「家庭や地域への支援」や「子育ての支援」ということばで明記されるようになってきた。例えば、以下に示す学校教育法では、幼稚園の役割として「家庭や地域への支援」が明記されている。

---

学校教育法　第24条
　幼稚園においては…（中略）…幼児期の教育に関する各般の問題につき、保護者及び地域住民その他の関係者からの相談に応じ、必要な情報の提供及び助言を行うなど、家庭

> 及び地域における幼児期の教育の支援に努めるものとする。

また、以下に示す保育指針の第4章「子育て支援」の冒頭には、「2　保育所を利用している保護者に対する子育て支援」とともに「3　地域の保護者等に対する子育て支援」について記載されている。

---

保育所保育指針　第4章　子育て支援
（略）
　全ての子どもの健やかな育ちを実現することができるよう、（中略）子どもの育ちを家庭と連携して支援していくとともに、保護者及び地域が有する子育てを自ら実践する力の向上に資するよう……（略）

---

以上のことから、「家庭や地域への支援（子育て支援）」は、単に家庭や地域の保護者を支援することではないことがわかる。保育者が情報提供等を含めて、子どもの育ちを家庭や地域と連携して支援していくことにより、家庭や地域の養育力向上につながることが大切である。あくまでも子どもに往還される連携・支援が保育者の役割といえる。

## 1　保育者とは

保育者とは、乳幼児を保育する人のことであり、一般的に、職業としては保育士や幼稚園教諭の総称とされている。子どもに関わる職業、特に保育士や幼稚園教諭は、乳幼児に関わる役割、機能で共通している部分が多くある。

また、保育者という言葉は、広い意味では子どもを保育するすべての人をさすこともある。

しかしながら、「保育者の役割」とは、どのようなことを意味しているのだろうか。保育者とは、単に幼稚園教諭免許や保育士資格を取得していることではない。免許や資格だけでは保育者の役割は担えない。乳幼児期に子どもが育つ力を信じ、気づき、必要な環境を構成しながら援助や配慮を行っていくという、外からは見えない子どもの発達を理解することが求められている。それは、ただ見ているだけでも、「～すべき」と子ど

もを引っぱることでもない。

保育には小学校のような教科書はなく、見えない教育といわれている。子どもの生活、遊び（活動）を通じて、保育者が「子どもがいま何に気づき、何を試そうとしているのか」「何ができるようになり、何を探究しようとしているのか」などといったことに気づきながら、保育者として必要な関わりをしていくことである。

## 2 法令からみた幼稚園教諭、保育教諭、保育士

一般的には、「保育者」と呼ばれるが、関連する法律では、「幼稚園教諭」「保育教諭」「保育士」といわれている。また、現在の乳幼児の教育・保育制度では、「幼稚園」「幼保連携型認定こども園」「保育所」等が学校や児童福祉施設として存在する。

以下に、法令からみた幼稚園教諭、保育教諭、保育士の違いを考えてみる[注2]。

①幼稚園教諭とは

幼稚園教諭は、教職員免許法第3条により幼稚園教諭の免許状を有し、学校教育法第1条にいう学校としての幼稚園において、同法第27条第9項により「幼児の保育をつかさどる者」。

②保育教諭とは

保育教諭は、就学前の子どもに関する教育、保育等の総合的な提供の推進に関する法律の一部を改正する法律（平成24年法律第66号）第14条第10項により「園児の教育及び保育をつかさどる者」。

③保育士とは

保育士とは、児童福祉法（昭和22年法律第164号）第18条の4により、第18条の18第1項の登録を受け、保育士の名称を用いて、専門的知識及び技術をもって、「児童の保育及び児童の保護者に対する保育に関する指導を行うことを業とする者」。

前述したように、近年、子どもを取り巻く環境が大きく変化

注2 ……………………
　「幼稚園教諭」「保育教諭」は、教育基本法、学校教育法、教員職員免許法等並びに子ども・子育て支援法及び就学前の子どもに関する教育、保育等の総合的な提供の推進に関する法律の一部を改正する法律の施行に伴う関係法律の整備等による法律（平成24年法律第67号）による教育公務員特例法の一部改正により、教育公務員特例法第2条第2項に示す者になる。

している。「幼稚園教諭」「保育教諭」「保育士」といった保育者に必要な基本的な知識・技能の習得に加え、次代の変化にともなうさまざまな課題に対応するための資質・能力も求められている。

そのため、以下に示すような事項を軸としながら、乳幼児期の保育・教育についての理論および具体的な実践、さらにたゆまぬ研鑽を重ね、資質向上を図ることが期待されている。

**❶保育者は、養護と教育が一体となった保育をとおして、一人ひとりの子どもが心身ともに健康、安全で情緒の安定した生活ができる環境を用意し、生きる喜びと力を育むことを基本として、その健やかな育ちを支える**

保育は、常に「養護」と「教育」を一体として行う。子どもは自ら「人・物・自然・事象」などに積極的にはたらきかけ、その相互作用のなかで豊かな資質・能力を身につけ、その経験を基礎として新たな能力を獲得しながら発達していく。保育者（保育士・保育教諭）は乳幼児期の子どもの発達特性と一人ひとりの発達過程を長期的に、また、個性を尊重した視点をもって援助を行う必要がある。個人差に配慮しながら、養護・教育のねらい・内容に照らし合わせて環境を構成していく。「おとなとの信頼関係」は発達の基礎であり、安心・安定した情緒の形成が子どもの発達には重要である。

**❷保育者は、子どもと保護者のおかれた状況や意向を受けとめ、保護者とよりよい協力関係を築きながら、子どもの育ちや子育てを支える**

保護者と保育所・認定こども園は、子どもの発達を協働して支える関係である。保育指針の「第1章　総則」「1　保育所保育に関する基本原則」「(2)保育の目標　イ」には、「保育所は、入所する子どもの保護者に対し、その意向を受け止め、子どもと保護者の安定した関係に配慮し、保育所の特性や保育士等の専門性を生かして、その援助に当たらなければならない」と記されている。

また、教育・保育要領の「第4章　子育ての支援」「第1　子育ての支援全般に関わる事項1」には、「各地域や家庭の実態等を踏まえるとともに、保護者の気持ちを受け止め、相互の信

頼関係を基本に、保護者の自己決定を尊重すること」と記されている。保育者（保育士・保育教諭）は、子どもをめぐる家庭・家族の状況や子育てに対する保護者の考え方を把握し、子どもに対する保護者の願いや意向を受け止めながら、信頼関係を築いていくことが大切である。

また受容的・共感的態度で保護者と接し、必要な情報をわかりやすく提供し、保護者からの申し出や苦情に対しても職員全体が周知し、話し合い、適切に対応するなど、保護者との相互理解を図るよう努めることが重要である。そして、保護者が自ら子どもにとっての「最善」を選択できるよう支援するなど、保育者（保育士・保育教諭）の専門性を発揮していくことが望まれる。

子どもに障害や発達上の課題等がみられる場合や不適切な養育等が疑われる場合、専門機関との連携を密にしながら、保護者に対して個別の支援を行うよう努めていくことも必要である。

### ❸保育者は、一人ひとりのプライバシーを保護するため、保育をとおして知り得た個人の情報や秘密を守る

社会福祉の専門職としての保育者（保育士・保育教諭）は、利用者主体の情報共有とプライバシー保護の視点をもたなければならない。児童福祉法第18条の22においても保育士の守秘義務が規定されており、保育指針では、「第1章　総則」「1　保育所保育に関する基本原則」「(4)保育所の社会的責任」において個人情報の適切な取り扱いを明記している。

また、教育・保育要領の「第4章　子育ての支援」「第1　子育ての支援全般に関わる事項4」には、「子どもの利益に反しない限りにおいて、保護者や子どものプライバシーを保護し、知り得た事柄の秘密を保持すること」と記載されている。

保育所・認定こども園では、子どもとその家庭に関するさまざまな記録が日常業務のなかで扱われている。さらに、家族関係や悩みごとの相談といった、記録には残らない個人情報を得ることも多い。保育者（保育士・保育教諭）は、日常から個人情報に接する機会が多いことを自覚し、その保護に対する意識を高め、取り扱いについて常に慎重にするように意識をもっておく必要がある。「保育所児童指導要録」および「幼保連携型認

定こども園園児指導要録」の作成においても同様に、個人情報に十分配慮しなくてはならない。

　なお、保育士・保育教諭に限らず、児童虐待を発見した場合には福祉事務所、児童相談所、児童委員に通告しなければならないが、この場合は「児童虐待の防止等に関する法律（児童虐待防止法）第6条第3項」において、秘密漏洩罪その他の守秘義務違反にあたらないとされている。

❹保育者は、職場におけるチームワークや、関係する他の専門機関との連携を大切にする。また、自らの行う保育について、常に子どもの視点に立って自己評価を行い、保育の質の向上を図る

　保育所・幼保連携型認定こども園では、担当の保育者（保育士・保育教諭）だけではなく、多くの職員が連携・協力して子どもの育ちに関わり、共通認識をもち、チームワークのもとで保育を実践することが重要になる。また、保育は1日の生活を視野に入れ、時にはソーシャルワークの視点で保護者や子どもを支援していくために、地域の関係機関との連携も必要である。特に、「小学校との連携」においては、発達の連続性を長期的にとらえながら連携していくことが重要である。身近な関係機関等を理解するとともに、日常から顔が見える関係を築いておくことが求められている。

　保育者（保育士・保育教諭）は、地域の関係機関との関係を築くうえでは、地域の保育機能をお互いに高め合うための「支え、支えられる関係」を築き、自らの専門性や保育所・認定こども園の機能の強化を図っていくことが求められてくる。自らの保育の実践の振り返りと評価を行い、それに基づき計画の充実を図る「PDCA（計画→実践→評価→改善）」の過程のなかで課題を明らかにし、自己の資質・保育の実践の向上に努める。さらに、チームワークを含め、施設全体の営みを同様にPDCAサイクルを活用して高めていくように取り組む必要がある。

**❺保育者は、日々の保育や子育て支援の活動をとおして子どものニーズを受け止め、子どもの立場に立ってそれを代弁する。また、子育てをしているすべての保護者のニーズを受け止め、それを代弁していくことも重要な役割と考え、行動する**

保育者（保育士・保育教諭）は、第一に子どもの最善の利益を考え、その代弁者となることが必要である。さらには保育所・認定こども園を利用する保護者や子育て家庭等の代弁者となることが求められる。また、地域のすべての子どもと保護者の代弁者としての意識をもつことも重要である。子どものニーズをとらえる際には、表面的な欲求だけでなく、その心情や感情などの内面をとらえ、身体的な状態や生活の状況も把握する。そのうえで、今求められていることと長期に求められていることの両面からニーズを考え、実践につなげていくのである。

また、保護者の代弁者となり、保育内容や制度を充実していくようなはたらき（ソーシャルアクション）につなげる必要もある。この場合、主任児童委員をはじめとして、児童相談所や福祉事務所・学校・行政などの関係者と連携・協働することが大切である。さまざまな場面で、社会福祉の専門職である保育士・保育教諭としてソーシャルワーク等の機能も生かしながら、子どもを取り巻く家庭や地域全体に視野を向け、常に子どもの福祉の向上を考える意識をもつことが大事である。

**❻保育者は、地域の人々や関係機関とともに子育てを支援し、そのネットワークにより、地域で子どもを育てる環境づくりに努める**

子どもは地域社会のなかで育つ存在である。したがって、子育て支援も地域の人々や関係機関とのネットワークのなかで実践することが必要になる。特に、子育てに関するさまざまな機関との連携等を進め、日ごろから「顔の見える関係」を築き、必要なときにお互いが協力し合える（活用し合える）関係を築いておくことが大切である。

さらに、地域のすべての子どもや子育て家庭の支援を充実していくためには、地域全体の保育機能を高めていく視点が重要である。その際、地域で必要とされているサービスで不足しているものなどがあれば、自園で取り組んだり、新しいサービスを創出したりするような姿勢をもちたいものである。保育所・

認定こども園には、子育て支援の拠点として、子育てが豊かで楽しいと思える「子育てにやさしいまちづくり・環境づくり」を、地域連携のもとで担っていくことが求められている。

　認定こども園とは、幼稚園（学校教育法第1条に規定）と保育所（児童福祉法第39条に規定）両方の機能に加えて、子育て支援機能をもち、親の就労状況や家庭環境等といった、子どもを取り巻く多様な暮らし方の枠を超えて、0歳児から5歳児に対する乳幼児期の保育、教育を一体的に提供し、また地域の子育て支援を担う、"すべてのこどもの最善の利益"を保障することをめざしている総合施設なのである。

# 第3節 保育者の連携・協働

## 1　チームで行う保育

### (1)　保育者間での連携・協働

　現在、保育所の保育時間は、原則8時間[注3]とされている。一方、保護者の就労形態は多様化しており、早朝・夜間・平日以外の土曜日や休日の保育等に対するニーズが高まっている。保育所ではこうした社会的ニーズに対応するため、11時間以上開所しているところが9割以上となっている。通常の保育時間を超えて行う保育を延長保育といい、延長保育を実施している園は8割を占めている。

　朝は7時台から開所し、19時台に閉所する園が多く、朝夕の子どもの人数が少ない時間は、年齢別の保育ではなく、異年齢保育を行うなどしている。保育者の労働時間を考慮しつつ長時間の保育に対応するため、ローテーションを組み、「朝番」「中番」「遅番」などのシフト制勤務をとっている園も多い。シフト勤務による保育は、登園時に子どもを迎える保育者と、日中保育する保育者、降園時に保護者に子どもを返す保育者とが、

それぞれ異なる状況が生じる。登園時は、保護者から直接、前日の降園後から当日の登園までの間の子どものようすを聞き、子どもの健康状態等を確認する大切な時間である。また、保護者からの口頭での連絡や問い合わせ等もある。子どもについてのさまざまな情報を確実に保護者から受け取り、その日の保育に反映させていく必要がある。そして、日中の保育者にこれらの情報を正確に伝えていかなければならない。同様に、日中のできごと、とりわけ子どもの健康や安全に関わることや、保護者から問い合わせがあったこと等の情報は、遅番の保育者に確実で正確に引き継いでいく必要がある。

　保育所は幼稚園に比べると子どもの保育時間が長く、保育中は保育者が常に子どもの近くにいる必要があるため、職員が一堂に会して連絡を伝え合うことはむずかしい。そのため、保育所では、子どもの情報をノートや掲示板を利用したり、打ち合わせ等の時間を各クラスで設定するなどして、保育者全員が情報共有できるように工夫している。

　保育所は、子どもが1日の大半を過ごす施設であり、子どもの健全な育ちを保障した保育を行うため、表Ⅰ-1-1に示すように、子どもの年齢と人数によって、保育士の配置基準[注4]が定められている。そのため子どもの年齢と人数等によっては、複数担任でクラス運営を行っている。また保育の内容によって、複数の保育者が一緒に保育を行うこともある。その時には、互いの保育者の保育のねらい、保育の流れ、一人ひとりの子どもの発達の理解などを保育者間で共有し、敏感に相手の援助の意図を読み取り、ことばを交わしながら、「あうん」の呼吸で保育を行っていく。いわば園の保育者が一つのチームとなって保育を行うのである。

　このような保育者同士の息の合ったチームプレーの美しさは、子どもが落ち着いて生活し、遊びを深めていくために不可欠である。保育者自身も、相手の保育者とスムーズに連携しながら保育できた日は、子どもがいきいきと生活し、充実して遊ぶ姿をたくさん見られるため、保育に対して充実感や達成感等を感じやすい。保育が楽しいと感じる気持ちも、相手の保育者と共有することができて、ますますやりがいを感じるものである。

　どの保育者も、園の保育方針の共通理解のもとに、子どもの

注4
児童福祉施設の設備及び運営に関する基準第33条第2項。

表 I-1-1　保育所の職員配置基準

| 子どもの年齢 | 職員配置基準 |
| --- | --- |
| 乳児 | 3人に保育士1人（以下3：1のように示す） |
| 1〜2歳児 | 6：1 |
| 3歳児 | 20：1（15：1の施設は子ども・子育て支援新制度の3歳児配置改善加算対象） |
| 4歳以上児 | 30：1 |

注：保育士は最低2名以上配置。ただし朝夕など児童が少数となる時間帯においては、保育士2名のうち1名は子育て支援員研修を修了した者等に代替可能とする。

出典：「児童福祉施設の設備及び運営に関する基準」および「保育標準時間・短時間（2号・3号）認定に係る公定価格の基本構造イメージ」（内閣府　平成26年）をもとに實川作成。

最善の利益や福祉を考慮して保育を行う。しかし、一人ひとりの保育者の子どもに対する見方や保育の仕方は、保育士によって異なり多様なものである。こうした子どもに対する見方や保育の仕方は、「子ども観」や「保育観」といわれ、保育者自身の育ってきた環境や幼児期に受けた保育の経験、目標とする保育者像、子どもと関わった経験等、さまざまな要因が複雑に絡み合っている。

　また、一人ひとりの保育者は、それぞれ得意とすること、苦手とすることが異なる。例えば、身体を使って遊ぶときには、他のどの保育者よりも元気よく、いきいきと表現する保育者もいれば、昆虫や小動物などの知識が豊富で、子どもに対しても身近な小さな生き物との関わりを愛情豊かに伝えられる保育者もいるだろう。活発に活動する保育者もいれば、ゆったりと穏やかな魅力をもった保育者もいる。大事なことは、保育者それぞれが互いの違いを認め合い、それぞれの得意とすることを発揮し、苦手なことは互いに補い合い助け合いながら、園全体として魅力ある保育を行っていくことである。

　当然のことながら、どの保育者にも保育者として必要な専門的知識や技術は求められる。保育者がプロであるということは、それを身につけ、高めていくことが前提である。それぞれの保育者が保育技術に磨きをかけ、自らの子どもとの関わりを見つめ、保育者自身の人間的魅力を高めていくよう、研鑽を積んでいかなければならない。

　園にさまざまな魅力をもった保育者がいて、一緒に働いている姿を見ることは、子どもにとっても大切なことである。さまざまな魅力ある保育者と出会い、生活することをとおして、子どもは、「人は多様であり、それは自然なことである」と理解

していくだろう。それはやがて、子どもが成長し、社会において多様な他者と関わりながら豊かな未来を創造していくときの礎となるものであろう。

　しかしながら、自分とまったく異なる子ども観や保育観をもった保育者と一緒に保育をしていくことがむずかしいと感じることもある。平成27年の「保育士等の現状」によると、保育士の離職率は保育士全体の1割を超えている。「こんなはずではなかった」など、理想と現実のギャップから生じる「リアリティショック」から離職する保育者も多い。早期離職者の離職理由として「進路変更」や「体調不良」があげられているが、その背後には「職場の人間関係」があることが指摘されている。日々の保育業務に追われるなかで、他の保育者と十分なコミュニケーションをとる時間を確保しにくく、悩みを相談できる体制が不十分であることがうかがわれる。

　そこで重要となるのが、保育者一人ひとりの「同僚性」である。保育における「同僚」とは、「こどもと家族を支えるという共通の義務と権限をもち、子どもの最善の利益を考慮しながらこどもの育ちを育むことを目的とした職業人」[*1]である。その意味では、園長や主任保育者も「同僚」である。保育で働く仲間と、互いに気持ちよく仕事ができるように、支え合い、補い合いながら仕事ができるようにすることが、「同僚性」である。同僚は、保育の喜びややりがいを分かち合うだけでなく、保育の悩みごとを相談できる大切な存在である。

　保育者には保育で知り得たことは、正当な理由なく、いかなる情報も家族や知人・友人を含め、外部に漏らしてはいけないという**守秘義務**がある。そのため具体的な保育の内容についての相談は、子どもや家庭、園のことをよく知っている同僚に相談することになる。人間関係の基本は、互いをよく知り、自分の考えや意見を一度脇に置いて、相手の立場からものごとを見つめなおすことである。相手を思いやり、互いを尊重しながら保育を行うことは、子どもへの望ましい保育へとつながるものである。風通しのよい働きやすい職場環境には、園長の適切なリーダーシップが重要であるが、一人ひとりの保育者がふだんから積極的に同僚とコミュニケーションを図り、人間関係をよりよいものにしていく努力も不可欠である。

> **守秘義務**
> 秘密保持義務のこと。「保育士は、正当な理由がなく、その業務に関して知り得た人の秘密を漏らしてはならない。保育士でなくなった後においても、同様とする」（児童福祉法第18条の22）

## （2）　保育所における他の職員との連携・協働

保育所では、保育士のほかに、園長、主任保育士、看護師、調理員、栄養士等の多くの職員が、日々協力しながら保育を行っている。児童福祉法上では、嘱託医および調理員[注5]を置かなければならないとされ、主任保育士、看護師、栄養士は、必ず配置されなければならないわけではない。しかし、主任保育士は、園長のサポート業務のほか、職員間の業務調整や職員からの相談に応じる等、保育士のリーダー的存在となって保育所の保育を支える。新任の保育士の指導や、担任保育士として保育することもある。看護師は、子どものけがや体調不良時の対応、子どもの発育・発達の把握、感染症への対応、嘱託医との連携等を行っている。栄養士は、子どもの成長や発達、体調に合わせた献立作成や食材の工夫、保育と連動した食育活動や食に関する保護者への子育て支援等を行う。栄養士が、保育士と一緒に子どもに食育指導を行うこともある。調理員は、栄養士が作成した献立をもとに、子どもが食べやすいように調理を工夫したり、子どもの摂食状況に応じて調理法を調整したりする。このほか、嘱託医は、健康診断や健康指導、感染症対策等を行うなどしている。このように保育所には、保育士のほかに多様な専門性をもった職員が、日々、子どもの健康で安全な生活を保障するために、協力して働いている。

## 2　地域の関係機関との連携・協働

保育所は、地域のさまざまな関係機関や団体等と連携し協働している。地域の関係機関には、役所、福祉事務所、児童相談所、保健福祉センター、市区町村の教育委員会といった行政組織や、近隣の小・中・高等学校や幼稚園、認定こども園等の学校組織のほか、民間療育施設、子育てサークルなどのボランティアグループ、地域の自治会、高齢者の利用施設など、多様な施設や団体がある（図I-1-1）。こうした各種施設や団体等とつながることによって、保育全体が豊かになるだけでなく、保育所だけでは対応のむずかしい親子への支援が可能となる。

例えば、心理的・身体的な病気や障害、あるいは経済的な困難等を抱えた子どもに対しては、役所、福祉事務所、児童相談

所、保健福祉センター、学校関係者等で構成される「要保護児童対策地域協議会」と緊密に連携し、適切な支援を行っていくことが重要である。地域の専門機関から得られる専門的助言や保護者支援方法などを保育に生かすことができる。

　園児はどの子どもも、数年後には卒園し、小学校へ入学していく。一人ひとりの子どもが期待感をもって、小学校へ入学できるように、園と小学校の連携・接続はますます重要なものとなっている。入学以後の「**小1プロブレム**」の解消を目的に、小学生との交流や小学校教員と保育所職員の合同研修や情報交換等が行われている。特に支援が必要な子どもについては、卒園後も継続して必要な支援が得られるように、園と小学校の連携は重要である。

　また、中学生や高校生の保育体験を受け入れている園も多

**小1プロブレム**
「入学したばかりの1年生で、集団行動がとれない、授業中座っていられない、話を聞かないなどの状態が数か月継続する」（文部科学省，2012）状態をさす。
　幼児教育の遊びをとおした学びと小学校の教科教育の違い、集団サイズの違い、学校環境への不適応など、さまざまな要因が指摘されている。

## 図Ⅰ-1-1　保育所と地域の専門機関や団体等との連携・協働

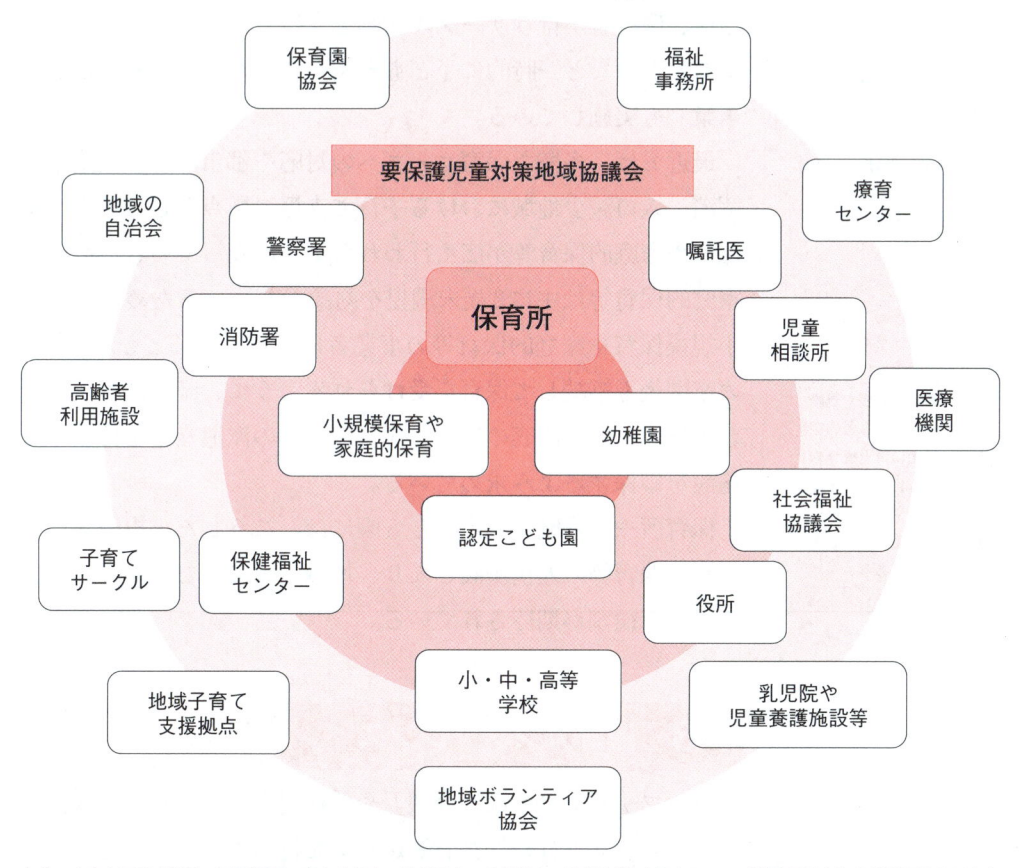

出典：小泉左江子「保健・医療機関、家庭的保育、地域子育て支援等との連携」『基本保育シリーズ⑯乳児保育』公益財団法人児童育成協会（監）、寺田清美・大方美香・塩谷香（編）、中央法規出版、2015年、170頁をもとに實川作図。

い。この背景には、乳児との触れ合いや世話をした経験がほとんどないまま親となり、それが育児不安や育児負担感の増大につながっているという指摘がある。将来、親となる中学生や高校生が、乳幼児やその保護者と直接関わる保育体験は、子どもや子育てについて知る貴重な場となっている。

さらに、地域の人との交流も盛んに行われるようになってきている。例えば、高齢者の利用する福祉施設との交流や、地域で活動している絵本ボランティアや人形劇のサークル、元気なシニアグループによる手づくりおもちゃの制作なども行われている。こうした多様な世代との交流は、子どもが多様な人々とともに生活し、助け合って生きていることを意識し理解していくうえで、とても大切である。

また、園には園児の保護者に対する子育て支援だけでなく、地域の保護者に対する子育て支援も行うよう求められている[注6]。保育所では、地域の保護者からの育児相談、育児情報の提供、保護者同士の交流の場の提供と交流の促進等を行っている。その他、保護者が行うサークル活動を支援したり、保護者に用事があるときなど一時的に子どもを預かり保育する「**一時預かり事業**」も実施している。

最近では、多様な保育ニーズへの対応や都市部での待機児童解消、人口減少地域における子育て支援の拠点として、小規模保育や家庭的保育等が広く行われるようになっている。これら家庭的保育等は主に3歳未満児を対象としているため、国は、小規模保育や家庭的保育等の事業者に対して、子どもが3歳での卒園後も継続して保育を受けられるように、卒園後の受け入れのほか、保育内容の支援、代替保育者の派遣などを行う連携施設を確保するよう求めている。

保育所や幼稚園、認定こども園には、こうした小規模保育や家庭的保育等の連携施設となり、地域全体で子どもの育ちを支えていく役割が期待されている。

## 3 保育カンファレンス

カンファレンスとは「会議」や「検討会」を意味し、保育カンファレンスでは、保育者等が事例を持ち寄って、自分たちの保育について、相談・検討し、保育の専門性を高めている。そ

注6　地域の保護者への支援については、教育・保育要領には「地域の保護者に対する子育て支援」の実施が示され、保育指針にはそれを「保育に支障がない限りにおいて（略）積極的に行うよう努めること」と書かれている。また幼稚園教育要領には「地域における幼児期の教育のセンターとしての役割」が示されている。

**一時預かり事業**　在園児ではなく、地域の子育て家庭を対象に、保護者の一時入院や冠婚葬祭、社会参加などの突発的な理由、育児疲れの軽減などを目的に、一時的に保育所や認定こども園、幼稚園等で子どもを預かる事業である。

のため保育カンファレンスは「園内研修」や「事例検討会」などと呼ばれる場合もある。

　例えば、A保育所では、3歳児の給食後から午睡までの保育環境を見直す取り組みを園全体で1年間にわたって行った。A保育所では、給食後から午睡までに、歯磨きや排泄、パジャマへの着替えなどの活動がある。その活動を子どもが主体的に行えるようにするには、どういう環境構成にしたらよいのかを検討していた。具体的には環境の変更前後での子どもの行動を映像記録し、それを視聴しながら職員全員で話し合っていた。この話し合いでは、保育環境の見直しを申し出た3歳児の担任だけでなく、他の年齢のクラス担任も積極的に発言していた。子どもが主体的に園生活を送るためには、園として子どもをどう育てていくとよいのかについて、入園から卒園までの子どもの発達を見通したなかで、園の保育者全員が検討していた。

　このように保育は、クラス担任の保育者だけが考えればよいのではなく、「子どもが入園してから卒園するまでの長期的見通しのなかで、園としてどう子どもを保育していくか」、そのためには「いま、この子どもをどのように保育していくのか」ということを考える必要がある。そのためにも、保育カンファレンスで、園の保育者全員が、一つの事例について話し合うことは、そのクラスだけではなく、その他の年齢のクラスの保育者にとっても、学びの多いものとなるのである。

## 第4節 保育者の専門性と子どもの生活

### 1 保育を取り巻く社会的状況の変化

　超少子高齢化社会の進行にともなう慢性的な労働力不足の状況において、女性の労働力が注目されている。女性自身のキャリアに対する考え方の変化だけでなく、男女の働き方やライフスタイルの多様化が進む一方、若い世代の非正規雇用率の増加とそれにともなう所得の低さ等も背景にして、女性就業率が

年々上昇傾向にある。

　従来、わが国の女性の労働力率は、結婚や出産で一時的に低下し、子育てが一段落すると再び増加するというM字型曲線を描くことが指摘されてきた。しかし、最近では、図Ⅰ-1-2に示すように、このM字型曲線の落ち込みが緩やかになってきており、結婚や出産で離職する女性の割合が減少し、継続して就業する女性の割合が増加している。国は、2022年度末までの女性就業率80％を想定し、必要となる保育の受け皿の拡大とそれを支える保育人材の確保等を図っている。図Ⅰ-1-3に示すように、女性の就業率の上昇とともに、保育所等の利用率が増加し、3歳未満児の保育利用率も急激に増加している。平成29(2017)年の調査によると、待機児童の8〜9割は3歳未満児で占められており、保育の低年齢化が加速している。そのため3歳未満児の保育の受け皿の拡大は、喫緊の課題となっている。平成27(2015)年4月、国は子ども・子育て支援新制度において、主に3歳未満児を保育する認可事業として、小規模保育や家庭的保育、居宅訪問型保育、事業所内保育を児童福祉法に明確に位置づけた。小規模保育や家庭的保育、居宅訪問型保育、事業所内保育は、保育所や認定こども園とともに、保護者の就労と子育ての両立を支えている。

　保育の低年齢化とともに、保育の長時間化も問題となっている。平成29(2017)年の全国保育協議会の調査によると、全国の8割以上の保育所が月曜日から金曜日までの平日には「7時台開所、18〜19時台閉所」であり、20時以降の閉所となっている園も1割を超えている。開所時間は平均11.7時間であり、12時間以上13時間未満が約半数を占めている。とりわけ3歳未満児の長時間保育、延長保育時間が増加しており、子どもの情緒の安定を図るために家庭的でゆったりとした保育環境が必要である。また一時預かり事業や**病児・病後児保育**に対するニーズも高い。どちらの保育も利用のほとんどは3歳未満児である。3歳を過ぎると病気に対する免疫力がついてくるため、3歳未満児の病児・病後児保育の利用率が高いと考えられる。さらに3歳未満児は、特に母子分離不安の時期と重なる。一時預かりや病児・病後児保育利用時に、子どもが不安になるなど困難な状況になる場合も少なくない。子どもの不安を和らげ、心理的安定を図るためには、保育士のていねいであたたかな関

## 図 I-1-2　女性の年齢階級別就業率

○　女性の年齢階級別の就職率はいわゆる「M字」カーブとなっているが、「M字」の底を中心に、女性の就職率は大きく上昇している。

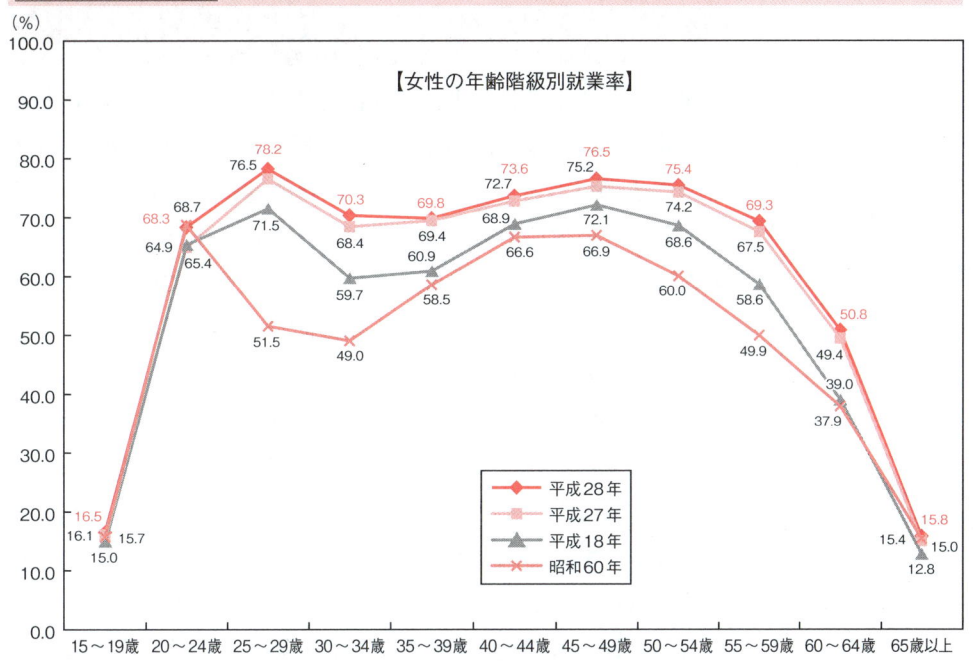

出典：厚生労働省「2017年　保育分野の現状と取組について」
http://www8.cao.go.jp/kisei-kaikaku/suishin/meeting/wg/hoiku/20170922/170922hoiku02.pdf

## 図 I-1-3　女性就業率（25〜44歳）と保育園等の利用率の推移

○　女性の就職率（25〜44歳）と1・2歳児保育利用率ともに、年々上昇傾向にある。

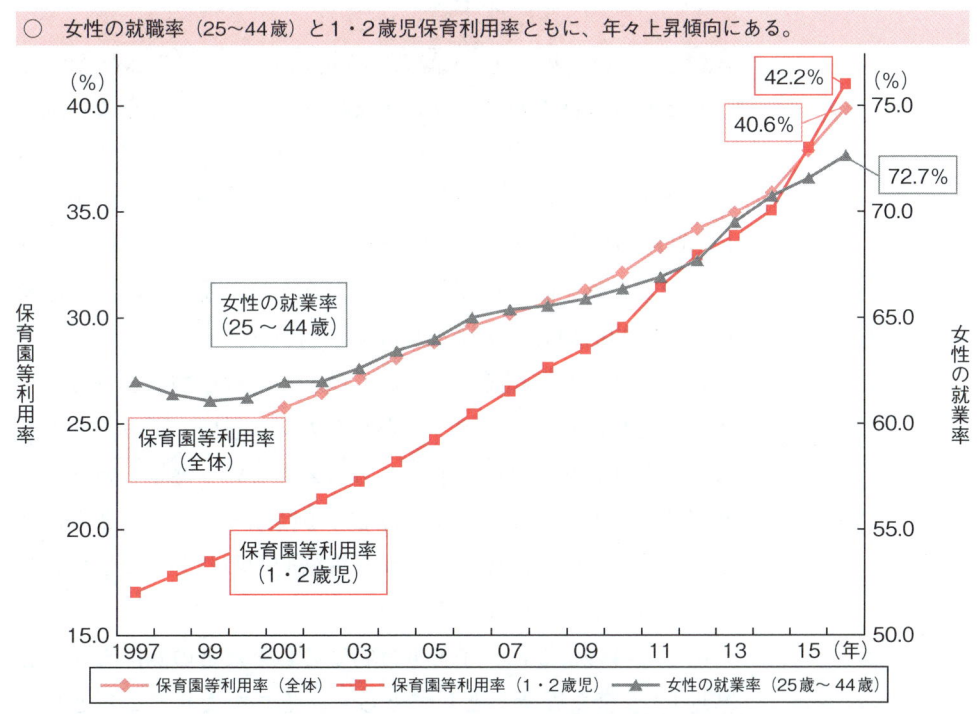

出典：厚生労働省「2017年　保育分野の現状と取組について」
http://www8.cao.go.jp/kisei-kaikaku/suishin/meeting/wg/hoiku/20170922/170922hoiku02.pdf

わりが不可欠である。

## 2　子どもにふさわしい生活の場

　保育指針に示されるように「保育所は、子どもが生涯にわたる人間形成にとって極めて重要な時期に、その生活時間の大半を過ごす場である」[注7]。そのため保育所は、子どもにとって最もふさわしい生活の場でなければならない。子どもの生活のリズムは、子どもの心身が健やかに成長し発達していくうえで、基盤となるものである。子どもの睡眠や食事、排泄等の生理的リズムは、保育の生活のリズムの基本となっている。

　保育所では、子どもにふさわしい生活のリズムが、毎日、安定して繰り返されるように「**デイリープログラム**」を作成している。もちろん、子どもの生理的リズムは一人ひとり異なるものである。また一人ひとりの子どもの心身の状況は一定ではなく、元気なときも病気のときもある。一人ひとりの子どものその日の心身の状態に応じて、柔軟に対応していくことが重要といえる。

注7 ..................
「保育指針」第1章総則、1保育所保育に関する基本原則、(2)保育の目標。

**デイリープログラム**
登園から降園までの一日の保育の流れが、時間に沿って、子どもの活動、保育者の援助や留意点等について表にして記載されている。子どもの年齢やクラス別等で作成されることが多い。

## 3　愛着の形成

　子どもは、怖くなったり、不安になったりしたときに、泣きながら身近にいる誰かに身体をくっつけて安心感や安全感を得ようとする。これを愛着（アタッチメント）行動という。子どもは1日に何度もこうした行動をするが、子どもがその都度、安心感や安全感を確実に得られるかどうかは、将来にわたる他者への基本的信頼感に影響を及ぼすといわれている。

　この「基本的信頼感」とは、人は基本的に信頼できるものであると感じたり、人とのつながりを大切に思い、困ったり不安になったりしたときには助けてもらえるという感覚をいう。乳幼児期は、人が人として歩みはじめる時期である。子どもは特定のおとなの応答的であたたかな継続的関わりをとおして、人に対する愛情や信頼を育んでいく。

　図Ⅰ-1-4のように、子どもは特定のおとなとの関係を「安心基地」「安全な場所」としてとらえ、そこをよりどころとして自ら探索活動を活発に行う。そして生命、自然および周囲のさ

図Ⅰ-1-4　安全感の輪

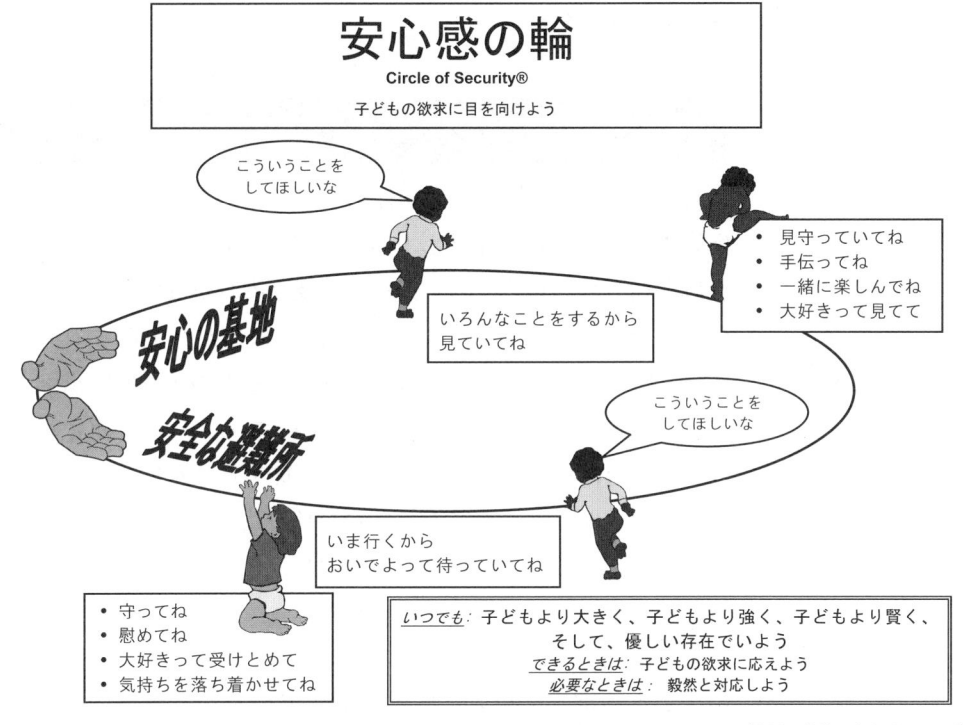

Web page：Circleofsecurity.org © 2000 Cooper, Hoffman, Marvin & Powell（北川・安藤・岩本訳、2013）

まざまな事象に興味や関心をもち、自ら積極的に関わることを
とおして、豊かな心情や思考力、感性や表現力を育んでいく。
子どもの発達とは、「安心基地」や「安全な場所」であるおと
なとの距離や時間がしだいに離れていくことでもある。子ども
が行きつ戻りつしながら、次第に「安心基地」や「安全な場
所」であるおとなと離れて過ごすようになっていくことは、子
どもが「自分」を意識し、友だちをはじめとする他者との関係
を築きはじめることを意味する。保育者には、こうした子ども
の発達の過程を十分に理解し、一人ひとりの子どもの欲求に応
じて、ていねいに応答していくことが求められる。

　子どもにとって「特定の保育者がわかる」ということは、
「何か怖かったり不安になったりしたときに、その保育者のと
ころへ行けば、ありのままを受け止めてもらえ、確実に安心感
を得られること」を意味する。言い換えれば、子どもからみ
て、「特定の保育者」がわからない状態は、子どもが誰に近づ
いていけばよいかわからない、誰を求めればよいのかがわから
ない状態である。子どもの愛着の形成には「いつでも誰かが関

わる」よりもむしろ、「いつもこの人が関わる」ということが
重要なのである。

## 4 養護

養護とは「子どもの生命の保持及び情緒の安定を図るために
保育士等が行う援助や関わり」であり、「保育所における保育
全体を通じて、養護に関するねらい及び内容が展開されなけれ
ばならない」[注8]とされている。例えば、乳児が生活する保育
室は、常に清潔で安全な環境であり、子どもの生理的欲求が十
分に満たされ、安心して過ごすことができるように配慮されて
いる。また保育者は子どもの心身の状態を常に把握する必要が
あるため、保育中は常に子どもの心身の状況を観察するなど、
いつでも子どもの状態を素早く察知し、適切に対応できるよう
にしている。

注8
　「保育指針」第1章総則、
2養護に関する基本的事項、
（1）養護の理念。

また、乳幼児の健全な心身の発達には、保育者が一人ひとり
の子どもの欲求や思いに敏感に応じていくことが不可欠であ
る。子どもの状況に応じて、時にはありのままを受け止め、共
感し、時には励まし支えていくのである。保育指針の養護に関
する記述[注9]をみると、「一人一人の子ども」ということばが繰
り返し用いられている。「全員の子ども」でも「子ども」でも
なく、「一人一人の子ども」として示されているのは、保育者
が「一人一人の子ども」とていねいに関わり、「一人一人の子
ども」に応じて適切に対応することが重要であることを示して
いる。子どもは養護的環境や保育者の安定した関わりのなか
で、自ら環境にはたらきかけながら、興味や関心を広げ、外界
の探索活動を活発に行うことができる。養護は保育の基盤であ
り、保育全体にわたって展開されなければならない。

注9
　「保育指針」第1章総則、
2養護に関する基本的事項、
（2）養護に関わるねらい及び
内容。

前述したように、保育が長時間化している状況では、家庭的
雰囲気のなかで子どもがゆったりとくつろいで過ごせる場所と
時間の確保が求められる。一人ひとりの子どもが発達過程など
に応じて、適度な運動と休息をバランスよく行っていく必要が
ある。例えば、全身を使った運動などを十分に行った後は、
ゆっくり休息し、心身の緊張をほぐし、十分に疲労の軽減を図
れるようにする。またソファやクッションを置いたり、寝転ん
で過ごせるように畳やカーペットを敷いたコーナーなどを設置

したりして、子どもがくつろいで過ごせるように配慮することが大切である。

## 5　幼児教育施設としての役割

　平成29(2017)年3月の保育指針の改訂・告示により、保育所は幼稚園や認定こども園と同様に、幼児教育施設であることが明記された。保育所、幼稚園、認定こども園で行う幼児教育は、小学校以上の教育と同様に「知識及び技能の基礎」「思考力、判断力、表現力等の基礎」「学びに向かう力・人間性等」という3つの柱を基本とすることになった[注10]。これら3つの柱は、幼児教育から小学校以上の教育を貫くものであり、幼児教育で培われた子どもの力を、小学校の各教科の学びに生かせるようにするとのねらいがある。そして、就学前の子どもの姿を幼児教育と小学校で共有できるように「幼児期の終わりまでに育って欲しい姿」という目標が設定された。保育所や幼稚園、認定こども園には、その姿に向けて「資質・能力」を育んでいくことが期待されるようになった。

　幼児教育で重要なことは、子どもが生活や遊びのなかで、周囲の環境に興味や関心をもって主体的に関わるなかで、葛藤も含めて試行錯誤したり、他の子どもと相互に関わり合い、考えを伝え合ったりしながら、学びを深めていけるようにすることである。そこで重要となるのが、子どもの好奇心や興味・関心をくすぐる豊かな環境と、子どもが好きな遊びに没頭できる時間の保障である。

　「子どもが繰り返し行う遊びには、子どもが知りたいことや学びたいことがたくさん詰まっている。反対に長らく同じ遊びを繰り返していたのに、ぱったりとそれをしなくなったときには、子どもがその遊びから学ぶ要素が出尽くし、もうそれ以上新しいことを発見できなくなったためである」[*2]といわれる。それゆえ、子どもが「何をおもしろがっているのか」「なぜ、その行動を繰り返しているのか」を考え、子どもの気持ちに共感しながら、子どもにとっての学びの意味を深く理解することが保育者の専門性として必要になる。子どもと同じ気持ちで遊びに加わるときもあれば、子ども自身が没頭して遊んでいるときには見守り、また必要と感じたときにはためらうことなく提

注10
「保育指針」第1章総則、4幼児教育を行う施設として共有すべき事項、(1)育みたい資質能力。

案するなど、子どもの遊ぶようすに合わせて、柔軟に関わることが求められる。いつ・いかなるときも、子ども自身が考えていくプロセスを大切にしたい。

　子どもは、人格をもった一人の人間として尊重されるべき存在である。子どもが楽しくてうれしいなどと感じる経験をすることだけでなく、悔しい・悲しい・怒りなどを感じる経験をすることも、人が人として生きていくうえで避けては通れない。保育者が子どものありのままを受け止めるということは、子どもを一人の人間として尊重するということでもある。それゆえ、子どもにネガティブな経験をさせないようにするのではなく、気持ちを立て直し、新たに前向きに挑戦していけるように、子どもの「心のバネ」を育てていくのが保育者の仕事といえる。子どもはおとなに気持ちを受け止めて支えてもらいながら、次第に自分で気持ちを立て直していけるようになるのである。倉橋惣三は『育ての心』という著書のなかで、子どもへの共感を保育者の役割として次のように著している。

---

ひきつけられて（一部抜粋）
　子どもがいたずらをしている。その一生懸命さに引きつけられて、止めるのを忘れている人。気がついて止めてみたが、またすぐに始めた。そんなに面白いのか、なるほど、子どもとしてはさぞ面白かろうと、識らず識らず引きつけられて、ほほえみながら、叱るのをも忘れている人。[3]

廊下で
　泣いている子がある。涙は拭いてやる。泣いてはいけないという。なぜ泣くのと尋ねる。弱虫ねえという。…随分いろいろのことはいいもし、してやりもするが、ただ一つしてやらないことがある。泣かずにいられない心もちへの共感である。
　お世話になる先生、お手数をかける先生。それは有り難い先生である。しかし有り難い先生よりも、もっとほしいのはうれしい先生である。そのうれしい先生はその時々の心もちに共感してくれる先生である。

---

　泣いている子を取り囲んで、その子たちが立っている。何もしない。何もいわない。たださもさも悲しそうな顔をして、友達の泣いている顔を見ている。なかには何だかわけも分からず、自分も泣きそうになっている子さえいる。[*4]

## 6　認知的スキルと非認知的スキルの育成

　認知的スキルとは、記憶や知識・理解、読み書き計算等の点数をつけて測定しやすい能力のことである。しかし、最近では、こうした認知的スキルだけではなく、非認知的スキルの果たす役割が人間の一生に大きな影響を与えることが明らかになってきた。非認知的スキルとは、「豊かな好奇心をもつこと、失敗してもくじけず、その失敗を生かしていくこと、必要な時には集中できること、我慢ができること、自分にそれなりの自信があること、くよくよせず楽天的であること」[*5]など、心の力のことをいう。

　グローバル化や高度情報化社会の進展、人工知能の普及等により、将来的に、現在ある職業の半数が、コンピュータに代替可能であるとの報告がされている。将来、子どもが社会人となったときに、どのような社会になっているのか見通しが持ちにくくなっている。一方で、人工知能等に代替がむずかしい「創造性」や「**社会的知性**」のような非認知的スキルが必要となる仕事は、今後も人が担っていくであろうといわれている。

　将来に向けて、子どもが必要とする能力は、社会の変化をただ黙って受け入れていくのではなく、膨大な情報から何が重要かを主体的に判断していくことや、自ら問いを立ててその解決をめざし、他者と協働していく力である。そして、人類の福祉や国際平和に向けて新たな価値を生み出していくことが期待されている。

　非認知的スキルは認知的スキルの基盤であり、非認知的スキルがあってこそ、認知的スキルが伸びていく。現在の乳幼児期の教育や保育に対して、子どもたちの将来を見通したこれらスキルの育成が求められるようになっている。

> **社会的知性**
> 「社会的知性」とは、自分の意見や考えを的確に伝えつつ、関係する他者の意見も尊重し、良好な人間関係を保ちながら、共通する課題の解決に向けて協力して行う能力のことである。

## 7　保育者として学び続けること

　子どもは、適切な環境があれば、いつでも自由に遊びはじめる。「子どもは遊びの天才である」といわれるゆえんである。子どもにとって自由に遊べる環境は、心身の健全な育ちに欠かすことができない。それゆえ保育者が遊びについての豊かな知識や技術をもち、子どもにとって魅力ある適切な環境を用意していくことが重要である。

　保育者が、子どもの発達や興味や関心に合わせて、自由自在に遊びの環境を設定できるならば、子どもは毎日、多くのことを探索し、試行錯誤し、発見し、習得していくことが可能となる。そして、その学びの喜びや充実感を友だちや保育者と分かち合いながら、豊かな園生活を過ごすことができる。このような豊かな遊びの環境を自由自在に設定していく姿は、まるで保育者が遊びの詰まった「遊びの引き出し」をもっているかのようである。保育者の遊びの引き出しは多いほうがいい。そして、保育者自身も楽しみながら、遊びの引き出しを増やしていけるとよいだろう。

　そもそも魅力的な保育者とは、遊びの引き出しの数が多いだけではない。自ら積極的に、遊びの引き出しを増やす努力を続けている。例えば、自然遊びや伝承遊び、植物の栽培、工芸品づくりなど、生活のなかで子どもの遊びに生かせそうなものを探している。ベテランといわれる保育者であっても、こうした努力を続けている人は、いきいきとしていて、子どもにも、同僚の保育者にも、魅力的に映る。さらに日々の実践を振り返り、研鑽していくことも、保育の専門性を高めていくために欠かせない。子ども理解は適切であったか、環境の工夫は十分であったかなどの省察を行い、翌日の保育へつなげることが大切である。

　保育は**感情労働**をともなう仕事である。保育者がいきいきと働くためには、保育者自身の心身のメンテナンスも必要である。保育業務が年々多忙になるなかで、同僚や保護者との人間関係でストレスを感じ、疲弊してしまう保育者もいる。子どもが好きで子どもと関わる仕事がしたいと思って保育職を選んだはずなのに、辞めてしまいたいと思うときもある。職場に相談できる人がいれば相談し、そうでない場合には、仕事以外の時

**感情労働**
　もとは社会学者A.R.ホックシールドが提唱した概念であり、肉体労働や頭脳労働と同様に対価を得て行う感情の労働である。保育や看護などの対人援助職においては、対人場面で感情の抑制や鈍麻、緊張などの感情の調整を行うことが多い。

間で、職場以外の人と過ごすなどリフレッシュできるようにするとよいだろう。保育者自身が、心身ともに健康で豊かな生活を送れることも、子どもと関わる保育者として大切なことなのである。

## 学習のふりかえり

**1** 福祉職として「子どもの人権」を守るために必要な法令等について話し合ってみる。

**2** 子どもの生活や育ちは、おとなの生活変容によって変わる。時代のなかで何が変わり、何を大切にしていかなければならないかを考えてみる。

**3** 複数担任を想定して模擬保育を行い、チームで保育を行うときにどのようなことが必要になるのか、話し合ってみる。

**4** 自分の得意なことや好きなことをもとに、保育の遊びの環境を考えてみる。また、考えたことを模擬保育に取り入れてみる。

引用文献：
＊1. 久富優子「保育者の協働」『保育者論』大場幸夫（企画）、阿部和子・梅田優子・久富陽子・前原寛編、萌文書林、2012年、179頁。
＊2. 井桁容子「0歳児の遊びがいきいきする支援とアイデア」『0歳児のすべてがわかる！ 保育力がグーンとアップする生活・遊び・環境づくりの完全ナビ』網野武彦・阿部和子編、明治図書出版、2012年、86頁。
＊3. 倉橋惣三『育ての心（上）』フレーベル館、2008年、36頁。
＊4. 前掲（＊3）、31頁。
＊5. 汐見稔幸「保育所保育指針」『ここがポイント！ 3法令ガイドブック―新しい『幼稚園教育要領』無藤隆・汐見稔幸・砂上史子『保育所保育指針』『幼保連携型認定こども園教育・保育要領』の理解のために』フレーベル館、2017年、81頁。

参考文献：
  6. 社会福祉法人全国社会福祉協議会　全国保育協議会「全国の保育所実態調査報告書2016」2017年。
  7. 厚生労働省「保育サービスの全体像」2009年。
    https://www.mhlw.go.jp/shingi/2009/02/dl/s0224-9d_0046.pdf
  8. 厚生労働省「保育等の現状」2015年。
  9. 谷川夏実「新任保育者の危機と専門的成長―省察のプロセスに着目して―」『保育学研究』第51巻第1号、2013年。
 10. 森本美佐・林悠子・東村知子「新人保育者の早期離職に関する実態調査」

奈良文化女子短期大学紀要、44、2013年。

11. 秋田喜代美「質の向上を支える研修と研究」『幼児教育の質の向上を支える研究と研修の在り方を考える〜幼児教育140年の歴史から未来を考える〜』国立教育政策研究所、2018年。
https://www.nier.go.jp/06_jigyou/symposium/sympo_h28/files/04_akita.pdf

12. 遠藤利彦『赤ちゃんの発達とアタッチメント　乳児保育で大切にしたいこと』ひとなる書房、2017年。

13. 社会福祉法人日本保育協会「保育所の環境整備に関する調査研究報告書―保育所の人的環境としての看護師等の配置　平成21年度」2010年。

14. 厚生労働省「保育所における食事の提供ガイドライン」2012年。

15. 一般社団法人日本保育保健協議会「嘱託医の仕事」
http://www.nhhk.net/health/04_02.html

16. 文部科学省「幼児期の教育と小学校教育の接続について」2012年。

17. 内閣府「子育て安心プラン」（平成29年6月2日公表）
http://www8.cao.go.jp/shoushi/shinseido/meeting/kodomo_kosodate/k_31/pdf/s5.pdf

18. 厚生労働省「平成29 年10 月時点の保育園等の待機児童数の状況について」2018年。

19. 社会福祉法人全国社会福祉協議会　全国保育協議会「全国の保育所実態調査報告書」2008年。

20. 社会福祉法人全国社会福祉協議会　全国保育協議会「全国の保育所実態調査報告書」2017年。

21. クーパー, G., ホフマン, K., マーヴィン, R., & パウエル, B.「安心感の輪」（北川　恵・安藤智子・岩本沙耶）、2013年、（Cooper, G., Hoffman, K., Marvin, R., & Powell, B.(2000) Circle of Security.）

22. 野村総合研究所「日本の労働人口の49%が人工知能やロボット等で代替可能に〜601種の職業ごとに、コンピューター技術による代替確率を試算〜」2015年。
https://www.nri.com/-/media/Corporate/jp/Files/PDF/news/newsrelease/cc/2015/151202_1.pdf

23. A.R.ホックシールド、石川准・室伏亜希訳『管理される心―感情が商品になるとき―』世界思想社、2000年。

24. 實川慎子「千葉市内の地域子育て支援関連施設・団体の持つ他職種・他機関ネットワーク」『少子・超高齢化社会における活力あるコミュニティの形成研究　保育・教育・保健医療との有機的な繋がりを軸として』植草学園大学ウエジョ研究会2017年度研究代表高野良子、2018年。

# I 保育専門職〈実習前に学ぶ理論〉

## 第 2 章

# 保育内容の理解と実践

## 学習のポイント

　子どもは安心できる環境で、自然やさまざまなものを感じたり考えたりする。そして、音、色や形、質感、ことばや声、そして体を媒介として表現を試みる。保育士は、その表現を受け止め、共感し、さらに子どもの表現が広がるような指導や援助をする力が求められている。ここでは、主に造形表現とことばの表現を中心に、①子どもが安心して、自然やさまざまなものを諸感覚で感じられる環境を整えること、②自分なりの表現ができるように、一人ひとりの発達や個性、興味関心をふまえた指導を考え、十分な準備、計画の立案、実践、また振り返りをすること、③子どもの表現遊びのために必要な、表現活動に関する基礎的な知識や技術の習得を身につけること、の3つをおさえておきたい。

# 子どもの生活と遊び

## 1 他者とともに展開する生活

### （1） 生活体験から遊びを考える

　乳幼児期の子どもにとって、生活と遊びは非常に密接に結び付いたものである。保育において、「生活」というと、食事や睡眠、排泄、着替えといった側面を思い浮かべるかもしれない。しかし、子どもの1日のなかのある部分は生活、ある部分は遊びと別々に存在するものではない。

　ごっこ遊びのようすを思い浮かべてみるとわかりやすい。子どもは、家庭や園で見たおとなの姿を再現するようなごっこ遊びをする。おとなが仕事や買い物に出かける場面では、「いってらっしゃい」「いってきます」とか「ただいま」「おかえりなさい」いうことばのやりとりを子どもたちはうれしそうにする。出かける側の子どもは、バッグのようなものを手に持って「いってきます」と言って出かけて行き、どこかで少し過ごしてから「ただいま」と言って帰ってくる。出かける側が「いってらっしゃい」と言ったり、帰ってくるときに「いってきます」と言ったりするようすが見られることはほとんどない。子どもは生活で経験していることを、場面と行動が結び付いたかたちで再現し、楽しんでいる。

　逆に言うと、生活で経験していないことは、遊びとして表れにくい。そこで、保育の援助においては、生活を豊かにすることで遊びが豊かになり、遊びが豊かになることで生活が豊かになることを考え、1日の内容を構成することが重要である。

**❶生活を豊かに**

　保育所では、子どもたちが長時間、また、長期間そこで生活するのが大きな特徴である。たくさん遊べば、のどが渇いたり

お腹がすいたりする。のどが渇いたらお茶を飲み、お腹がすけばミルクを飲んだりご飯を食べたりする。排泄の感覚がわかるようになればトイレにも行くし、遊んでどろんこになれば着替えもする。たくさん遊んだ後にご飯を食べれば眠くなり、お昼寝の後にはまたお腹がすく。遊びたい、飲みたい、食べたい、おしっこしたい、寝たくないけど眠たいなど、いろいろな欲求と行動が織り交ざった生活が展開している。

これらの一つひとつの欲求が満たされるだけでなく、豊かさとともに展開されるとき、長時間、そして長期間、保育所で過ごす子どもたちの育ちがより豊かに促されていく。

例えば、1歳児の食事の場面を考えてみよう。

### エピソード1：がんばって食べよう（1歳児）

カンナは給食をほとんど食べない。「家でおやつばかり食べていて、甘やかされている」とA保育者は思っており、少しでも保育所の給食を食べて、栄養を取ってほしいと考えている。

毎日口を固く結んで食べようとしないカンナに、「カンナちゃーん、ご飯食べようねー。お口アーン」と明るい口調で言い、スプーンですくったご飯を口の前に持っていく。「お口開けてー」とスプーンをカンナの口につけたまま言うが、なかなか口を開けてくれない。「はい、ちょっとだけアーンしよう」とだんだん口調が厳しくなる。「はい！　カンちゃん！　食べないと大きくならないよ！　がんばって食べよう！　はい！　アーン」と厳しい顔をして言うと、カンナは眉間にしわを寄せて少しだけ口を開ける。A保育者は、すかさずスプーンを口の中にスッと入れ、食べさせる。「はい、じゃぁ次はカボチャー」と言って、スプーンでカボチャをすくい、同じように口の前にスプーンを持っていく。

カンナの健康やこれからの成長のことを考えると、栄養バランスが考えられた給食を食べることはとても重要なことである。しかし、毎日の食事が、他者から少し怖い声と表情で迫ら

れて食べさせるものだとしたら、カンナの食事の経験としては
どうだろうか。食欲が喚起されるようなことばかけというより
は、とにかく食べさせようとする保育者の思いが強く感じられ
はしないだろうか。「ちょっとだけアーンしよう」「がんばって
食べよう」と迫られて、仕方なく口を開けたらスプーンで口の
中に食べものを入れられる経験は、主体的に食べることを楽し
む経験となっているだろうか。

### エピソード2：このカボチャ、きれいな色だね（1歳児）

　タツヤはかんしゃくを起こすことが多く、食事中も
スプーンでうまくすくえないと「キーッ」と声を上げ
て怒る。B保育者は、そんなタツヤの声を聞いても落
ち着いた様子で、介助スプーンでタツヤのお皿にある
カボチャを小さく切り分けながら、「このカボチャ、
きれいな色だね。おいしそうね」とゆったりと話しか
け、タツヤと目を合わせる。タツヤはスッと落ち着
き、こくりとうなずいて、もう一度自分のスプーンで
すくおうとする。小さく切り分けられたカボチャをう
まくすくうことができ、タツヤはスプーンに口を寄
せ、ぱくりと食べる。

　B保育者はそのようすをにこやかに見て、「おいし
いね。タッちゃんお汁もあるよ。今日はね、納豆汁。
納豆が入ってるんよ」と言って、お椀を差し出すと、
タツヤはジッとお汁を見ている。B保育者「何が入っ
てるかな？　ちょっと食べてみる？」と介助スプーン
ですくって、タツヤの口の前に差し出す。タツヤは差
し出されたスプーンをちょっと見て、自分から口を近
づけて食べる。B保育者は「どう？　納豆好きかな？
緑のネギも入ってるね」と話しかける。タツヤはス
プーンを置いて、お椀を両手で持ち、ごくりとお汁を
飲む。気に入ったようすで、お汁を飲み干したタツヤ
は、「ん、ん」と汁椀をB保育者の方に差し出す。B
保育者は「おかわりいる？」とお椀を受け取り、納豆
汁をついで「はい、どうぞ」と汁椀を差し出す。

タツヤの性格的な激しさをゆったりと受け止めながら、タツヤが「食べたい」と思っているのにうまく食べられない状況を理解し、カボチャを切り分けるという具体的な援助を行いながら、「きれいな色だね。おいしそうだね」とタツヤに共感するように声をかける。

食べものには食材や調理法に応じた色があり、味がある。納豆汁は、多くの子どもたちは家庭で食べたことがないかもしれないが、この保育所では栄養豊富なメニューとして取り入れている。子どもによっては初めての食経験となるものも、その子どもに知らせながら、主体的に食べることができるように声をかけたり、スプーンを差し出したりする。決して、保育者のほうから口の中に入れ込むことなく、子どものようすを確認しながら食べることを促している。まだことばにならない「ん、ん」と汁椀を差し出す行為を「おかわり」ということばに言い換えて伝え、もう1杯ついだお椀を差し出すことが「おかわり」ということばとつながりをもって経験できるようにしている。

この2つのエピソードから、同じ給食場面でも、子どもの経験は大きく異なることがわかるだろう。もちろん、子どもの性格も生活経験も異なるので、それぞれに応じた対応が必要である。しかし、カンナにとっても、今日の給食がどんなメニューで、どんな食材が入っていて、それがどんな色でどんな味か、関心がもてるように声をかけられたり、どれから食べたいか見守られたりたずねられたりする経験が重要であることは、タツヤと同様である。

こういった豊かに満たされる食経験が遊びのイメージにつながっていく。ままごと遊びのなかで「おいしいねー」と目を合わせて言い合う姿や、「おしるおかわりー」「はい、どうぞ。ネギ入れますか?」とやりとりをする姿が見られるようになるには、食事とそれにまつわるやりとりが豊かに経験されていることが結び付いている。毎日繰り返される生活の内容をいかに豊かな経験にできるかが、子どもの遊びの豊かさに、そして育ちの豊かさに大きく関わっている。

### ❷遊びを豊かに

子どもは遊びをとおしてさまざまなことを学んでいく。例えば、積み木遊びには、物の形と特徴やそれらの組み合わせ、重

さと重力、重心の関係、子どものなかのイメージとそれを抽象的に表現することと積み木という具体的形状との関係、手の巧緻性と積み木の大きさとの関係など、多様な要素がある。子どもにとって少しむずかしいことが、遊びのなかでのおもしろさとなり、何度も繰り返し遊んでいるうちに、できることが広がり、生活習慣などの行動にもつながって自信を深めていく。

　1、2歳児が靴を履く場面を想像してほしい。多くはマジックテープが使用されており、小さな子どもでも脱ぎ履きしやすいようになっているが、最初はマジックテープをびりびりとはがすことがむずかしい。衣服の着脱では、スナップ、ファスナー、ボタンなど、いっそうむずかしいことが多い。しかし、少しむずかしいことは、子どもにとってはおもしろく、挑戦したい内容である。

　そのことを、遊びのなかで何度も繰り返しやってみて楽しむことができるように考えられているのが、手づくりおもちゃの数々である。マジックテープやスナップ、ボタンのつけ外し、ファスナーを開けたり閉めたりすることが、少しむずかしいけれどやってみたい、できるようになりたい子どもに、存分に楽しめるような手づくりおもちゃを提供してみる。最初はむずかしく、保育者に少し援助してもらいながら遊んでいるうちに、コツをつかんでできるようになっていく。遊びのなかでできるようになっていくことで、「できた」と自信をもち、靴を履く、服を脱ぎ着するときにも「できた」と思えることが増えていく。

### ❸園生活で保障したい豊かな経験と遊び

　現在、子どもたちが育つ家庭は多忙化が進み、家庭で保護者と過ごす時間や共に過ごす人数が減ってきている。休日も、公園のような地域の遊び場ではなく、保護者の買い物に同行するなど、おとなの生活が中心となるなかで過ごす子どもの姿も多く見受けられる。そういった家庭や地域の変容を受け、保育所等の園生活で保障したい経験や遊びを、子どもの実態からとらえていく必要がある。

　砂や土、水、泥を触るようすはどうか、身体を動かすようすはどうか、草や虫など小さな自然物や生き物に触れているか、お話の世界やことば遊びなどに親しんでいるか、生活のなかの

音や素材を自ら楽しむようすがあるか、また、そういったさまざまな遊びや関わりのなかで見られる人と関わる姿など、5領域の視点をもって、子どもの実態を具体的に詳細につかむことが、その子どもに保育内容として保障すべき内容の把握につながっていく。例えば、マンション暮らしの多い地域では、野菜の栽培の経験がまったくない子どもは多い。そこで、園では、一人1鉢の野菜を育てる栽培計画を立てたり、年長クラスになると、みんなで話し合ってどんな野菜を育てたいか考えて、畑をつくったりする内容を、保育の計画に入れ込んでいくと、園生活をとおして子どもたちの経験が豊かになっていく。

### エピソード3：栽培をとおして長期的な活動を取り入れる

　A園では、毎年、5歳児たちが育てた野菜を使って夏にカレーパーティーを開き、他の学年の子どもたちにふるまってくれている。そのためには、4歳児クラスの秋の終わりごろから、ジャガイモやタマネギを植えていくことになる。保育者は、子どもたちに、「少し前に年長さんがカレーをつくって食べさせてくれたよね」と思い起こすように話をしていくと、「おいしかった！」「ぼくたちの分もつくってくれてうれしかった！」「年長さんになったらやりたい！」という声が出てくる。

　保育者が「年長さんになったら、みんなでつくりたいね。でも、年長さんたち、カレーに入れるお野菜も畑でつくってたの知ってる？」と聞くと「知ってる！」「カレーにはどんなお野菜が入ってた？」と言うと「ジャガイモ！」「ニンジン！」「タマネギ！」などと声が上がる。さらに「他にも入れてみたいお野菜あるかな？」と聞くと、「うちのカレーにはピーマンも入ってるよ」という子どもが出てくる。「えー、ピーマンはいやだー」という子もいれば、「うちはミニトマトが入ってるよ」「うちはリンゴ入ってるー」などと盛り上がってくる。保育者は「じゃぁ、今日はお家に帰ったら、自分のうちのカレーには何が入っているか、聞いてきてくれる？　また明日その話をみんなでして、カレーに入れたいお野菜を決めて、育ててみよ

うか」と話すと「わかった！」「聞いてくる！」と子どもたち。

　話し合いの後、保育者は、野菜の図鑑や育て方の描かれた絵本などを絵本棚に用意したり、今年の畑やカレーパーティーのようすの写真を壁に貼り出したりし、今日の話し合いで出た意見を、ホワイトボードに書き出している。

　家庭や地域で野菜を育てるという経験をしていない子どもも多い。その経験を保育者が用意して子どもに参加させるのではなく、子どもたちが自分たちの活動として考え、情報を集め、さらによいものにしようとみんなで考え合うことが大切である。この事例では、カレーをつくる活動に向けて、保護者と家庭で会話することにつながるようにしたり、自分たちでその野菜の特徴を知り、世話をしていくことができるように、図鑑や絵本などの教材を準備したり、人や物を活動に結びつけながら、多様な展開がめざされていることがわかる。こういった保育者の投げかけから、子どもたちは自分たちで野菜の苗を買おうと地域のお店に行ったり、野菜の育て方を調べたりして、実際に植えて育てていく。

　また、野菜が生育していくに連れ、青虫との格闘や、野菜の栽培が得意な地域の協力者の登場など、ハプニングも保育内容の豊かさへつなげるように、地域と連携しながら進めていく。毎日水やりをして、ジャガイモがたくさん収穫できると数えたくなったり、重さを比べたくなったりもする。地域の方にお礼がしたくなり、カレーパーティーを開くことにすれば、招待状も書きたくなる。年下の子どもたちも一緒に収穫したり野菜を洗ったり、ふだん見たことも食べたこともないニンジンの葉っぱが食べられると知ったりと、活動はさらに地域や園の多様な人との協働や、生き物の特徴や命の大切さへの気づき、数量や文字等への関心・感覚の育ちなど、多方面に広がっていく。子どもたちが主体的に行う栽培活動は、栽培や調理だけではない多様な経験へと広がっていくのである。

　このように1つの目的に向かって、多様な関連する内容を含み込むようなかたちで活動を展開することが、保育実践の内容

の豊かさを形成していく。子どもが「これがしたい！」と目的をもち、人や物とつながりをもちながら、自分たちにとっておもしろく楽しい活動展開をつくっていけるように、保育者は子どもたちの気づきを促すのに必要な教材や問いかけを用意したり、地域との協働関係を築いたりすることが大切である。このような子どもの必要感をもとにした展開と、活動の多様性と関連のある展開が現代に生きる子どもたちの生活を豊かにし、遊びを豊かにする。

## (2) 人との関係から遊びを考える

ここでは、保育者と子どもの関わり、子ども同士の関わりが遊びのなかでどのように育っていくのか、またその育ちを支える保育者の援助とはどのようなものなのかをみていくことにする。

### ❶保育者の周りでじっくり遊ぶ

保育所は、生後初めて家庭以外で長時間過ごす場所となる。保護者と離れた状況のなかで、保育者との安定した絆を形成することがまずは重要である。ボウルビー(Bowlbe, J. M.)は、「人間(動物)が、特定の個体に対してもつ情愛的きずな」[*1]のことを愛着(アタッチメント)と呼んだ。この愛着関係は、生殖的な親やきょうだいのみでなく、特定の保育者等との間にも、快適でタイミングのよい応答が繰り返されることにより形成される。そこで、保育所では、愛着形成が可能になるように、各子どもの担当者を決めてできるだけ同じ保育者が同じ子どもに関わる担当制を取り入れている保育所も多い。

保育者との安定した関係が形成され、子どもが安心して保育所で過ごすことができるようになると、保育者に見守られるなかで、自己を発揮しはじめる。保育者がおもちゃに誘うと、そちらに手を伸ばし、おもちゃをつかんで振ってみたり転がしてみたりする。最初は素朴な動きと反応であるが、子どもは自分の行為によってある一定の法則で物が動いたり(例えば、上から下に物は落ちる)、音が鳴ったり(例えば、木のハンマーで木を叩くと、その素材に応じた音が鳴る)することを繰り返し楽しむようになる。保育者は、一人ひとりの好きな遊びやいまの

発達状況を遊びのようすからみとりながら、安心できるあたたかい雰囲気のなかで、時にモデルを示し、時に見守りながら、十分に子ども自身が遊べるように促していくことが大切である。

### ❷保育者の周りで友だちと出会う

特定の保育者との愛着関係が形成され、安心して自己が発揮できるようになると、子どもは、その保育者の周りにいる他の子どものようすに目がいくようになる。1歳ごろから他の子どもが遊んでいる物が気になり、物をめぐるトラブルが増えるが、保育者が間に立ち、気持ちをていねいにことばにするなどして、それぞれがまた遊びの楽しさに戻れるよう援助することが大切になる。

遊びのなかでみられる人との関わりは、発達にともなって変化していく。パーテン（Parten, M.B.）は2〜4歳児42名を対象とした観察研究で、遊びにみられる社会的参加のタイプを見い出した。それらは、不参加、傍観、一人遊び、平行遊び、連合遊び、協同遊びである（表I-2-1）。

しかし、この遊びのなかでみられる社会的関係の様相から発達段階を判断しようとすると、一人遊びをしている子どもが最も幼いといった見方にも陥ってしまう。年長児であっても、集中して物づくりをする一人遊びがみられるように、一人遊びがみられるから幼いのではない。子どもは、多様な遊びの形態や人との関わりがみられるようになる方向性へ発達すると考えるべきである。

また、実際には、これは連合遊び、これは協同遊びと明確に分けられないものもある。一緒に遊んでいるなかでも、ある子

### 表I-2-1　遊びにみられる社会的関係

| 不参加 | 座って保育室を眺めているなど遊びに参加していない |
|---|---|
| 傍観 | 他児が遊んでいる様子を見て過ごす |
| 一人遊び | 一人でおもちゃなどで遊んでいる |
| 平行遊び | 他児と共にというより隣で遊んでいる。同じ物を同じように使うがやりとりがない。 |
| 連合遊び | 会話したり物の貸し借りをしたりして共に遊ぶが、目標に向けた役割分担はない |
| 協同遊び | 目標を達成するために役割を分担し、協力して遊ぶ |

出典：Parten, M. B.（1932）'Social participation among pre-school children'：The journal of abnormal and social psychology, vol.27, No.3, Washington, American Psychological Association, pp.243-269.（古賀訳）をもとに古賀作成。

どもは目的意識を明確にもっているが、ある子どもはなんとなく参加しているというようなこともある。片付けが楽しく、遊びのようになることもある。実際の遊びの様相には、あいまいなものが多くあるといってよいだろう。

## エピソード4：ぼくもほしい（2歳児クラス、6月）

　登園後、積み木とブロックを使って、男児4，5人が保育者とともに遊んでいる。ハルキは積み木でお部屋のような形をつくり、その中にブロックの人形を寝かせている。そのようすに興味をもったのか、マサシがハルキの使っていた積み木を1つ倒す。ハルキ「こわさんといて」とマサシに言うと、近くにいた保育者A、パッとようすを見て、「マーくん、壊さんといてほしいって。マーくんも一緒にする？」と聞くと、マサシはコクリとうなずく。保育者A「ここねー病院なんだって。みんな元気になったのかな」と言う。ハルキ「なってへん」、保育者A「なってへん？」と言うと、保育者Aの横にいたカイトがハルキの使っているブロックの人形を取ろうとする。ハルキ「あかん」と取り返す。保育者A「教えてあげて、この人が何か」と言うと、ハルキは少し考えているようすで周囲を見回し、もう1つの人の形をしたブロックを持ち「これと一緒」と保育者Aに見せるようにすると、カイトが興味をもったように手を伸ばす。

　一方のマサシは立ち上がり、その脇で2台の消防車を動かして遊んでいたタイチから、2台とも消防車を奪い取る。タイチは「あー！」と怒ったような声を出

写真 I-2-1　友だちのようすに関心をもつ子どもと関わりを支える保育者

して、後ろに倒れ込んで突っ伏してしまう。マサシは
タイチのようすを見ているが、保育者Aはそのマサシ
の表情を何も言わずに見ている。タイチの後ろにいた
保育者Bが、「マーくん？　それ、タイちゃん使って
たやつや」と伝え、タイチに声をかけ事情を聞いてい
る。保育者Aは、マサシがそのまま遊び出そうとして
いるようすを見て、手をチョンチョンと触り、「マー
くん、見て。タイちゃん倒れ込んでるよ」と言うと、
遊ぶのをやめて、タイチのほうを見るマサシ。保育者
B「タイちゃんが使ってたんだって。返してって」と
伝えると、タイチは這ってマサシに近づいて行く。マ
サシはパッと両手に持った救急車を背中に隠すように
するが、保育者B「一つずつか、ちがうの……」と棚
を指さして言いかけると、マサシは1台の救急車をタ
イチに渡す。タイチはそれを受け取り、ジッとマサシ
の救急車を見る。マサシ「ピーポーピーポー」と遊び
出すと、保育者A「ピーポーピーポー」と言う。少し
して、タイチも起き上がり、救急車で遊び出す。

　マサシは、誰かが遊んでいる物に興味がわき、それで遊んで
みたくなるのだろう。手を出しては、相手の子どもが「ダメ！」
と言うなど抵抗に合うので、保育者Aはその声を聞いてそちら
をみては、マサシの表情や動きから思いを読み取ろうとしてい
る。相手の子どもの気持ちやようすをことばで伝えたり、マサ
シの「したい」という気持ちを言語化して確認したりしてい
く。保育者Bは2台の消防車を奪われて遊べなくなっているタ
イチの気持ちを受け止め、マサシに「一つずつか、ほかのを探
すか」という提案をしかけると、そのことばを聞いて、マサシ
はサッと救急車を1台返す。
　2人の保育者は終始あたたかい見守りのまなざしを向けなが
ら、それぞれの子どもの思いをことばにし、相手に伝え、子ど
もが次にどうするかをさらに見守っていく。ほかの子どもが
使っている物に手を伸ばす行為を、「自分もしたい」という子
どもの気持ちの表れとして受け止め、使っている子どもの遊び
をことばにして伝えたり、手を伸ばした子どもの気持ちをこと

ばにして受け止めたりすることで、一人ひとりの子どもが保育者の周りで落ち着いて遊べるようになっている。まだ相手の意図を理解して一緒に遊ぶことはむずかしいが、友だちと場を共にしながら同じことをして遊ぶことが楽しいと感じられるように、ていねいに援助することが重要である。

ここで見られる子どもたちの遊びは、積み木とブロックという同じ物を使って平行遊びのように遊んでいるが、やりとりがないわけではなく、物を介したやりとりがいくつも生じている。イメージを共有して遊ぶには至らないが、友だちの遊びに興味をもって関わろうとする姿がみられるようになってきた時期といえるだろう。保育者は、友だちへの関心が育ってきていることを受け止めながら、遊びの場を共にすることができるように、仲介者としての役割を担っている。

### ❸楽しさを共有することで

クラス担任など親しい保育者とともに、気の合う友だちとの遊びが、イメージや物を共有しながらなされていく。しかし、3歳ごろは、まだ子どもだけでイメージを共有して遊びを展開していくのはむずかしく、場を共にしながらそれぞれに遊ぶ平行遊びが多くみられる。保育者は、例えば、ごっこ遊びで表出される一人ひとりのイメージを受け止めて「おいしいね」などと返したり、「Aちゃんはアイスクリームつくったんだって。Bちゃんも食べる？」など、行動をことばにして周囲の子どもに伝え、2人の間をつなげたりする役割を担う。

そうしているうちに、次第に子ども同士も物の貸し借りや簡単な役割分担をするようすがみられるようになる。

> **エピソード5：お山をつくろう（4歳児クラス、5月）**
>
> エリは「お山つくろう」と言い、保育者を誘ってスコップで砂を掘り出す。エリは砂場の端にある砂を砂場の中央のところまで運ぶことにこだわる。保育者は「遠いなぁ」と言いながら、スコップですくった砂を運んでいると、カズマが砂を運ぶ一輪車を持ってきて「はい、ここに砂のせてください！」と言う。保育者「ありがとう！　エリちゃん、こんなところに車が来たよ！　たすかるわー」と言うと、子どもたちが数人

集まってきて、スコップで砂をすくい、どんどんカズマの一輪車にのせていく。

　タケオが「先生、水」とバケツに水を入れて持ってくると、保育者「ありがとう、そのお山固めるのに使おう」と山を指さす。しかし、タケオはその場にバケツを置いて、山のほうをジッと見る。砂が一輪車に一杯になり、カズマは山のほうに運んでいく。エリはカズマの一輪車からスコップで砂を掻きだし、山の形にしていく。エリ「先生、できてきたよ」、保育者「すごい。固まってきたね」と声をかける。カズマは何度も往復して砂を運んでくれる。

　ユウジは「スコップ持ってきたよ。でもちっちゃい」とニコニコしながら保育者に言うと、「先生のはこんなの」とスコップを比べて見せて「今、あそこで山つくってるんだよ」と伝えると、ユウジもスコップで砂をすくい出す。

　タケオがもう1台一輪車を持ってきて、さっきのバケツを持ち上げて見せ「先生、水入れていい？」と聞くと「いいよいいよ。山のために持ってきてくれたんだよね？」とたずねる。タケオ「うん」と言いながら一輪車に水を入れていく。

　山を固めていたエリが保育者のところに来て「まだまだほしい」というと、「自分で持っていく？」と一輪車を指さす。水が入った一輪車を見て不思議そうな顔をして「なんで水？」と聞く。保育者「水があったほうが固まるんだって」と言う。一輪車の水に保育者が砂を入れ足すと、エリが水と砂を混ぜるようにスコップでサクサクと押す。保育者「固まってきたね」、エリ「こうやってしたら固まるよ」と、スコップをスクリューのように回して見せる。

　山をつくるということへ向かって、砂を掘り出すが、エリは砂場の端のほうの砂をわざわざ中央部分まで運ぶことにこだわる。それは時間もかかり、周囲には山をつくっていることが伝わりにくい。そこで保育者は「遠い」とつぶやく。すると、遠

<br>

いところまで砂を運んでいることが周囲に伝わり、マサシが新たな道具を持ってきて手伝ってくれた。タケオはバケツで水を汲んできたので、保育者は山を固めるという目的をもつものとして取り入れていく。クラス替えの直後で、子どもたちはそれぞれ保育者に確認しながら遊んでいくが、遊びのなかで子どもたちが砂山をつくるという目標のもとに、アイデアを出し、道具を共有し、つながっていっているのがわかる。

平行遊びから連合遊びへの移行のような、緩やかな役割とやりとりがみられる。

保育者は、「山のために持ってきてくれたんだよね」「水があったほうが固まるんだって」などと、一人ひとりの子どもの考えを行為から読み取り、砂山をつくるという目的につなげて意味づけ、発信している。友だちと一緒に遊ぶことが楽しくなってきた子どもたちの姿を受けて、保育者が、子どもの思いを読み取り、受け止め、ことばにし、つなげる援助をきめ細かに行うことが重要である。

### ❹目的を共有することで（協同遊び）

5歳児くらいになると、友だち同士で一つの目標を共有し、役割分担をしたり、ことばで意図のやりとりをしたりして遊ぶようになる。いわゆる協同遊びである。これに関わる育ちの姿として、保育所保育指針（以下、保育指針）等では「幼児期の終わりまでに育ってほしい姿」に協同性という項目があげられている。

保育所保育指針　第1章　総則
4　幼児教育を行う施設として共有すべき事項
(2)　幼児時の終わりまでに育ってほしい姿
　ウ　協同性
　友達と関わる中で、互いの思いや考えなどを共有し、共通の目的の実現に向けて、考えたり、工夫したり、協力したりし、充実感をもってやり遂げるようになる。

このような姿は、その後の小学校以降の学習だけでなく、多様な人と出会い、新たな考えを協働的に創造していく際の基本的な態度につながっていく重要なものと考えられる。幼児期に

おいては、具体的な生活のなかで、多くの子どもに興味関心が
わくような魅力的な環境を準備し、一人ひとりの発想やよさが
生かされる活動展開を援助することが重要になる。

### エピソード6：秘密基地をつくりたい（5歳児クラス、10月）

　昨日、秘密基地をつくりたいという子どもたちに、保育者は、廃材として譲り受けた、長さが不揃いな角材を10本ほど出した。子どもたちは、同じ長さに切る必要があると考え、切ろうと思った場所に鉛筆で線を引いて、昨日は活動を終えていた。

　今日は朝から続きをしようと、角材のところに子どもたちが6人ほど集まり、折尺（職人が使用する折りたたみ可能な物差し）を使って、角材の幅を測ってみている。しばらく遠くから見守っていた保育者が幅を測り終えたようすを見て、「全部4センチ5ミリ？　全部一緒ってことやな」と言い、「それで、昨日、何をやりかけてたんかな」と問いかける。カンタ「昨日、線を書いててー」、保育者「それ、何の線を書いてたん？」、カンタ「全部長さを同じにするため」、保育者「そうやな、長さを同じにするためやったな」、カンタ「同じにしたほうが、のこぎりで切りやすい」、保育者「そうやな。今日は線のとおりにのこぎりで切るんやな。でもこれバラバラや。どうなってんの？」と端が合わされていない角材を指さして言う。子どもたち笑って「もう1回やり直しまーす」と並べ直し出す。保育者「あ、ちゃんとここ（端）をそろえるのね、なるほどねー」と角材の一方の端をそろえようとしているようすを手で位置を示しながら言う。

　ところが、角材の端をそろえると、昨日引いた線がまっすぐでないことに気づいた。カンタ「あれ、おかしい！」、保育者は笑って「昨日、長さはどこに合わせたらいいって言ってたっけ。ちょっとみんなこっち来て」と子どもたちを角材の端の長さが合っていないほうに集める。保育者「どれに合わせて切ったら全部そろう？」とたずねると、ジッと角材を見て一番短い

角材を触るマユカ。保育者「ここに合わせて切ったらいい?」、子どもたち「うん」と確認し、折尺をまっすぐに伸ばし、一番短い角材の端に沿うように折尺を置く。カンタが一番端の角材に目印となる線を引き終えると、カンタ「はい、順番にしたほうがいい。1本1本」と言い、隣のマユカに鉛筆を渡す。マユカは鉛筆を受け取り、隣の角材に慎重に線を引いていく。

　途中で、また反対側の端がズレてきていることに気づいたヤヨイは、「ちょっと待って。合ってない」と端を合わせ直す。線を引いていた子どもたちは引いた線がズレていくので、「何してんの、これ」と言い出すと、保育者「ヤヨイちゃんは今そっちを全部そろえてんねん。ヤヨイちゃんそろった?」と言う。ヤヨイ「オッケー」と言うが、他のみんなはいま引いた線がガタガタであることに気づき、「なんか階段みたいになってますねえ」「なんかデコボコしてる」「調べる」と話し出し、もう一度折尺を当てて考えている。ヤヨイ「線書いたー?」と端を押さえながら聞く。カンタ「まだ」、マユカ「まだ」、カンタ「遊んでる場合じゃなかったな」と言って、再び線を引き直す。ヤヨイ「できたー?」、カンタ「できた」と引き終えた線をみんなで見て確認する。

写真 I -2-2　目的のもとで協力し、やりとげようとする

　秘密基地をつくりたいと思った子どもたちが、魅力的な本物の木材を手渡され、どうやったら自分たちの基地がつくれるかを考えて活動を進めている。ただ、それは子どもだけで進めら

れているのではない。最初、折尺を使うのが楽しく、角材の幅を測ってみている子どもたちの姿を保育者は見守っている。子どもたちの間で楽しさが共有されてはいるが、秘密基地をつくるプロセスとしては迷走している。こういった、活動の目的を見失いそうになったり、子どもだけでは考えるのがむずかしい場面では、保育者が出てきて問いかけ、前日にした内容を確認したり、子どもたちが顔をつきあわせて話し合うことができるように声をかけたりしていることがわかる。保育者の援助によって、子どもたちは今日の活動を「角材の長さが同じになるようにのこぎりで切る」という目的であることを確認し、そのために、どの角材を基準とすればよいか、どうやって線を引くか、と考えていく。

　線を引きはじめたカンタが1本の角材に線を引き終えたら、鉛筆を隣のマユカに渡していくところは印象的である。「秘密基地をここにいるみんなでつくるのだ」という意識が子どもたちにあることがわかる。また、ヤヨイが反対側の端がズレてきていることに気づいて動き出すと、「なにしてんの。これ」という声がもれる。保育者は、ズレを直そうとしているヤヨイの行動の意味が理解されるように声をかける。そうすると再び子ども同士で考えはじめ、ズレに気づき修正するにはどうしたらよいか、「遊んでる場合じゃなかったな」と真剣にやろうと話し合っていくのである。同じ目的をもち、そのために必要なことにそれぞれが気づき、その気づきが生かされていく活動の展開がみられる。

　このように、5歳児の後半では、何日もかけて知恵を出し合い、工夫して、力を合わせてやり抜くことでできあがるような活動のなかで、協同性が育まれていく。子どもたちが、自分たちでつくりあげた充実感を得られるように、必要なだけの援助を行うことが重要である。

# 第2節 保育における環境とことば

## 1 イメージや感性を豊かにする環境とことば

### (1) 環境をとおした保育とは

　乳幼児期の子どもは、具体的で直接的な人や物との関わりを通してさまざまなことを学ぶことが、発達的特徴の一つである。保育指針等では、その発達的特徴にふさわしい教育方法として、環境をとおした保育を行うことが重要とされている。ここでいう環境とは、保育者や友だちといった人的環境、遊具や教材といった物的環境、自然環境や社会事象といったものまで幅広く含まれている。そのなかで、乳幼児にとって身近な環境を保育環境として生かし、子どもが自発的・意欲的に環境に関わり、その意味を感じ取ったり気づいたりする保育プロセスを生み出すことが重要である。

　そのためには、乳幼児期の幅広い発達を一人ひとりの姿からていねいにみとり、その発達を促す物的環境を豊かにしたり、物的環境との関わりが生まれるように人的環境としての保育者がモデルを示したりすることが必要になる。

　幅広い発達に対する環境では、例えば、0歳児クラスでは、午前中の睡眠時間が必要な月齢の低い子どもがいる時期もある。しかし、同じ時期の同じクラスに、月齢が高く、午前中しっかり遊ぶ子どももいることも多い。そういった場合には、低月齢児には、午前中に睡眠がとれるよう、抱っこして子守歌を歌うなどする保育者という人的環境や、寝入った後に静かに眠ることができる物的・空間的環境が必要である。一方の高月齢児には、好きな遊びをじっくりとやる遊びの空間・時間と、絵本やおもちゃなどの物的環境、一緒に遊ぶ存在としての保育者という人的環境が必要である。

　おもちゃなどの物的環境についても、手先を動かして遊ぶよ

うなおもちゃもあれば、ハイハイしたりつかまり立ちしたり、それぞれのペースで身体を動かしたくなるようなウレタンマットの坂のような粗大運動の環境もある。同じ手先を動かして遊ぶおもちゃでも、取っ手付きのはめ込みパズルもあれば、小さなピースのパズルもある。

そういった物的な環境を構成する際には、子どもの興味関心だけでなく、手の巧緻性や身体運動の発達、日常的に出会う環境、出会いにくい環境など、保育者が個に応じて発達や生活経験を細かくとらえ、いま目の前の子どもに必要な内容やふさわしい内容を考える必要がある。

また、直接子どもが触れるものだけでなく、楽しい空間を彩り、風を感じることもできるモビールや、戸外から差し込む光を感じるステンドグラスのような窓の仕掛け、風を受けてカラカラと回る風ぐるまなども、乳幼児期の子どもの学びを豊かにする環境である。風や光、音などは、直接触れられなくても、物を介在させることで、よりよく感じ取ることが可能になる。そういった物的環境があり、物的環境と子どもをつなげる保育者の関わりがあることで、子どもの豊かな気づきが促され、遊びのなかでの学びが形成されていく。

シラージら(2016)によると、「保育者が子どもと『ともに考え、深めつづけること』が子どもたちの社会情緒的、認知的な発達を支える上で、きわめて重要なスキルであることが明らか」[*2]にされたという。子どもが関心をもって遊びはじめてから、想像力や創造性をはたらかせて多様な方法や道具を用いて試したり、多様な人の意見を聞いたり、自分の考えを言語化し表現してみたり、自分で図鑑等の資料や地域資源を使って調べたりして、関心をもったことがらに関わり続け、考え続けることができるように、保育者が援助することが大切だとされる。そのためには、保育者は、子どもの関心が引き出されるような魅力的な環境を用意することが大切になる。

### エピソード7：草花を使った色水遊びに必要な環境とは（5歳児5月）

保育者は昨年度から子どもたちが関心をもってはじめた遊びとして、草花を使った色水遊びを園内研修で取り上げた。保育者はこれまで、ビニール袋の上から

花がらを指先ですりつぶすような指先の動きをねらって、すり鉢などは出さずに環境を構成していた。しかし、子どもたちにとっては指先ですりつぶす動きがむずかしいのか、やっている子どもはクラスの一部にとどまり、あまり探究の広がりや深まりがみられないことが悩みとなっていた。

そのことを園内研修で話すと、ほかの保育者から「ビニール袋が園庭に散乱していたし、ビニール袋だけでという環境は、いまの子どもたちにとってどうなんだろう」「ビニール袋の口をもって中のお花の汁がこぼれないように水を入れるのも、結構むずかしいのでは」という子どもの実態とこれまでの環境とのズレに関する意見や、「たとえすり鉢を出しても、すり鉢の使い方も最近の子どもは知らないから、すり鉢を出すことで子どもたちが考えずに、ひたすらすりつぶす行為だけをするということにはならないと思う」とか、「私たちが小さかったころは、道ばたの石ころですりつぶして遊んでいた。そういう素朴ないろいろなすりつぶし方もやったことがない子どもが多いのでは」など、新たな道具を取り入れることに関する意見が出された。

そこで保育者は、多様なすりつぶし方が試せる環境として、すり鉢（大・小）とすりこぎ（大・小）や麺棒、ヘラ、石ころ、茶こし、おろし金、プラスチックトレイ（底が平らなタイプとでこぼこなタイプ）、金網、ビニール袋などを子どもたちが自由に使える環境として用意した。

子どもたちは目を輝かせて次々とやってきては、思い思いに道具と花がらを選んでいく。隣の子どもと自分の色水の色や出具合を比較したり、一人は金網を持ち、一人は花がらをすりつぶすなど自然と役割分担したりして遊び出す。

すり鉢とすりこぎを使おうとして使い方がわからないでいる子どもには、保育者が少し手本を示すと、すぐに自分でやってみてどんな色が出てきたかをじっくりと見ている。なかには、おろし金に茶こしを重ねて

花がらを挟んですりあわせるようにして、色水が出てくることを発見する子もいて、保育者は「それは思いつかんかったなー」と感心している。ビニール袋の上から注意深く花びらを指先ですりつぶしている子どももいる。

　タカナリが「先生、これむらさきやで」と話しかけると、保育者「わー、どうやってつぶしたん？」と近寄って聞く。「石で、こう、ここに線（スーパーのプラスチックトレイの溝）あったから、ここに花を入れて、こうやって」とやってみせると、周囲の子どももそのようすをのぞき込んでいる。保育者「あーここにこう線があるのを使ったの？　あーなるほどー」と話す。

写真 I -2-3　道具を用いた工夫を友だちと共有する

　保育者は、近年の子どもたちが経験してきていない手の動きや遊びの内容をとらえ直し、花がらを使った色水遊びの環境を再考していった。「すりつぶす」という行為がどのような道具の特徴と組み合わせによって、花がらにどのような変化をもたらすのか、さまざまに探究できるような道具を取り入れた。陶器、木、プラスチック、金属、石といった素材の多様性と、細い溝のギザギザ、太い溝、細かな突起、平面、円柱状という形状の多様性があり、その組み合わせによって、多様な「すりつぶす」行為が生まれた。

　また、色が見やすいように、保育者はテーブルに白いシート

を敷き、その場で水が少しずつ足せるように水槽に水を入れてテーブルの真ん中に置いた。

　子どもたちにとっては継続的に取り組んでいた遊びだっただけに、たくさん出された道具と花がらとを「おいしいジュースをつくりたい」という目標のもとで理解し、使ってみようと意欲的に取り組んでいる。保育者は子どもの新たな発想を受け止めたり、考えが共有できるように周囲の子どもに聞こえる声で話しかけたりして、活動が深まるように促している。

　環境をとおした保育には、充実した環境を準備することが非常に重要になる。しかしそれは、ただ多くの物があればよいというのではない。子どものそのときの興味関心や発達をとらえ、その子どもたちにとって挑戦してみたい少しむずかしい内容を含んだ環境を準備すること、子どもが主体的に取り組みやすく、楽しんでいる内容が十分に味わえる環境設定をしておくこと、そして、遊びの内容が深まるように、その場で子どもの考えを聞き出し、発想のおもしろさや新たな疑問に気づくように保育者が関わることなど、子どもの意欲的な環境への関わりが生み出されるように考えなければならない。

　「やってみたい！」と意欲的に取り組み、考えたり工夫したりして自らが直接関わって新たなものを生み出していったとき、子どもは充実感を味わい、自信をもち、また新たな活動へと向かっていくことができるようになるのである。

## (2)　保育におけることばとは

### ❶乳児期からのことばの育ちと保育

　赤ちゃんは生後、周囲の環境からのさまざまな刺激を受けて成長していく。その刺激の一つがことばである。保育所等は近年長時間化が進んでいる。0歳児であっても、朝7時ごろから夜7時ごろまで預けられているなど、保育所で過ごす時間が長いケースも多い。子どもたちにとっては、保育所等で話しかけられることばの質や量、出会う絵本やお話がことばの育ちにつながる非常に重要な刺激となる。

　ことばの育ちをみていくと、生後すぐから赤ちゃんは「泣く」ことで呼吸をしながら音を出す行為を日々繰り返している。このことは、ことばを話すようになるための発達のプロセ

スとして重要だと考えられる。生後2、3か月ごろにはクーイングといわれるのどを鳴らす母音を発するようになり、生後7か月ごろには「んまんまんま」などの複数音節を繰り返す喃語を発するようになる。1歳ごろには意味をともなった「マンマ」「わんわん」「ぶーぶー」などのいわゆる幼児語を話すようになり、積極的な意味のやりとりをするコミュニケーションが活発になる。そうやって周囲とのコミュニケーションを楽しむうちに、一語文から二語文、三語文へと発達し、助詞も使えるようになっていく。

　そういったコミュニケーションの道具としてのことばの発達には、赤ちゃんが周囲のおとなとの間で、相手の意図に気づき、同じ対象に注意を向ける共同注意や、おとなの表情や反応を確認して行動する社会的参照の発達が関係している。最初はおとなに抱かれて、「ん、ん」と何かを指さし、同じものに注意を向けさせようとする。おとなが一緒になって、指さしたものを見て「あ、わんわんね」などと応えるやりとりの経験を積み重ね、次第に自ら「あ、わんわん」と指さして伝えるようになる。ことばは、身近な相手に対して自分の意図を伝えたいという思いをもつことが基盤となり、育っていくのである。

　そのためには、日々赤ちゃんと関わる身近なおとなが、音の鳴るおもちゃを目の前で振ってみせ、一緒におもちゃを見るなど、物を介したやりとりで視線を一緒に物に合わせる共同注視の状態をつくり出す役割をもつことが重要であるといわれている（常田、2007）。また、そのときにおとなが示す表情や声のトーンなどで、行為とともに情動が示されることで、赤ちゃんにその行為が意味あるものとして伝わっていく。保育者があたたかく楽しい雰囲気で、共に遊び、共に見たり聞いたりと関心を寄せ合うことが、子どものことばを育む素地となる。

　そのうえで、豊かな語彙に出会うことが求められる。遊びのなかでたくさん話しかけるだけでなく、さまざまな気持ちを共有し、保育者がそのときにことばにしたり、子どものことばを共感的に聞き取り、受け止めたり言い換えたりして伝え返すことが、子どものことばの育ちを促していく。おむつ替えや食事など生活面の援助をしているときにも「気持ちよくなったね」「おいしいね」とあたたかく話しかけることを心がけたい。また、絵本やわらべうたなど、豊かな語彙やリズミカルなことば

のおもしろさにも出会えるよう、保育者が意識して関わりのなかに取り入れていくことが重要である。

### ❷幼児期のことばの育ちと保育

2歳くらいになると急速に会話の能力が発達してくるが、2、3歳のころは筋道の通った話をすることがまだむずかしい。そこで、おとなが会話のやりとりのなかで手助けをすることが必要である。子どもの発話を受け止めながら、いつ、どこで、誰と、などの内容理解に必要な情報をたずね、相手に伝わる内容になるよう会話を補っていくことが必要である。

4、5歳では書きことばへの関心も高まり、絵本の好きな子どもは文字を押さえながら自分で読もうとしたり、お店屋さんごっこなどの遊びで、「看板を書きたい」「お金をつくりたい」などと考えたことを形にしていくなかで、文字や数字を使っていく。文字の左右が逆になった鏡文字や上下逆になった逆さ文字を書くことも多いが、文字を正確に書くことを教えるのではなく、文字を書くことが楽しい、自分の書いた文字で相手に思いが伝わることがうれしい、という文字の機能に気づき、やりとりの楽しみが広がることが大切である。

5歳児にもなると活動の幅も広がり、ことばで共有したい内容も多様になってくる。それは、今まさに目の前の活動を共にしている状況で会話するだけでなく、過去にあったことや少し先のことを思い描きながらことばで伝え合うこともできるようになってくる。いずれにしても幼児は具体的な経験をしていることで、想像しやすくなったり、自分の経験を引き出してさらに話をふくらませたりしやすくなる。特に活動の振り返りでは、一緒には活動していないクラスの仲間と、ことばをとおして活動内容や課題の共有をし、さらなる活動の発展へつなげていくことが重要である。

> ### エピソード8：どっちの福神漬けを買う？
> ### （5歳児クラス、6月）
>
> 園で収穫したジャガイモとタマネギを使って、カレーパーティーを開こうと考えた子どもたち。今日はいよいよ買い物の日。それぞれ買う品物や持ち物の分担を話し合って決めた。ヨウタは財布を、ミナトが買

い物カードを持ち、出かけた。福神漬けを担当している2人は、お店に着くと福神漬けを店中探して回るが見つからない。保育者が少しヒントを出すと、ようやく福神漬け売り場を見つけた。やっと見つけた福神漬けだが、2種類ある。2つは同じメーカーで、パッケージはほぼ一緒だが、色が違う。1つは「カレーにもおすすめ、福神漬け」と書かれた赤い福神漬けで、もう1つは「カレー専用福神漬け」と書かれたオレンジ色の福神漬けである。買い物カードに描いてある絵は赤い福神漬けだったので、ヨウタは赤いほうを手にした。ミナトはカレーという字が読めたことからオレンジ色の福神漬けを手にし、「こっちやで！」と強い口調で言う。ヨウタも負けじと「こっちもカレーって書いてあるし、こっちを買う！」と言う。いつもなら、自分の思いを強く言うミナトが言い切ったり、けんかになったりする場面である。ところが、ヨウタが「どっちかわからんし、どっちも買おう」と提案した。ミナトも、「6個買わなあかんし、3つずつ買えばいいやん」と提案を受け入れた。そして、赤色とオレンジ色の福神漬けを3つずつ買い、幼稚園へ帰った。

　幼稚園へ帰り、自分たちの買った物を見せ合い、振り返りをした。それぞれの係が買ってきた物を友だちに見せ、満足そうな表情である。ヨウタとミナトも赤色とオレンジ色の福神漬けを持ち、みんなの前に出た。みんなは2種類の福神漬けを見て、特に疑問を感じていないようすであった。そこで、保育者は「2つ種類があるのはどうしてか説明してくれる？」と2人に聞いた。ヨウタとミナトは2人で顔を見合わせ、ヨウタが話しはじめた。「2つあって、どっちかわからんかったけど、どっちも福神漬けだから3つずつ買

**写真Ⅰ-2-4　買い物カード**

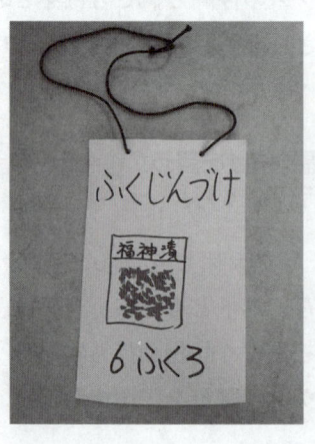

いました」。続けてミナトも「(買い物カードに)6個っ
て書いてあったし、3個ずつでちょうどやし」と言っ
た。みんなに2人が何を考えて買ったのか知らせたい
と思った保育者は、「福神漬けが2種類売ってたんだっ
て。それで、どっちもカレーに合うと思って、どっち
も買うことにしたんだって。3つと3つで6個にした
んだね」と補足説明をした。

2人は自分たちの考えがクラスのみんなの前で認めら
れたこと、自分たちで考え、うまく買い物できたこと、
2人で協力できたことに満足していたようすだった。

ヨウタは、みんなが自分たちで買い物に行こうと言いはじめ
たとき、「ぼくは行かない。子どもが行ったらあぶないし。お
金もないし」と真面目な表情で言った子どもであった。おそら
く買い物を子どもたちでするということに不安を感じたのだろ
う。しかし、その後の話し合いで、福神漬けを買うのを担当す
る人がいないというので困っていたとき、名乗りを上げたのは
ヨウタだった。子どもが福神漬けの売り場を探すのはむずかし
いと予測されるが、しっかり者のミナトが「ぼくが一緒に買っ
たげる」と助っ人を名乗り出てくれたことで、買い物への一歩
を踏み出したのであった。

そんなヨウタとミナトが「福神漬けを買う」という難題に挑
戦し、2種類の福神漬けを3つずつ買ってきたことを、保育者
はクラスの子どもたちと共有したいと願う。そして、2人に説
明を頼むと「2つあって、どっちかわからんかったけど、どっ
ちも福神漬けだから3つずつ買いました」とヨウタが説明する。
「2つあって」というのは、福神漬けが2種類あったという「問
題状況」である。その問題状況を先に提示しておいて、「どっ
ちかわからんかったけど」と、その問題状況についての「自分
たちの考え」を示している。そして「どっちも福神漬けだか
ら」と「問題解決の理由」を話した後、「3つずつ買いました」
という「問題解決方法」が説明されている。

保育者はそのことばを受けて、「福神漬けが」という主語を
補い、ヨウタの言った「2つ」を「2"種類"」と言い換えるこ
とで個数ではなく種類の話であることを示し、「あって」を

表 I -2-2　一次的ことばと二次的ことばの特徴

| コミュニケーションの形態 | 一次的ことば | 二次的ことば |
|---|---|---|
| 状況 | 具体的現実的場面 | 現実を離れた場面 |
| 成立の文脈 | ことばプラス状況文脈 | ことばの文脈 |
| 対象 | 少数の親しい特定者 | 不特定の一般者 |
| 展開 | 会話式の相互交渉 | 一方向的自己設計 |
| 媒体 | 話しことば | 話しことば<br>書きことば |

出典：岡本夏木『ことばと発達』岩波書店、1985年、52頁。

「売ってた」と言い換えて話し、問題状況だけで一文にする。「それで」という順接の接続詞を使うことで、この後に「考え」を示すことを伝えてから、「どっち"も""カレーに合うと思って"」と言う。ヨウタの「どっちかわからんかった」という少しネガティブなニュアンスも感じられるようなことばから、「どっちも」と言い換え、さらに「カレーに合う」という肯定的な意味づけを補足することで、ポジティブなニュアンスへと転換している。

　また、ミナトの数についての発言も「6個」が先に来て「3個ずつ」と分ける発想を、「3つと3つで6個」と足す発想で言い換えている。また、ヨウタは助数詞として「〜つ」という言い方をし、ミナトは「〜個」という言い方をしているが、保育者は、2人が同じことを違うことばを使って伝えようとしていたことを受け止め、その2つを合わせて用いている。同じ内容でもとらえ方やニュアンスの言い換えによって、伝わり方が異なってくる。クラスの子どもたちにより伝わりやすい話し方のモデルを示しつつ、また、豊かな語彙への出合いも形成している。

　ヨウタとミナトは目の前にある現実状況と離れた場面について、多数の子どもを相手に話をしている。こういった"いまここ"から離れた内容を語るコミュニケーションに用いられることばのことを、岡本は「二次的ことば」と述べている（表 I -2-2）。

　クラスの子どもたちは不特定多数の一般の人ではなく、親しい間柄ではあるが、福神漬けの買い物については共有していない友だちに向かって、前に出て発表する、という状況である。友だち同士で会話しているのとは異なり、ヨウタは「買いました」とですます調（敬体）を使用している。振り返りの時間をもつことで、自分の考えをまとめて話したり、ていねいな話しことばを使うことを意識したりする機会をもつことが、二次的こ

とばの育ちを支えていくと考えられる。

　また、買い物カードでは、書きことばや数概念とのであいが無理のないかたちでなされている。カレーパーティーをしようという目的をもった子どもたちだからこそ、買い物をする際に、絵とことばと数字が一緒に示されたカードは、重要な意味を伝えるツールとなる。こういった経験を積み重ねることによって、文字や数への関心を高め、自ら使うことで何かを伝えたいと思うことにつながっていると考えられる。

### （3）　物との出あい、人とのであい、自然とのであい

　環境をとおした保育において、幼児がどのような環境とであい、どのように関わり、どのように関わりが深まっていくかは、子どもの育ちに関わる非常に重要なことである。現代の家庭や地域における生活で子どもたちがであう環境が偏ってきている面もあることから、その重要性は増してきている。

　物とのであいにおいては、子どもの手にあった大きさや子どもの力で変化させることのできる可変性・可塑性、手触り、形や色、音の美しさなど、多様な特質に出会えるような工夫をしたい。

　例えば、秋のドングリなどの木の実との出あいを考えてみよう。子どもと一緒に散歩に行った先で拾ったドングリを保育室の入口に飾っておくと、子どもたちは自分も見つけたいと思い、園庭に探しに出かけたり、週末に出かけた先で拾ったりして、次第に保育室にはいろいろな木の実が集まってくる。保育者は、子どもたちに出あってほしい木の実や葉、枝などをほかにもいろいろと拾ってきて、種類ごとに分け、遊びに使えるよ

**写真Ⅰ-2-5　秋の遊びを豊かにする環境構成**

写真 I -2-6 美しい材料にひかれてつくり出す

写真 I -2-7 それぞれの工夫が見える展示

うにコーナーをつくってみる。そのときに、どんなどんぐりがあるか、いろいろな絵本や図鑑が広げられるようにしたり、木の実などを使ってつくることを楽しんだり、ドングリコースターなど遊ぶものをつくって転がすことを楽しんだり、多様な活動の展開ができるように環境を構成することが重要である。

保育者のていねいな環境構成によって、子どもたちの関心が引き出され、ていねいな物づくりへとつながっていく。写真は4歳児の環境構成であるが、たくさんの木の実が種類ごとにトレイに分けて並べてあるだけでなく、図鑑や絵本、その中のおもしろいページを見やすくしたもの、美しい布・フェルト・リボン・梱包材などさまざまな素材をある一定の大きさに切ったもの、台紙になりそうな段ボール、ドングリにもしっかり描ける油性ペン、木の実の台座になりそうなペットボトルのふた、つり下げ

写真 I -2-8 振り返りが明日の遊びへつながる

たり、つなげたりいろいろに使えるヒモや毛糸などが、自由に使えるようにしてある。

　それは子ども同士の関心をつなげ、さらにおもしろい物をつくろうという工夫を生んでいく。また、1日の振り返りで、今日の遊びの工夫を共有することで、一人ひとりの遊びがつながったり、明日の遊びの展開へとつながったりしていく。

　ある子どもがドングリを転がして遊ぶコースターを夢中になってつくったことを紹介すると、クラスの子どもたちは食い入るようにドングリが転がるようすを見る。保育者が「これは？」と隣のコースターのことを聞くと、「こっちはサトちゃんがつくったやつで」と友だちのコースターの工夫も話してくれる。

　こうして、物と人と自然は、保育者の環境構成や援助によって、遊びや活動のなかで相互につながりながら、子どもたちの生活や発想や思考を豊かにしていくのである。

注：エピソード1、2、3は実際の事例をもとに古賀が構成したものである。
　　エピソード4：京都市営改進保育所、エピソード5・7：京都教育大学附属幼稚園、エピソード6：京都市立待賢幼稚園、エピソード8：京都市立西院幼稚園、第2節(3)：京都市立上賀茂幼稚園から、それぞれ事例および写真の提供を受けた。心から感謝申し上げる。

## 第3節　保育実践の工夫<br>（見立て遊び・ごっこ遊び、運動遊び）

### 1　見立て遊び・ごっこ遊び

### (1)　見立て遊び・ごっこ遊びとは

#### ❶見立て遊びとは

　見立てとは、「子どもの遊びの中に見られるもので、ものを本来のあるべき姿で見るのではなく、別のものとして見ていく

見方」であり、見立てができるということは、実際のものの特徴から別のものを連想できる力があるということである。見立てを使った遊びは**ふり遊び**と呼ばれることもあり、物を別の物に見立てる遊び（葉っぱをお皿、積み木を電車に見立てるなど）や、存在しない物を存在しているように見立てる遊び（何も入っていないコップからジュースを飲む、絵本のご飯を食べるなど）がある。このような見立ては1歳後半ごろから見られるようになる。最初の見立ては、おとなの真似をすることからはじまるが、子ども自身で見立てができるようになるのは、2歳ごろからである。

### ❷ごっこ遊びとは

ごっこ遊びは「**象徴遊び**の一つで、子どもが自分以外の人や動物をまねてする遊び」[*3]で、お母さんごっこやお店屋さんごっこ、○○マンごっこなど「△△になったつもり」の遊びである。ごっこ遊びは、見立てが自由自在に行われることで行われるようになり、ごっこ遊びのなかにはさまざまな見立てが構成要素として含まれる。一人で行うごっこ遊びは2歳ごろから盛んになり、集団でのごっこ遊びは3歳ごろからはじまる。友だちとのごっこ遊びには双方の見立てを共有することが必要となり、同じ見立てをすることができてはじめてごっこ遊びは成立する。幼児期の終わりごろにはテーマや役割が整ったごっこ遊びが展開され、児童期の精緻な劇遊びに発展していく。

## (2) 見立て遊び・ごっこ遊びと「ねらい及び内容」

保育所保育指針解説（以下、保育指針解説）において、「見立て」「ごっこ遊び」という語が使用されている「ねらい及び内容」は表Ⅰ-2-3に示すとおり、すべての領域にわたっている。すなわち、生活や遊びにおけるこの時期のあらゆる経験が、見立てが可能になる**象徴機能**の発達や見立ての共有により成立するごっこ遊びと深く結びついているといえる。また、イメージをもったり、イメージを共有することもごっこ遊びが成立する要素になるが、保育指針解説の「ねらい及び内容」には子どもの「イメージ」にかかわる記載はさらに多くみられる。

このように、遊びだけでなく、ふだんの生活においても見立

---

**ふり遊び**

ふり遊びには、①モノを別のモノに見立てるような遊び、②存在しないモノをあるかのように見立てる遊び、③他者のふりをする役割遊び的なふり遊び、の3つのタイプがある。

（麻生武「遊びと学び」『「学び」の認知心理学事典』佐伯胖監、大修館書店、2010年、128〜148頁）

**象徴遊び**

ままごとやほうきを使ったお馬さんごっこのように、ある事物を他の事物に置き換える象徴機能を用いた遊び。

（鹿島達哉「ごっこ遊び」『発達心理学用語事典』山本多喜司監、北大路書房、1991年、10頁）

**象徴機能**

対象を何かで代理させて指示することを象徴機能と呼ぶ。生後1歳半くらいになると指示対象が存在しないところで、それを指し示す行為が表れる。遅延模倣（対象がいなくなったところで模倣する）ふり（対象を別のもので表すように扱う）などがそれである。

（無藤隆「仲間関係のなかの遊び」『「学び」の認知心理学事典』佐伯胖監、大修館書店、2010年、151頁）。

表Ⅰ-2-3　保育所保育指針

| 乳児期 | | 満1歳以上3歳未満 | | 満3歳以上 | |
| --- | --- | --- | --- | --- | --- |
| **ねらい** | | **ねらい** | | **ねらい** | |
| | | （表現） | | | |
| | | 見 | ①身体の諸感覚の経験を豊かにし、様々な感覚を味わう。<br>②感じたことや考えたことなどを自分なりに表現しようとする。<br>③生活や遊びの様々な体験を通して、イメージや感性が豊かになる。 | | |
| | | | （言葉） | | |
| | | 見 | ①言葉遊びや言葉で表現する楽しさを感じる。<br>②人の言葉や話などを聞き、自分でも思ったことを伝えようとする。<br>③絵本や物語等に親しむとともに、言葉のやり取りを通じて身近な人と気持ちを通わせる。 | | |
| **内容** | | **内容** | | **内容** | |
| （身近なものと関わり感性が育つ） | | （健康） | | | |
| 見 | ③保育士等と一緒に様々な色彩や形のものや絵本などを見る。 | 見 | ④様々な食品や調理形態に慣れ、ゆったりとした雰囲気の中で食事や間食を楽しむ。 | | |
| | | 見 | ⑥保育士等の助けを借りながら、衣類の着脱を自分でしようとする。 | | |
| | | | （人間関係） | | （人間関係） |
| | | ご | ⑥生活や遊びの中で、年長児や保育士等の真似をしたり、ごっこ遊びを楽しんだりする。(p.148) | ご | ⑤友達と積極的に関わりながら喜びや悲しみを共感し合う。<br>⑨日常生活の中で数量や図形などに関心をもつ。 |
| | | | （環境） | | （環境） |
| | | 見 | ②玩具、絵本、遊具などに興味をもち、それらを使った遊びを楽しむ。 | 見 | ②生活の中で、様々な物に触れ、その性質や仕組みに興味や関心をもつ。 |
| | | ご | ⑥生活や遊びの中で、年長児や保育士等の真似をしたり、ごっこ遊びを楽しんだりする。(p.157) | | |
| | | | （言葉） | | （言葉） |
| | | ご | ④絵本や紙芝居を楽しみ、簡単な言葉を繰り返したり、模倣をしたりして遊ぶ。 | ご | ⑤したいこと、してほしいことを言葉で表現したり、分からないことを尋ねたりする。<br>⑩日常生活の中で、文字などで伝える楽しさを味わう。 |
| | | 見・ご | ⑤保育士等とごっこ遊びをする中で、言葉のやり取りを楽しむ。 | | |
| | | | （表現） | | （表現） |
| | | 見 | ⑤保育士等からの話や、生活や遊びの中での出来事を通して、イメージを豊かにする。 | 見・ご | ⑤いろいろな素材に親しみ、工夫して遊ぶ。 |
| | | 見 | ⑥生活や遊びの中で、興味のあることや経験したことなどを自分なりに表現する。 | 見・ご | ⑦かいたり、つくったりすることを楽しみ、遊びに使ったり、飾ったりなどする。 |
| | | | | 見・ご | ⑧自分のイメージを動きや言葉などで表現したり、演じて遊んだりするなどの楽しさを味わう。 |
| | | **内容の取り扱い** | | **内容の取り扱い** | |
| | | | （言葉） | | （言葉） |
| | | ご | ③この時期は、片言から、二文語、ごっこ遊びでのやり取りができる程度へと、大きく言葉の習得が進む時期であることから、それぞれの子どもの発達の状況に応じて、遊びや関わりの工夫など、保育の内容を適切に展開することが必要であること。 | 見・ご | ⑤子どもが日常生活の中で、文字などを使いながら思ったことや考えたことを伝える喜びや楽しさを味わい、文字に対する興味や関心をもつようにすること。 |
| | | 見 | ⑤子どもが日常生活の中で、文字などを使いながら思ったことや考えたことを伝える喜びや楽しさを味わい、文字に対する興味や関心をもつようにすること。 | | |

注：見＝見立て遊び、ご＝ごっこ遊び、に関連していることを示す。

出典：厚生労働省「保育所保育指針〈平成29年告示〉」2017年、13～31頁をもとに吉田作成。

て(遊び)やごっこ遊びにつながる経験があることをふまえて子どもに関わることが重要である。

## (3) 見立て遊び・ごっこ遊びにおける保育士の役割

　乳児期は、イメージの始まりの時期である。人や物などに対してはたらきかけるなかで対象の性質を認識するとともに、自分の体の感覚や自分のはたらきかけによってもたらされる認識は、イメージの育ちの基礎となる。このことから、身近な人や物との直接的な関わりが十分にできる環境をつくることが大切である。例えば、感覚のはたらきを豊かにするさまざまな音や形、色や感触などや、直接手にして操作できる玩具や身のまわりの物に接することができる環境である。また、この時期の子どもに対しては、安心できる環境であることはもちろんのこと、子どもの興味や好奇心に対し、共感的、応答的に関わり、気づきを促すことも大切である。それにより他者に対して自分の思いを伝えたいという気持ちも膨らんでいく。

　乳児保育の「身近なものと関わり感性が育つ」の内容③では「保育士等と一緒に様々な色彩や形のものや絵本などを見る」があるが、この解説には、「……絵本の中に身の回りのものを見付けて、絵本のイメージの世界と日常の世界を行ったり来たりする経験は、ふりや見立てを楽しむその後の象徴遊びにもつながっていく」とある。このことから、絵本をただ見せておけばいいのではなく、絵本のイメージの世界と身のまわりのものがより具体的に結び付くようなことばがけを積極的に行うことも必要といえる。

　1歳半ごろには目の前にないものを思い浮かべる表象機能が発達し、遊びにもみられてくる。また1、2歳のころは人の行動を真似るのが好きで、行為やしぐさを真似してはその「つもり」になる。このような模倣は見立てと密接に関連している「つもり遊び」である。したがって、保育士は子どもと気持ちが通じ合う関係を構築することはもちろんのこと、子どもの「見立て」や「つもり」を引き出すような豊かな環境を準備することが大切である。

　3歳を超えると、子どもが見聞きしてきたことや生活や遊びで体験してきたことを再現するごっこ遊びが盛んにみられる。

このことから、それまでにいかに豊かな体験を蓄積させるかということはもちろんのこと、それをイメージさせる物理的環境やイメージを引き出す関わり、また子どもの思いに添って再現が可能になる環境を整えることが大切で、子どもの思いを読み取り子どもの「見立て」を支えてあげることが必要である。

　4、5歳ごろには仲間同士で役割を分担して行うなどのごっこ遊びがみられるようになる。ここでのごっこ遊びが成立するためには、仲間同士で「見立て」を共有し合う必要がある。そのためには、仲間同士相互のコミュニケーションが不可欠で、それにより「見立て」を共有したり、イメージを共有していく。相互の意思疎通のためにはことばによるやりとりが直接的な方法であるが、他者と同じ動きをすることや、同じ物をもつこともごっこ遊びにおいてイメージを共有することになる。

　このころにはことばの発達にともない言語的なやりとりも活発になるが、子ども同士の思いが伝わらないときは保育士が双方の思いを伝えるよう媒介することも必要となる。また、時には一緒に動きながら体の動きを他児に伝える仲介役となることで、子ども同士のイメージを共有させることができるかもしれない。さらには、同じ物の存在がイメージの共有や仲間意識と結び付いていることから、「同じ物」を用意するだけでなく、「同じ物」がつくれたり、「同じ物」として見立てられる物を準備したりすることも必要である。

## (4)　見立て遊び・ごっこ遊びにおける保育士の指導

### ❶真似を引き出す

　乳児期に見られる最初の見立てはおとなの真似からはじまることから、日常の行動を子どもが真似たことを一緒に行ったり、子どもの見立てを引き出す行為をしながら関わっていく。子どもなりのイメージは、喜びや驚き、悲しみなどの情動とも関連していることから、保育士は子どもがもつイメージの豊かさに関心をもちそれを引き出していくことも必要である。

### ❷子どものイメージを尊重し応答的に関わる

　イメージの豊かさは創造性とも関係している。歌や絵本、紙芝居、生き物、遊び、動作などさまざまなものに対するイメー

ジの世界を楽しんでいる姿を認め、それを広げられるようにしていく。そのためには、おとなのイメージを押し付けるのではなく、子どものイメージの豊かさに関心をもって関わり、共感しながらそれを引き出していくことが大切である。子どものイメージに応答的に関わりながら、ことばのやりとりをとおしてイメージをもちやすくしたり、教材・教具などのものを用意しイメージを支えることも必要である。

このような繰り返しの経験をとおして、イメージを膨らませ、イメージを蓄積し、イメージする力が育ってくると、イメージのなかで体験できるようなごっこ遊びを友だちとイメージを共有して行っていくようになる。

### ❸子ども同士の思いをつなぐ

ごっこ遊びでは、「ごっこ」の手順や役割などの見本を示し提案したり、お互いの思いを伝え合うことで子ども同士のごっこの世界を共有できるようにしていく。子ども同士のそれぞれの思いがぶつかり合う場合は、折り合いをつけたり、それぞれの思いをていねいに伝え合うことも必要である。

### ❹子どものイメージが実現可能な環境を用意する

子どものイメージを実現させ、イメージの世界を十分に楽しめるよう、空間や素材・遊具を準備したり、そのイメージを実現させる役割を演じて、子どもとともに環境を構成しながら一緒に楽しんだりすることも必要である。

子どもの多様な「見立て」が可能となるようなシンプルな素材を用意することも有効である。

### 2 運動遊び

## (1) 運動遊びとは

運動遊びとは、「主に身体全体を使ったり手足の操作や協応を必要とする遊び」[*4]「走・投・跳など活発な身体活動を含む遊び」[*5]などとされ、活発な全身運動をともなう遊びをいう。

運動遊びという用語は、保育現場では頻繁に用いられるが、

保育所保育指針解説（以下、保育指針解説）においても、「第3章　健康及び安全」「1　子どもの健康支援」「(2)　健康増進」で「子どもの身体機能の発達を促すため、一人一人の発育及び発達の状態や日々の健康状態に配慮しながら、日常的な遊びや運動遊びなどを通して体力づくりができるよう工夫することが求められる」と示されている。

　運動遊びは「活発な全身運動を伴う遊び」であって、子どもにスポーツ活動を与えたり、専門的な運動指導を行うことではない。また上記の指針解説の箇所には「体力づくり」と示されているが、体力づくりのためだけに行われるものではない。運動遊びは子どもの運動欲求を満足させ、身体諸機能の発育や体力・運動能力の発達に貢献していることはもちろんのこと、情緒や社会性、パーソナリティや知的発達など心の発達とも密接に関連している。

## (2)　運動を遊びとして行う意義

　幼児の運動能力が低下していることの指摘は、ずいぶん前からされている。このような現状に対して、早期から専門的な運動指導を行おうとする傾向もみられている。体力や運動能力の向上に目を向けた指導である。しかし、このような指導は、むしろ子どもの発達に弊害となる可能性が高いことに注意しなければならない。

　図Ⅰ-2-1は、園での運動指導と幼児の運動能力との関係を示したものである。保育の一環として体操やサッカー、水泳などを多く行っている園の幼児の運動能力が低く、特別な運動指導を行っていない園の幼児のほうが運動能力は高い。一見すると矛盾しているとも思えるこの結果は、運動指導の仕方に問題があるといえる。特別な運動指導を行う場面では、整列し説明を聞き、順番を待って指示された方法で行うように指導されることが多く、実際には子どもの活発な全身運動をともなう遊びとなっていない可能性が高い。これに対し、特別な運動指導を行っていない園では、保育士が環境を構成し、子どもの興味を引き出し存分に体を動かす機会を保障していることが考えられる。

　「運動」というとボールやなわなどを使った活動や、逆上が

図Ⅰ-2-1　運動指導と運動能力との関係

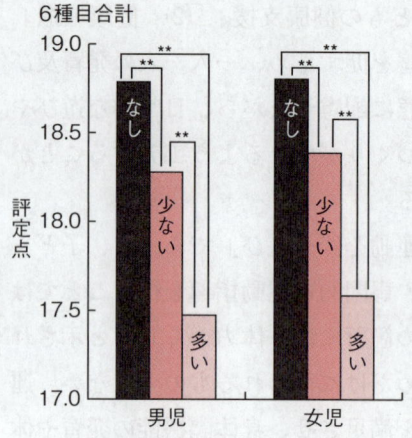

（運動能力検査6種目を5段階評定点に換算し、6種目の合計点を得点とした。）

0日：なし
19園2,147名

1〜6日：少ない
30園4,350名

7日以上：多い
23園3,432名

＊保育中に体操、サッカー、水泳などの運動指導を多くしている園の運動能力が低く、特別な運動指導をしていない園の運動能力が高い

出典：杉原隆・吉田伊津美・森司朗・筒井清次郎・鈴木康弘・中本浩揮・近藤充夫「幼児の運動能力と運動指導ならびに性格との関係」『体育の科学』第60巻第5号、杏林書院、2010年、343頁。

りや前転などがイメージされるかもしれないが、何をやるかではなく、子どもの主体性を尊重した遊びとしての活動であることが結果的に運動発達にも貢献していることに留意する必要がある。

## (3)　運動遊びと「ねらい及び内容」

### ❶乳児保育の保育に関わる「ねらい及び内容」

　乳児保育では、「健やかに伸び伸びと育つ」が身体的発達に関する視点であるが、これは1歳以上の領域「健康」の基盤となっている。この視点の3つのねらいのうち2つは身体活動と深い関わりがあるが（表Ⅰ-2-4）、特にねらい②「伸び伸びと体を動かし、はう、歩くなどの運動をしようとする」は、乳児期の発達課題でもある、首がすわる、寝返りをする、ひとりで座る、はう、立つ、歩くなどの**初歩的運動**の獲得と関連が深い。これら初歩的運動の達成やおおよその順序は、「この時期の子どもの成長や発達が健全になされているかを判断する基準になる」[6]という点においても重要な意味をもつ。

　内容②では「一人一人の発育に応じて、はう、立つ、歩くなど、十分に体を動かす」と、個人差などに配慮し、個々の子どもが十分に体を動かす経験をすることが示され、内容の取扱い②では「…特に、寝返り、お座り、はいはい、つかまり立ち、

**初歩的運動**
初歩的運動とは、誕生から2歳頃までに習得することが発達課題となる人間に特有な能力のうち、直立二足歩行と把握・操作をいう。移動動作の獲得により自由に探索ができるようになること、様々な操作ができるようになることは運動発達の第一歩である。
（宮丸凱史『子どもの運動・遊び・発達〜運動のできる子どもに育てる〜』学研みらい、2011年、78頁）

伝い歩きなど、発育に応じて、遊びの中で体を動かす機会を十分に確保し、自ら体を動かそうとする意欲が育つようにすること」と、遊びのなかで体を動かすこと、また子どもの意欲を引き出すことが大切であるとされている。すなわち、この時期の初歩的運動は訓練としてやらされて行うのではなく、子どもの欲求や興味に基づき自発的になされ、子どもが遊び（運動遊び）として行っている行為の繰り返しのなかで、これらの動きが結果として獲得されていくことを示している。

### ❷1歳以上3歳未満児の保育に関わる「ねらい及び内容」

1歳以上3歳未満児では、領域「健康」の「ねらい及び内容」、内容の取扱いで体を動かすことや動きに関する記載がある（表Ⅰ-2-4）。ねらい①「明るく伸び伸びと生活し、自分から体を動かすことを楽しむ」、②「自分の体を十分に動かし、さまざまな動きをしようとする」では、自分から、主体的に体を動かすことを楽しむことや、単に体を動かすだけでなくさまざまな動きを子どもがやってみようとすることの大切さが示されている。そして、内容③「走る、跳ぶ、登る、押す、引っ張るなど全身を使う遊びを楽しむ」ではさまざまな動きを遊び（運動遊び）をとおして経験することが重要であるとされている。

さらに、内容の取扱い①では、乳児保育と同様に「（前略）…一人一人の発育に応じて、体を動かす機会を十分に確保し、自ら体を動かそうとする意欲が育つようにすること」とされている。

### ❸3歳以上児の保育に関わる「ねらい及び内容」

3歳以上児では、1歳以上3歳未満児同様、領域「健康」の「ねらい及び内容」、内容の取扱いで体を動かすことや動きに関する記載があるが（表Ⅰ-2-4）、これまで、はう、立つ、歩くや、走る、跳ぶ、登るなどと具体的な初歩的運動や**基本的な動き**が示されていたのに対し、3歳以上児のねらいでは「②自分の体を十分に動かし、進んで運動しようとする」という意欲や主体性とともに、内容では「②いろいろな遊びの中で十分に体を動かす」「③進んで戸外で遊ぶ」「④様々な活動に親しみ、楽しんで取り組む」とある。これらは外に出て体を思い切り動かしましょうということだけを言っているのではない。

乳児期に獲得した初歩的運動から基本的な動きを獲得し、基

**基本的な動き**
基本的な動きは、基礎的運動パターンともいい、「生育に伴う運動発達の経過の中で比較的初期（乳幼児期から小学校低学年期）に獲得され、その後の運動発達の基礎になるさまざまな運動（運動形態）」（『子どもの運動・遊び・発達〜運動のできる子どもに育てる』）をいう。小学校学習指導要領（平成29年告示）の体育にも「基本的な動きを身に付けるようにする」ことと示されており、小学校低学年体育の目標の一つになっている。

表Ⅰ-2-4　保育所保育指針における「動き」に着目した「ねらい及び内容」と小学校学習指導要領低学年「体育」のつながり

| 保育所保育指針 | | | 小学校学習指導要領 |
|---|---|---|---|
| 乳児期 | 満1歳以上満3歳未満 | 満3歳以上 | 第1学年及び第2学年 |
| 健やかに伸び伸びと育つ | 健康 | 健康 | 体育 |
| ねらい | ねらい | ねらい | 目標 |
| ①身体感覚が育ち、快適な環境に心地よさを感じる。<br>②伸び伸びと体を動かし、はう、歩くなどの運動をしようとする。 | ①明るく伸び伸びと生活し、自分から体を動かすことを楽しむ。<br>②自分の体を十分に動かし、様々な動きをしようとする。 | ①明るく伸び伸びと行動し、充実感を味わう。<br>②自分の体を十分に動かし、進んで運動しようとする。 | ①各種の運動遊びの楽しさに触れ、…、基本的な動きを身に付けるようにする<br>③各種の運動遊びに進んで取り組み、…、意欲的に運動をする態度を養う。 |
| 内容 | 内容 | 内容 | 内容 |
| ②一人一人の発育に応じて、はう、立つ、歩くなど、十分に体を動かす。 | ③走る、跳ぶ、登る、押す、引っ張るなど全身を使う遊びを楽しむ。 | ②いろいろな遊びの中で十分に体を動かす。<br>④様々な活動に親しみ、楽しんで取り組む。 | A 体つくりの運動遊び<br>①次の運動遊びの楽しさに触れ、その行い方を知るとともに、体を動かす心地よさを味わったり、基本的な動きを身に付けたりすること。<br>ア体ほぐしの運動遊びでは、…。<br>イ多様な動きを作る運動遊びでは、…。 |
| 内容の取扱い | 内容の取扱い | 内容の取扱い | ②体をほぐしたり多様な動きをつくったりする遊び方を工夫するとともに…。<br>③運動遊びに進んで取り組み、…。 |
| ①…特に、寝返り、お座り、はいはい、つかまり立ち、伝い歩きなど、発育に応じて、遊びの中で体を動かす機会を十分に確保し、自ら体を動かそうとする意欲が育つようにすること。 | ①…特に、一人一人の発育に応じて、体を動かす機会を十分に確保し、自ら体を動かそうとする意欲が育つようにすること。 | ①…特に、十分に体を動かす気持ちよさを体験し、自ら体を動かそうとする意欲が育つようにすること。<br>②…多様な動きを経験する中で、体の動きを調整するようにすること。 | B 器械・器具を使っての運動遊び<br>C 走・跳の運動遊び<br>D 水遊び<br>E ゲーム<br>F 表現リズム遊び |

出典：厚生労働省「保育所保育指針〈平成29年告示〉」13〜31頁、および文部科学省「小学校学習指導要領　体育編〈平成29年告示〉」142〜145頁をもとに吉田作成。

本的な動きの種類（パターン）はさらに拡大し、さまざまな動きができるようになってくるのがこの時期である。したがって、ただ体を十分に使って遊ぶだけでなく、また偏った遊びや特定の活動だけを行っていればいいのではなく、「いろいろな遊び」を経験することが大切なのである。これにより、種類の異なる多様な動きを経験することになる。すなわち、内容の取扱い②にある「多様な動き」を意識した関わりが重要なのである。

　そしてこのような乳幼児期の運動遊びでの経験は、小学校へ接続していることをふまえて（表Ⅰ-2-4）、見通しをもって関わることが必要である。

## （4）　運動遊びと多様な動き

### ❶多様な動きとは

　多様な動きとは、全身を使って行う押す、引っ張る、投げる、打つなどたくさんの種類の基本的な動き（基礎的運動パターン）のことをいう。幼児期には基本的な動きが身に付きやすいという特徴があるが、幼児期に獲得する基本的な動きの種類はおとなと同じくらいとされ、その数は80種類以上にも及ぶ。動きはある年齢に達すればできるようになるものではなく、その動きの経験によって身に付く。「内容の取扱い」には「②様々な遊びの中で、子どもが興味や関心、能力に応じて全身を使って活動することにより、体を動かす楽しさを味わい、自分の体を大切にしようとする気持ちが育つようにすること。その際、多様な動きを経験する中で、体の動きを調整するようにすること」とある。動きは、運動やスポーツのためだけに必要なのではない。日常の生活場面でも動きをともなった生活をしており、生活習慣の形成とも関連が深い。また、場に応じて「体の動きを調整する」ことができるということは、けがや事故から自分の身を守ることにもつながる。

### ❷遊びとしての運動と多様な動きの経験

　運動やスポーツというと早期からの専門的な指導を行ったほうが効果が高そうにも思われるが、運動能力の発達においても（図Ⅰ-2-1）、多様な動きの経験においても、遊びとして行う運動（運動遊び）が効果的である。遊びとして行う運動について、子どもが中心に何をやるか、どうやるかなどを決める子どもの自己決定を尊重した遊び要素の高いグループと、保育者が中心となって決める遊び要素の低いグループを比較すると、遊び要素の高いグループのほうが観察される動きの頻度も種類も多い。

　これは、遊びとして行う運動のほうが多様な動きが経験できることを示しており、幼児期にふさわしい運動は運動遊びであることの根拠を示すものである。

## (5) 運動遊びにおける保育士の役割

### ❶子どもがやりたくなる人的環境としての役割

#### 1) 楽しむ雰囲気づくり

　子どもが主体、動的にその活動に取り組むための援助として
さまざまな環境要因が考えられるが、子どもの遊びに最も大き
な影響を与えるのは、保育者や仲間、クラスや園全体の雰囲気
などの人的環境である。

　乳児期は、安心してのびのびと動ける環境が探索への意欲を
高める。その前提にあるのは、保育士がつくり出すあたたかく
安心できる環境である。それに支えられて探索し体を動かそう
とする意欲が育まれる。

　子どもが歩きはじめ活動範囲を広げても、保育士との関係は
深い。保育士が室内で静かに過ごしていると子どももその近く
での活動が中心になることが考えられる。保育士が率先して動
いてみたり、おもしろそうなことをやっている子どもに共感し
たり励ましたり、全体での楽しそうな雰囲気をつくっていくこ
とが子どもの興味を引き出すことにつながる。

#### 2) 戸外へと目を向ける

　3歳以上児の領域「健康」の内容には「③進んで戸外で遊ぶ」
とある。これは3歳以上児に限ったことではなく、乳児期から
子どもが主体的に戸外へ出て行くための第一歩として、戸外へ
興味をもたせることが大切である。そのためには、まずは保育
士自身が率先して戸外に出たり、子どもを誘ったり、おもしろ
そうなことをはじめてみたり、子どもの好奇心を刺激するよう
な場を保育者がつくり出し、興味を戸外へと向けさせることが
大切である。

　特に、入園当初や入園までに戸外で遊んだ経験のほとんどな
い子どもは、自ら戸外へ出て行くことはしないだろう。このよ
うな場合は、無理やり外に連れ出すのではなく、その子が室内
で行っている活動をテラスなどに移動したりしながら少しずつ
戸外へも目を向けさせるようなことも必要である。

　また、製作活動などを室内ではなく戸外で行うなどの工夫
も、戸外へ目を向けさせるきっかけとしては有効である。

## 3) 異年齢との関わりを配慮する

　戸外での遊びが少なくなっているなか、遊び友だちの減少や異年齢との関わりも少なくなっている。保育所では乳児から5歳児まで年齢の幅も広い。この環境を十分に活用し、ふだんから異年齢の子どもたちがお互いに関わる環境を工夫していくことが大切である。

　一緒に遊ぶなどの直接的な交流でなくても、お互いが見えるような配慮をすることが重要である。子どもたちは見ることで興味の幅を広げ、学んでいる。時には保育士が少し年上のお兄さん、お姉さんとして遊び仲間になることも役割の一つといえる。そのために保育士は、いろいろな遊びについての知識を豊富にもっていることが望まれる。

　遊び方やものの使い方だけでなく、遊具の種類や場の使い方などについても広い知識をもっているとよい。それにより、子どもの特性や発達に応じた効果的な環境の構成や遊びの提案や援助が可能になる。

## ❷多様な動きの経験
### —動きを引き出す物理的環境・空間的環境の構成

　乳幼児期は多くの基本的な動きを身に付け、それらが洗練される時期である。動きの経験という立場から、多様な動きを経験させるための環境の構成をすることも大切である。高さがなければよじ登ったり飛び降りたりすることはできない。片手で扱える物があれば投げたり、捕ったりするかもしれないし、新聞紙を丸めた棒を手にすれば振り回したりたたいたりするかもしれない。環境(教材)によって動きが引き出されているのである。

　特定の遊びに偏ってしまうと、限られた動きの経験しかできない。長期的に見て子どもの動きの経験に偏りがないか、経験しにくい動きがあるとすればどのような動きかをとらえていくことで、経験の少ない動きを含んだ遊びの提案や、環境の構成をしていくことが可能になる。

　動きを身につけさせるという考えで、子どもにその動きをトレーニングとして強要することは、保育とはかけ離れた活動である。子どもは興味をもったことには自ら関わり何度でも繰り返して行う。子ども自らが自分のやり方で工夫したり試したり

という経験こそが遊びとしての活動であって子どもの創造性や満足感を充足させると同時に、子どもにとって無理のない活動であるといえる。

　運動遊びのなかで子どもの動きの経験を多様に保障していくこと、そのために環境の構成を工夫することが保育士の役割といえる。

## （6）　運動遊びにおける保育士の指導

### ❶動きを引き出す環境の構成と教材の工夫
#### 1）動きを引き出す環境の構成

　水たまりがあると、そこをピョンと跳び越してみたり、水たまりに入ってバシャバシャ足を踏みしめたりすることはないだろうか。築山があれば駆けあがったり駆けおりたり、マットが敷かれればそこに寝転がったりなど、指示しなくても子どもは自らその環境に関わっていく。

　平均台を用意して、「落ちないように、こうやってバランスをとって上手に渡りましょう」などと指示してやらせなくても、丸太が横たわっていればその上を歩き渡るし、道路と歩道の間の縁石の上をバランスをとって歩く姿も日常的にみられる。

　このように、場が動きを引き出すという特性を生かして、子どもがついやりたくなる環境をどのように構成するかが大切である。園庭にラインカーで一本曲線を引いておくと、登園してきた子どもはそこに関わって、線の上を歩いたり、線を跳び越したりする。ドンじゃんけんが始まることもあるだろう。

　環境の構成というと何をどこから手をつけたらよいかむずかしいと思うかもしれない。しかし、「動きを引き出す環境」という立場から、「この動きを経験するためにはどんな環境（場）が必要なのか」、「こんな環境（場）だったらどんな動きが引き出されるか」という発想で、子どもの興味や発達に応じた環境を考えてみるとよいだろう。大がかりなことは必要ではない。柔軟な発想で、いまある環境を少し工夫することが大切である。

#### 2）動きを引き出す教材・教具の工夫

　動きには操作をともなうものがある。例えば、投げる、転がす、蹴る、つく、振り回すなどであるが、これらの動きには操

作するためのもの(教材・教具)が必要である。振り回すためにはロープや棒のようなものが適しているだろう。転がすにはボールのような球状のものや円柱形のものが転がしやすい。ロープを手にしても転がそうとはならない。

　新聞紙でくるくる棒をつくり、3歳児に紙テープの長さを選ばせる。それを棒の先にテープで貼ってあげると、新体操のリボンのように紙テープをなびかせたり、凧揚げのように走り回ったりする。このように、指示してやらせなくても子どもの動きは引き出せる。子どもにとって扱いやすいさまざまな種類の教材を用意することが大切である。

　動きの経験という点から考えれば、例えば、ボールという教材にしてもさまざまな種類があるほうがよい。これにより多様な動きが引き出される可能性が高くなるからである。ボールの種類はさまざまで、大きいもの、小さいもの、硬いもの、柔らかいもの、重いもの、軽いものなどのほか、丸いもの、楕円のものなど多種多様であるが、これらの違いは動きの違いに現れてくる。大きいボールは両手で扱うが、小さければ片手で扱うなどである。

　ボールがあるといっても種類が1つでは動きや遊びも限られてくる。身近な素材(新聞紙、牛乳パック、風船、紙皿など)でつくれる教材はたくさんある。市販の教材だけに頼るのではなく、保育士が工夫をしていくことが、子どもの発達に応じた豊かな遊び環境をつくり出すことになる(図Ⅰ-2-2)。

### 3) 視覚教材の活用

　好きなアニメのキャラクターを演じてなりきって遊んだりするが、これと同様にオリンピックなどでスポーツ選手の活躍が報じられると、それを真似る姿がみられる。サッカーではゴールを決めるストライカーが注目されることが多いが、ゴールキーパーが好セーブを連発する試合が話題になると、何人もの子がゴールキーパーになりたがり、手袋をはめてゴール前に4〜5人のゴールキーパーが並ぶこともある。オリンピックのフィギュアスケートでメダルを獲得した後は、スケート場をつくり、ティッシュペーパーの箱で作ったスケート靴を履き、衣装をまとったスケーターたちが音楽をかけて演技をしたりする。そこでは子どもたちがつくったチケットの販売や、表彰式

## 図 I -2-2　教材例（ぐにゃぐにゃ凧、風船ボール）

【ぐにゃぐにゃ凧】

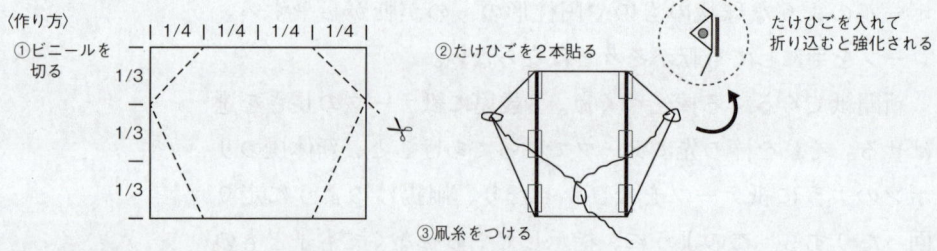

〈作り方〉
① ビニールを切る
② たけひごを2本貼る
③ 凧糸をつける
たけひごを入れて折り込むと強化される

凧をつくると揚げたくなる。風のない日だとどうやって揚げる？

【風船ボール】

風船ボール（左）は、風船に布テープを貼ったもの。隙間なく貼ると風船（右）が割れないボールになる。転がしたり弾ませたりできる。

作図・撮影：吉田

ではメダルの授与もされる。

　このように、テレビなどから受ける影響が子どもの運動遊びとなる場面も多い。このことから、子どもたちの憧れるスポーツ選手や、ふだんはあまり目にすることがなくてもオリンピック・パラリンピック、世界大会などで大きく報じられる新聞報道などを壁面に掲示し目に触れさせたり、また子どもたち自身の姿を見ることができるようにすることも、興味をもたせ子どもの動きを引き出すことになる。

### 4）安全への配慮

　運動遊びは活発な全身運動をともなう遊びであるため、けがのリスクをともなうこともある。領域「健康」の内容⑩には「危険な場所、危険な遊び方、災害時などの行動の仕方が分かり、安全に気を付けて行動する」とあるが、これは子どもがわかって（理解する）、できる（回避する）ようになることで、指針解説には**安全についての構えを身に付ける**とある。**ハザー**

**安全についての構え**
安全についての構えを身に付けるとは、子どもが自分で状況に応じて機敏に体を動かし、危険を回避するようになることであり、安全な方法で行動をとろうとするようになることである（保育指針解説）。

ドとしての危険は排除し安全管理は徹底して行う必要がある。しかし、子どもが危険を理解したり、安全についての構えを身に付けるためには体験をともなった学習の成果によるところが大きい。このことから、子どもを見守りながら小さな**リスク**への挑戦の機会は許容し、安全への構えを身に付ける機会を保障することも必要である。

### ❷総合的な視点をもった関わり

#### 1) 有能感を育てる関わり

運動遊びでは、上手や下手や、速いや遅いなどが目に見えてわかりやすい。しかし、この時期の運動遊びは、何かが上手にできること、早くできるようになることをめざしているのではない。保育指針の「ねらい及び内容」にもあるように（表Ⅰ-2-4）「体を動かそうとする意欲」や「体を動かすことを楽しむ」ことが重要である。また、運動遊びは運動技能の獲得だけに関係しているのではなく、**自己概念**の形成に重要な役割を果たし、その中核にある**有能感**の形成に密接に関連している。このことから、有能感を育てる関わりが重要であるといえる。

幼児の有能感を育てるための関わりとして重要なのは、第一に、個々の子どもが自分なりの課題を達成し、成功経験を味わえるかどうかである。運動指導においては、「縄跳びを10回跳べるかな」などのように全員に一律の課題を与えて、それを達成させるような指導をしている場面を目にすることがある。しかし、このような課題の与え方は望ましくない。個々の子どもが自分で立てた課題を完結させていくことで達成感を味わえるのであって、他児と比較したり、おとな基準の課題の困難さはこの時期には大きな意味をもたないことを理解しておくことが重要である。

第二は、肯定的なフィードバックを与えることである。ほめることはよくされるが、どのようなほめ方をするかが重要である。できた・できないという結果を強調するよりは、その子なりの取り組みや努力、進歩（過程）を認めることが重要である。また、第一のポイントとも関連するが、他児と比較するのではなく、その子なりの課題に対する達成や完成に対して評価を与えることが大切である。

このようなおとなからの評価は、評価の仕方そのものを子ど

**ハザード**

ハザードは、遊びが持っている冒険や挑戦といった遊びの価値とは関係のないところで事故を発生させるおそれのある危険性である。また、子どもが予測できず、どのように対処すれば良いか判断不可能な危険性もハザードであり、子どもが危険とわからずに行うことは、リスクへの挑戦とはならない。

（国土交通省「都市公園における遊具の安全確保に関する指針（改訂2版）」2014年、8頁）

ハザードはできる限り排除しなければならない。

**リスク**

リスクは、遊びの楽しみの要素で冒険や挑戦の対象となり、子どもの発達にとって必要な危険性は遊びの価値のひとつである。子どもは小さなリスクへの対応を学ぶことで経験的に危険を予測し、事故を回避できるようになる。また、子どもが危険を予測し、どのように対処すれば良いか判断可能な危険性もリスクであり、子どもが危険を分かっていて行うことは、リスクへの挑戦である。

（国土交通省「都市公園における遊具の安全確保に関する指針（改訂第2版）」2014年、8頁）

もが学習しているという点にも気をつけなければならない。できるできないや勝ち負け、他児との比較で評価されてきた子は、評価というものはそのようにされるということを学んでいるということである。そうなると他者のいいところに目を向けることもしなくなる。体を動かす意欲や楽しさを十分に経験させるためにも、保育士の声かけ（ほめ方）は重要である。

### 2）5領域の視点をもった関わり
### —運動遊びにみる幼児期の終わりまでに育ってほしい姿

「運動遊び」は、これまで見てきたように領域「健康」との関わりも密接であるが、人間関係、環境、言葉、表現の領域とも深くかかわっており、幼児期の終わりまでに育ってほしい姿のさまざまな姿と関連している。

例えば、5歳児が何人かでドッジボールをはじめる。最初は投げ合っていたのが次第に転がしはじめ、転がしのイメージからかいつの間にか蹴ってパスを繰り返している。このような姿は、思い切り体を動かし、さまざまな動きを楽しんだりする「健康な心と体」、考えたり工夫したり、自分がやりたいことを選んで行う「自立心」、思いや考えを共有し共通の目的をもつ「協同性」、友だちと折り合いをつけながらきまりをつくったり守ったりする「道徳性・規範意識の芽生え」、自ら判断したり新しい考えを生み出す「思考力の芽生え」、自分の思いを伝え合う「言葉による伝え合い」などの幼児期の終わりまでに育ってほしい姿が見てとれる。

すなわち、運動遊びだからといって体の側面だけではなく、遊びとして行う運動であるからこそ育まれる心の育ちにも目を向けた関わりをすることが重要なのである。

## 第4節 保育実践の工夫（音楽表現遊び）

### 1　音・音楽とのであい

#### (1)　音声のコミュニケーション

　写真Ⅰ-2-9は、4か月の赤ちゃんの沐浴である。赤ちゃんと保育者との間には、柔らかであたたかい音声のコミュニケーションがある。どのようなことばのやりとりがあるか、考えてみよう。

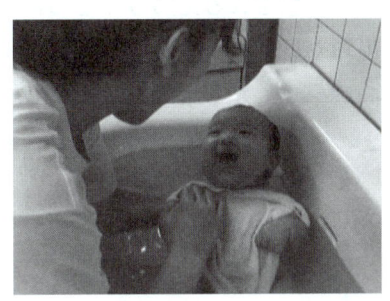

写真Ⅰ-2-9　赤ちゃんの沐浴
（弓之町保育園）

　保育者は、そこで聞こえる音を擬音化したり、赤ちゃんの気持ちを代弁したり、自分の行為をことばにしたりするなど、絶えず語りかけている。そして赤ちゃんはそれに呼応し、声を発している。

　こうした対乳児音声は「マザリーズ」[注1]と呼ばれ、いくぶん高めの、変化の大きな抑揚で話される。それは、あたかも歌っているかのようなやりとりである。赤ちゃんは、保育者の顔の表情だけでなく、音声の表情から感情やことばを獲得していく。この音声の表現は、乳児保育の「ねらい及び内容」の（イ）「身近な人と気持ちが通じ合う」に関連する。

#### (2)　音への好奇心

　乳児保育の「ねらい及び内容」の（ウ）は、「身近なものと関わり感性が育つ」である。写真Ⅰ-2-10は、保育者と一緒にミルク缶などで遊んでいる9か月児である。手で叩く、つまむ、転がす、叩き合わせるなどのさまざまな動きによって、また、

注1 ……………………
　母親の、まるで歌っているような抑揚のある音楽的な声は、赤ちゃんの関心をひく。このマザリーズが現れるのは、母親と乳児間だけではない。父親や祖父母といった養育者に加え、乳児との接触未経験学生のあやし行動のなかでも出現する。

93

覗き込んで声を出したり中に物を落としたりなどして音を出して楽しんでいる。楽しむというよりも、興味や関心をもって関わり、体の諸感覚を使って表現のストックを増やしているのかもしれない。

写真 I-2-10　音遊び（弓之町保育園）

　乳児期には、自ら好奇心をもって関わり、音の出る不思議に気づくような玩具や身のまわりの物を豊かに用意したい。透明なペットボトルにさまざまな素材を入れた手づくり楽器は、聴覚的・視覚的に多様な気づきが予想されるだろう。さらに、風の通り道に木を植えたり、風鈴や貝殻のカーテンを用意したり、あるいは雨の音に意識を向けやすくなるような工夫（傘を開いて窓の外に置いておく）など、感性的なであいの豊かな音の環境を考えてみよう。

### （3）　わらべうた遊び

　保育者の歌やリズムに合わせて体を動かすことそれ自体を乳児は楽しそうに行うが、それは、「**拍への同期**」という音楽表現の基盤となる行為にほかならない。保育者との表情豊かな関わりのなかで、子どもは乳児期からさまざまな音楽やリズム、あるいは音色などを感受している。

写真 I-2-11　わらべうた遊び（八木保育園）

　歌遊びのなかでもわらべうたは、乳児期の「身体的発達に関する視点」「社会的発達に関する視点」「精神的発達に関する視点」のそれぞれを満たしている。

　写真 I-2-11は、0・1歳児のわらべうた遊びの光景である。保育者の優しいまなざしのなかで、膝に乗ってわらべうたのリズムを体で感じ取って楽しんでいるようすが見て取れる。心地

よい身体感覚、軽やかな笑い声、身近な人との気持ちの通じ合い、近くにいる子どもとの共鳴……など、さまざまな姿がそこにある。歌に合わせて体を動かすとき、乳児は声に出して歌っていなくても、体でリズムを感じ心の中で一緒に歌っているのである。

多くのわらべうたに含まれるくすぐり遊びで生じる笑いは、全身の運動と発声を促し、身近な人との気持ちのつながりを深める。『いない、いない、ばー』という遊びは、姿が見えなくなっても必ず戻って来てくれるといった信頼感を築くことにつながると言われている。

## 2 音楽表現の芽ばえの姿

### (1) 音楽表現の芽ばえとは

子どもの音楽表現は、素朴なかたちで表れる。それは、音楽表現の芽ばえともいえるものであり、その後の経験(さまざまな音楽表現に触れることなど)をとおして、徐々に音楽的になっていく。この音楽表現の芽ばえは、既成の音楽を歌ったり合奏したりする再表現だけを音楽表現であるととらえていては、その姿を見逃してしまう。その具体的な姿を次に紹介する。

### (2) 音楽表現の芽ばえの姿

#### 事例1

園庭の隅で、スコップで真剣に穴を掘っている男児がいた。「何をしているの?」と問うと「お仕事」と答え、そのことばが気に入ったのか、「お仕事、お仕事」と言いながら穴を掘りはじめた。すると、スコップを土に刺す→土を掘りあげるという2拍子の体の動きに、「お仕事、お仕事」のことばの繰り返しがはまって行き、「♩♫♩♩♪|♩♫♩♪」というリズムパターンが生まれた。リズミカルな声に誘われたのか、複数の男児が集まって来て、『お仕事』の歌に声を合わせながら一緒に穴掘りをはじめた。

体の動きにことばのリズムを合わせたり、ことばを繰り返しているうちにリズムパターンが生まれたり。遊びのなかにみられる音楽表現の芽ばえの姿である。調子のよい声は仲間に届き、声を合わせることで動きも同期するようになる。

また、聞いたことのあるメロディーを使って替え歌にしているような場合もある。

---

**事例2**

5月の幼稚園、3歳男児が大きな声で歌いながら、廊下を堂々と歩いていた。彼は、「はーなっくそ〜、はーなっくそ〜、はーなーくーそ〜」と歌っている。それは『さんぽ』によく似たメロディーだった。おもしろそうなのでその男児の後を追い、帰りの会をのぞいて見ると、隣の部屋から『さんぽ』のピアノ伴奏が聞こえてきた途端、担任の保育者の話をよそに、「あるこう、歩こう……」と口ずさんでいた。

---

3歳児の歌う『ハナクソの歌』の、はじめの二つのフレーズは『さんぽ』（作詞：中川李枝子、作曲：久石譲）のメロディーである。3つ目のフレーズは『さんぽ』と同じではなく、「ファレソド」の音程で歌われていて終止形となっていた。替え歌にするだけではなく、即興的に歌唱し、しかもそれは、主題の提示→発展→終止と、音楽的な形式を担っている。子どもは生活や遊びのなかでさまざまな音楽に触れ、音楽の形式ともいえる内容を知らず知らずのうちに蓄積しているのである。

---

**事例3**

砂場遊びをしながら、空のフライパンと砂の入ったフライパンを叩いたときの音の違いに気づいた子どもは、さまざまな容器に砂を入れたり、砂の量をいろいろに変えたりして鳴らし、音が異なることをおもしろがっているように見えた。

---

子どもは、音遊びをしようとしていたわけではない。偶然見

つけた音に興味を寄せ、なぜ音が異なるのかと疑問に思ったのであろう。生活や遊びのなかに現れる、子どもの前音楽的な表現に気づき、それを受け止め共感することが大切である。

保育者とのこうした応答的な関係のなかで、子どもの「表現したい」気持ちは伸びていくのである。

### (3) 聴く・感じる・考える・工夫するプロセス

音楽表現は、そこに聞こえる音や表現する姿におとなの関心が向けられがちである。しかしながら、乳幼児の音楽表現に関しては、表現を生成するプロセスにこそ、着目すべきである。

子どもが音を聞いて何を感じ、何に気づき、どんな感情を抱いているのか。それによって、どのようにイメージを広げ、表現のアイ

図 I -2-3　表現のプロセス

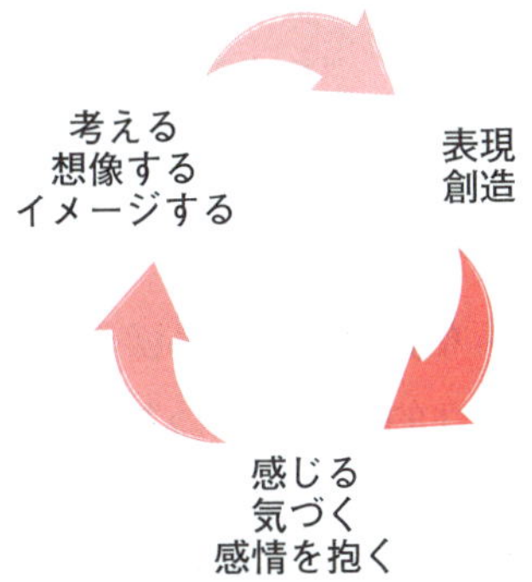

出典：無藤隆（監）、吉永早苗『子どもの音感受の世界—心の耳を育む音感受教育による保育内容「表現」の探究』萌文書林、2016年、25頁。

デアを見い出しているのかなど、表現のプロセスにおける子どもの内面に関心を寄せることが重要である。

こうした表現のプロセスにおける子ども理解は、保育の質の向上につながるとともに、表現の質を高めることになる。歌唱や合奏の表現活動をする際にも、子どもの「聴く・感じる・考える・工夫する」といったプロセスが成立しているかどうかを振り返るようにしたい。

### (4) 多様性・即興性を引き出す環境

子どもの音楽表現は、多様で即興的である。そうした表現は、豊かな環境のもとでより活性化する。豊かな音環境をデザインするためには、保育者自身の、音に対する感性を磨く必要がある。雨の音や風の音、鳥や虫の鳴き声などに耳を澄ませてみよう。自分がつくり出す音を、聴いてみよう。身のまわりには多種多様な音があり、命のある場所には、必ず音が存在するので

**図Ⅰ-2-4　音感受教育＝美的体験のために**

保育者自身の音感受力を高める。

子どもの素朴な音感受に気づき、それに
共感する。
子どもの音感受を豊かにするような音環
境への配慮や工夫。

聴覚的なであいの豊かになった音環境の
なかで、子どもの音感受の質は高まって
いく。

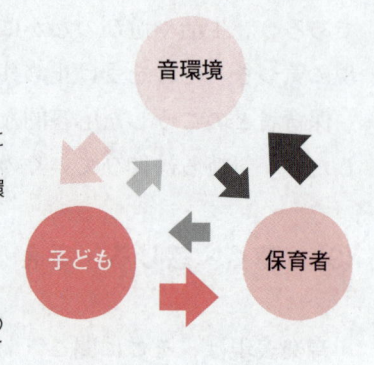

出典：無藤隆（監）、吉永早苗『子どもの音感受の世界―心の耳を育む音感受
教育による保育内容「表現」の探究』萌文書林、2016年、32頁。

ある。

　豊かな表現とは、多様性であるとともに質の深さである。質
は、感性的なであいのある環境と、保育者の適切なことばかけ
によって深められる。したがって、ふだんから感じたことや考
えたことなどを言語化し、語彙を磨いておくことが重要である。

## 3　音楽表現遊び

### (1)　歌遊び

『やきいもグーチーパー』（作詞：阪田寛夫、作曲：山本直純）
など、歌に合わせて体を動かしたり、じゃんけんをしたりする
手遊び歌は、子どもにとって楽しい活動である。こうした手遊
び歌は、何かの活動の導入として行われることが多いが、その
音楽的な要素も大切にしたい。

　例えば、『やきいもグーチーパー』では、曲全体のタッカの
リズムが軽快感をつくり出し、はじめの2つのフレーズはほぼ
同じメロディーが異なる音高で歌われ、第3フレーズも第1フ
レーズの繰り返しであるが、最後の小節に音の高揚があり、そ
れを受けた第4フレーズは音が順次下行して、最後に1オク
ターブの跳躍が組み込まれている。このリズムとメロディーが
躍動感をつくり出し、音楽の躍動感によって、体もリズミカル
に動くのである。

子どもは、保育者の歌い方を模倣する。保育者は、耳で聞いて覚えた歌も、楽譜で確認し歌っておきたい。

## (2)　わらべうた遊び

　わらべうたは、ことばに合った抑揚とリズムで歌われる。音域も広くないので、音程が取りやすく、歌いながら遊ぶのに無理がない。選曲の際には、年齢に合う曲というよりむしろ、年齢に合った遊び方を視点とするのがよいと思われる。

　『はないちもんめ』や『なべなべそこぬけ』など体を動かすわらべうた遊びは、拍の流れにのって楽しみたい。『かれっこやいて』[注2]のようなしぐさ遊びのわらべうたでは、例えば「次は何を焼くかな？」「何を付けて食べるのかな？」「どんな味がしたかな」と問いかけ、替え歌にして応答的に楽しみたい。

　また、わらべうたは音楽的にも興味深い。例えば『あんたがたどこさ』は、途中で拍子が変化している。「さ」に着目すると4拍子ではじまり、次の「肥後さ」は2拍子、「肥後どこさ」は3拍子となっているのがわかるだろう。保育者は、こうした音楽的なおもしろさを感じながら、子どもとの音楽表現遊びを楽しみたい。

## (3)　リズム遊び

　「♩♩♩♪」と手拍子を繰り返し打ちながら、あるいはウッドブロックなどを叩きながら、「やさいのなまえをどうぞ♪」と問いかける。子どもは「♩♩♩♪」に収まるように、「レタス」「だいこん」「にんじん」「さつまいも」「とうもろこし」など、野菜の名前を自由に答える。3文字であれば四分音符、4文字だと「♩♩♫♪」や「♩♩♩♩」、あるいは「♩.♪♫♪」など多様性が増す。

　はじめのうちは、模倣からはじめるとよい。ウッドブロックなどで叩く拍に合わせて子どもの名前を呼び、「はあい（♩♩♩♪）」と返事をする活動をすることも、拍を感じて表現することにつながる。

　ことばを唱えながらそのリズムを叩くことは、楽器で音楽のリズムを叩くことよりも容易である。さまざまなことばを唱え

注2
　「かれっこやいて　とっくらきゃーしてやいて　しょーゆをつけて　たべたらうまかろー」。「かれっこ」とは魚のカレイ。両方の手のひらをカレイに見立て、「とっくらきゃーして」で手のひらをひっくり返し、醤油をかけて食べるしぐさをした後、おいしい顔をしてみせる。

ることで、多様なリズムパターンのリズム打ちを経験することになる。経験したリズムをつなぐ活動は、小学校音楽科での「音楽づくり」の内容でもある。ことばによるリズム遊びは、音楽としてのリズム表現につながっていく。

## (4) 楽器遊び

楽器の音は、身のまわりには存在しない音の世界である。子どもにとって、それはとても興味深い音の世界である。だからこそ、はじめから「正しい持ち方」を教え込むのではなく、音の探求の時間を大切にしたい。

しかしながら、乱暴に叩いたり、ただガチャガチャと鳴らしたりすることは音の探求とはいえない。子どもには楽しさとともに、「美しさ」を体験してほしい。そのためには、「鈴虫が鳴いているような音」「カッコウが鳴いているような音」「そよ風の音」、あるいは「やさしい音」「うれしい音」といったように、どんな音を響かせたいのかを考えて音づくりをするためのことばかけや活動の工夫が必要である。

また、メロディーを奏でる楽器にも親しみたい。木琴や鉄琴、ミュージックベルやトーンチャイムなどである。このとき、「ド・レ・ミ・ソ・ラ」のように、ペンタトニック（五音音階）の音を用意するとおもしろい。なぜなら、重ねて鳴らし合わせても不協和にならない音の構成となっているからである。それはまた、どのような順番で鳴らしても不自然ではない。ピアノの黒鍵がペンタトニックになっているので、鳴らして確かめてみよう。

## (5) 手づくり楽器

手づくり楽器といえば、マラカスが定番である。「マラカス」制作では、容器の材質や中に入れる素材を変えて異なる音色をつくり出す活動のほかに、音の大きさに着目することも興味深い。「大きな音が出るようにすれば、どんな工夫をしたらいいかな？」と子どもに問うてみる。「感じる」「気づく」「考える」プロセスを見守り、大きな音を生み出す「工夫」を、子どもが自分のことばで伝え合う時間をもちたい。

また、「マラカス」以外の手づくり楽器にもチャレンジしよう。既成の楽器の音の出る仕組みをヒントに、材料を用意することができるだろう。またそこには、音をより響かせるにはどうしたらよいのかというヒントも隠れていることだろう。

なお、手づくり楽器の制作においても、子どもの憧れや、こんな音を鳴らしたいという思いが大切である。本物のドラムの演奏に接すると、その音や形の記憶を手がかりにした手づくり楽器がつくられる。自然の音も楽器の音も、そして音楽も、子どもの記憶に刻まれた多様な音のインプットが、豊かな音楽表現につながるのである。

## (6) 音を描く

音楽は、聴覚的芸術である。しかし、音をとらえるのは耳だけではない。音は空気の振動として伝わるので、その振動を肌で感じることもできる。また、大太鼓を叩くとその振動を目で見ることもできる。

ある保育園の子どもは、音を描いていた。雨の音は音の景色が抽象的に描かれ、うっとうしいセミの声は、ピンクのペンでギザギザの線が描かれている。もし、音楽を描くとすれば、音の抑揚や重なり、強弱やリズムなどが、図形楽譜のように描かれ、それぞれに感じた色が表現されるかもしれない。また逆にイメージ図を音に置き換える活動もできる。

## (7) 伴奏について

本節では音楽表現遊びに関し、(1)〜(6)まで、ピアノを用いない表現活動を提案した。音楽表現といえば、まずピアノが連想されるのが日本の保育の現状である。しかし、ピアノを使用しない音楽表現を考えようとすれば、きっと表現の幅が広がるに違いない。

ピアノ伴奏を行う際には、子どもの歌声を聴きながら弾くことが必須条件である。決して、ピアノで子どもを動かしたりしてはいけない。子どもが歌いやすいように、そして、その曲のイメージが膨らむような伴奏を心がけたい。

なお、伴奏楽器として、ギターやウクレレなども優れてい

る。子どもと向かい合い、子どもの声域に合わせた移調奏[注3]が容易にできるからである。また、子どもの声を消してしまうようなこともない。拍を意識したいのであれば、ウッドブロックなどの伴奏もありうる。音程をしっかり取りたいのであれば、保育者が歌うのが一番ふさわしい。伴奏楽器は、子どもの歌の状況に合わせ、適切に選びたい。

## 4　音楽の基礎知識

　乳幼児期の子どもに音楽の基礎知識を伝える必要はないが、保育者自身が音楽を理解し、味わい、そして、それを表現して子どもに伝えるために、音楽の基礎的な知識を身に付けておくこともまた必要である。本節ではその一部を紹介するが、小学校及び中学校学習指導要領　解説の音楽編にある、共通事項の内容を理解しておくことをお勧めする。

### (1)　音価の規則性

　音符や休符の名称は、2分、4分、8分、16分といったように数字で表される。この数字から、それが2の二乗倍数となっていることがわかる。しかし、これらの音符の長さ(音価)は、そ

**図Ⅰ-2-5　音価の規則性**

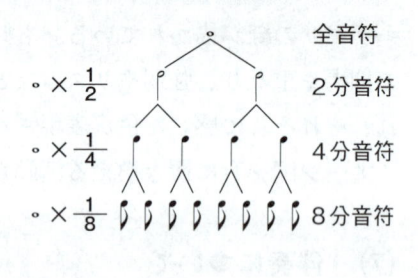

れぞれ前の数字の半分の長さとなっている。それは、2つに分けた1つ分の長さ、4つに分けた1つ分の長さ……という意味なのである。元となっているは、全音符である。すなわち、全音符の2分の1、全音符の4分の1……という規則性をもつ。

　次に、付点音符について考えよう。付点の理屈は、それがその音符の半分の長さを表しているということである。したがって、「♩.」であれば、♩ + ♩ × $\frac{1}{2}$ = ♩ + ♪ ということになる。

### (2)　拍・拍子・テンポ、そしてリズム

　拍、拍子、テンポ、リズムの違いについて、意識したことが

あるだろうか。

　まず拍とは、例えば、脈拍のように等間隔を刻むもので、音楽においては、個々の音の時間的な長さを規定するものである。その拍のまとまりが、拍子である。2つずつのまとまりであれば2拍子、3つずつであれば3拍子となる。

　テンポとは、音楽の速さのことである。例えば、楽譜に♩＝60と書いてあったとする。これは、1分間に4分音符が60個入る速さという意味であり、1秒ごとに4分音符が刻まれる速さで演奏する。すなわち、拍を打つ速さが、テンポなのである。

　ここで時々混同されるのが、テンポとリズムの違いである。音符が細かいリズムで刻まれる際、テンポが変わらなくても「速くなった」と感じてしまうことがしばしばある。例えば、『ぶんぶんぶん』を歌いながら自由に身体表現しているとき、子どもたちは「お池のまわりに野バラが咲いたよ」の箇所で、忙しそうに小走りに動きはじめる。そして「速くなった」と口々に言う。しかし、テンポが速くなっているわけではない。「ぶんぶんぶん」が4分音符であるのに対して、このフレーズは8分音符で表現されていて、細かいリズムを感じて動いているのである。

## (3)　音程

　音程とは、2つの音の高さの隔たりのことをいう。「音が外れる」というのは、この音程が正確に取れていないことをさしている。

　「ド」と「ド」は同じ音なので、これを1度という。「ド」と「レ」のように隣り合う音が2度、「ド」と「ミ」は3度といったように、音の隔たりは数字で示される。ここで、ピアノの鍵盤を思い浮かべてみよう。「ド」と「レ」の間には黒鍵があるが、「ミ」と「ファ」の間に黒鍵はない。黒鍵のある分だけ音の間隔が広いので、「ド」と「レ」は長2度（全音）、「ミ」と「ファ」は短2度（半音）と呼ばれる。

　そして、半音と全音との組み合わせの違いが、音階の特徴を構成する。「全音・全音・半音・全音・全音・全音・半音」の組み合わせが長音階を構成しているので、例えば、ピアノの「レ」の音から長音階をつくる場合、「ミ」と「ファ」、「シ」と

「ド」の半音を全音にするため、「ファ」および「ド」にシャープ（半音高く）を付けて、黒鍵を弾くことになる。すなわちこれが、ニ長調（「レ」から始まる音階・「レ」は日本音名で「ニ」と呼ばれる）であり、調号として楽譜の最初にシャープが2つ付けられることになる。

## (4) コードネーム

伴奏を行う際、コードネームを知っておくと便利である（図Ⅰ-2-6）。

例えば、C-F-G₇-Cとコードが示されている場合、2度高く移調するとしよう。ハ長調を、ホ長調に移調するのであるが、コードで伴奏する場合は、それぞれのコードを2音ずつ高く平行移動すればよいので、E-A-B₇-Eとなる。

## (5) 音楽記号

音楽記号には、音符や休符、拍子記号や音部記号、調子記号、強弱記号、表情記号などさまざまなものがある。なかでも演奏を示す用語は、イタリア語がほとんどである。例えば、柔らかく・やさしくという意味で用いられる「ドルチェ（dolce）」

図Ⅰ-2-6 コードネーム表

メジャーコード（長三和音）

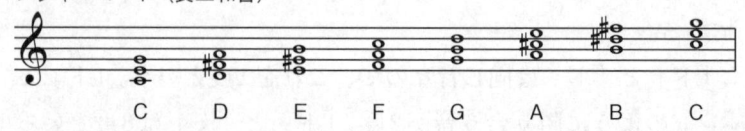

マイナーコード（短三和音）

は、原語では「お菓子」の意味でも用いられる。つまり、柔らかさ・やさしさとは、デザートのように甘美なことを意味する。このように原語の意味がわかると、演奏表情もイメージしやすいだろう。

新しい保育指針には、幼児期の終わりまでに育ってほしい姿として、10の視点が明記されている。「豊かな感性と表現」はもちろんであるが、「協同性」「言葉による伝え合い」「思考力の芽生え」など、音楽表現における10の姿について、具体例を思い浮かべ確認しておきたい。

# 第5節 保育実践の工夫（造形表現遊び、ことばの表現）

## 1 保育所における子どもの表現

平成30（2018）年度に新しく保育指針が改定され、保育所をはじめ、就学前施設が幼児教育の場であることが明確となった。また、これを受けて平成31（2019）年度より保育者養成校では新しい保育士課程がはじまる。これにより領域「表現」は、保育士のよりいっそうの総合的な表現についての知識や経験、表現力が求められることとなった。保育士や保育士をめざす者は、音楽や造形・美術、絵本や紙芝居、演劇等について知識や技能、表現力を身に付けるだけではなく、未分化な子どもの表現を見とる力とともに、子どもの表現をさらに広げるための方法や総合的な表現について学び、理解することが必要とされている。

保育所をはじめとする就学前施設における子どもの表現活動は、音楽、製作・図画工作、ダンス・体育、お話・国語、といった小学校以降の授業のように区分されるものでも、ピアノ、歌、絵、工作、演劇、といった表現の種類や形式でくくられるものでもない。子どもの何気ないことばや思わず発せられた声、しぐさや動き、歌やリズム、色や形で表されたものなど、それらはすべて表現である。

就学前施設において、子どもが信頼できる保育者や友だちと一緒にさまざまなものから感じること、思うこと、そしてその思いをいろいろな方法で表現すること、さらに自分の表現、他者の表現の相違について考えることが大切である。

保育士は、保育指針で示されているねらい、内容を確認し、生活のなかで感じること、表現する力の両方が積み重ねることのできる保育を実践する。そのためには、子どもの興味関心や実態に応じた指導計画の立案、活動のねらいに沿った教材研究、そして実践とその振り返りを繰り返す。また、一つの表現遊びがそれだけで終わらずに、次の遊びにつなげたり表現を広げたりできるよう、導く力を備えておきたい。さらに、保育士自身も感じる心と表現する力を持ち合わせていることが必要である。

## (1) 乳児の表現

乳児保育の「ねらい」及び「内容」について、保育士は乳児期の未分化な発達をふまえた3つの視点[注4]を意識しながら、同時に幼児期以降の5領域へと円滑につなげることができるよう意識し、乳児の表出や表現を見逃すことなく受容的かつ応答的な保育をめざすことが求められている。

乳児の表現では信頼できる保育士のもと、身のまわりのものに興味をもち、自然やものの音、色、形、手ざわりに気づいたりする。さまざまなものを手で触れたり遊んだりする。陽の光や風に揺れる木々や葉の音などが感じられるように、室内であっても自然の美しさを感じることができるよう心がけたい。また、安全で心地よい触感の素材のものや色や形に変化のあるものを、目にしたり手が届いたりにする。

## (2) 1歳児から3歳未満児の表現

就学前施設の生活のなかで、応答的な関わりを心がける。親しみをもってあいさつすることや集団での決まりを伝えること、保育士を仲だちとして友だちとのことばや物などのやりとりをすることも表現である。

乳児期の経験をふまえて、砂、土、葉、小枝や雨、風、陽の

光など自然の美しさやおもしろさ、不思議さをより感じられる環境づくりに加え、子どもが感じたことをすぐに表現できるよう、身のまわりにパスやクレヨンなどの扱いやすい描画材や可塑性の高い粘土、ちぎったり丸めたりできる紙などを用意するとよい。なめたり口に運んだりすることもあるので、扱いには配慮する。

絵本や紙芝居、ごっこ遊びを楽しむことで、ことばや絵の表現を楽しむようすもみられる。自分の経験や気持ちをことばや絵や体を使って、相手に伝えようとする。

また、子どもが表現する過程や表現したものについて、過分な援助や指示的な指導になることがないよう、子どもの表現を受け止め、理解し、共感することを大切にしたい。

## (3)　3歳から5歳の表現

5歳修了時の方向目標である「幼児期の終わりまでに育ってほしい10の姿」（以下、「10の姿」）を意識して、表現遊びでも援助や指導を行えるようにする。保育計画を考えるとき、または保育を振り返るとき、「10の姿」と重ねてみる。表現遊びは「豊かな感性と表現」に重きが置かれるが、活動での素材の選択や方法、展開によって、それ以外の項目についても関連付けることができるだろう。どのような育ちが、造形表現遊びやことばの表現によるどのような遊びが、5歳修了時の「10の姿」となるのか見通しをもって日々の保育に取り組む。

生活のなかで諸感覚によって感じる経験を大事にしながら、それを音、色や形で表現してみたり、友だちや保育士にことばで伝えたりすることで、より感じ、表現する力が深まる。保育士は子どもが感じたことからイメージが膨らむようなことばかけをするとともに、さまざまなものを介して表現するときに、自分なりの表現を楽しめるように導き、一人ひとりの思いや考え、表現する気持ちや力を大切にしたい。そのためには、保育士自身も生活のなかで感性を研ぎ澄ませ、表現するための造形やことばによる表現、また総合的な表現についての知識や技術、そして表現する力を身に付けておきたい。

## （1）　描画表現

　子どもの心身の発達は造形表現に大きく影響している。胴に近い腕から肩、肘、手首、指へと動かせるようになると徐々に細かな描画表現がみられるようになる。

　研究者[注5]によって描画発達の年齢区分や名称等は異なるが、ここでは一般的と考えられる発達過程を紹介する。

### ❶なぐりがき期、錯画期：1歳～2歳半ごろ

　生後半年を過ぎると物をつかめるようになり、太いペンやクレヨンを使って画用紙に点を打ち、体に返ってくる振動を楽しむようすがみられる。1歳ごろになると、短い線や螺旋（スクリブル）を描くようになる。

### ❷象徴期、意味づけ期、命名期[注6]：2歳～3歳半ごろ

　螺旋状の線から閉じた円を描くようになる。円は「ママ」「おせんべい」と、たずねるごとに異なる。描きたいものを決めて描くのではなく、描いたものに後から名前や意味をもたせる。

### ❸前図式期、カタログ期：3歳～5歳ごろ

　1枚の画用紙に複数のものを脈絡なく、カタログのように並べて描かれる。この時期には「頭足人」といわれる、円から直接手足が描かれる人物表現がみられる。円は頭と胴体を表しているとされている。

### ❹図式期：4歳～9歳ごろ

　図式化された絵（絵記号とも呼ばれる）が特徴的な時期にあたる。また、この時期ならでは描画の特徴的な表現がみられる（写真Ⅰ-2-12）。

・アニミズム表現：太陽や花など人間ではないものを擬人化する表現。

・レントゲン表現：見えていない内部まで透視して描く。

・展開表現：例えば、机を描くとき展開した形で描く。

写真Ⅰ-2-12　図式化された絵

レントゲン表現　　　　反復表現、並列表現　　　　　俯瞰表現

・拡大表現：実際の大きさとは関係なく、関心のあるものを大きく描く。
・反復表現、並列表現：同じ形を繰り返し描く。
・俯瞰表現：上から見たように描く。
・異時同損表現：1枚の画面に異なる時間、季節が描かれる。
・視点移動表現：対象物を複数の視点から描く。

## (2)　工作、粘土などの表現の発達

### ❶もてあそび期：1歳半〜2歳半ごろ

　素材に触れて感触を確かめる、楽しむ。口に運ぶこともあるので留意する。やがて、握る、押す、つぶす、ちぎる、破る行為から、徐々に形づくろうとするようすがみられる。

### ❷意味づけ期：2歳〜3歳半ごろ

　つくったものに後から意味や名前を付ける。丸める、並べることから積む、つなげる技法がみられるようになる。描画発達の意味づけ期と同様に、つくった後に意味や名前を付ける。

### ❸つくり遊び期：3歳〜9歳ごろ

　目的をもってつくるようになる時期。つくりたいものを表現するために、素材や材料の特徴、道具の扱いについても習得することにより、つくりたい内容に応じて工夫するようになる。

### (1)　色彩

色彩は、黒・灰・白の無彩色と、それ以外の有彩色に分けられる。

12色相環の色名について美術の教養として知っておくとよい(図 I -2-7)。ここでは子どもの造形表現の遊びにおいて必要と考えられる知識や技術、応用について取り上げる。

図 I -2-7　12色相環

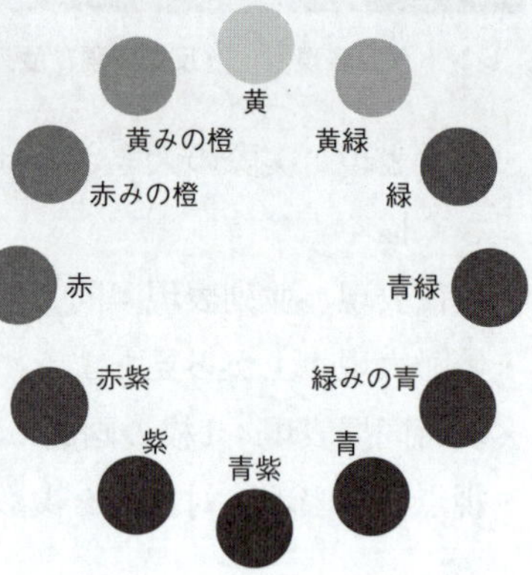

黄
黄みの橙　　黄緑
赤みの橙　　　緑
赤　　　　　青緑
赤紫　　　緑みの青
紫　　青紫　青

・色の3要素(3属性ともいう)：色相(色味)、彩度(鮮やかさ)、明度(明るさ)。

・色料の3原色[注7]：赤、青、黄。混色(減法混色)してもつくることができない。保育所では、多くの色の絵の具を用意しているとは限らないので、3原色と白の混色でさまざまな色をつくれることを確認しておく。

・暖色：あたたかく感じられる色、活動的な印象の色。

・寒色：冷たく感じられる色、静的な印象の色。静かに過ごしたいとき、集中したいときの室内の色に活用するとよい。

・色彩の与える心理的な影響を取り入れた壁面構成や室内装飾など、保育室の環境づくりに役立てるとよい。

注7　色料とはものの色のこと。色光の3原色は赤、青、緑。

### (2)　技法遊び

技法遊びとはモダンテクニックともいわれ、偶然にできる色や形を楽しむ造形表現遊びである。材料や道具の使い方を工夫すると、年齢や描画経験を問わず楽しむことができる。また、保育士のはたらきかけや遊びの援助によって、さまざまな表現遊びへの展開が期待できる。主な技法遊びの名称と方法を以下にあげる(写真 I -2-13、写真 I -2-14)。

①スクラッチ(ひっかき絵)

写真Ⅰ-2-13　技法遊び①

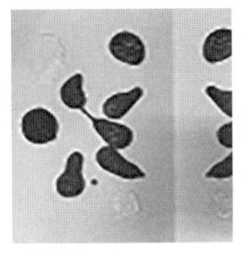

スクラッチ　　　　デカルコマニー　　　スパッタリング
（ひっかき絵）　　　（合わせ絵）　　　　（霧吹き絵）

材料：画用紙、パス（クレヨン）、楊枝や割り箸など。

方法：画用紙に明るい色のパスでいくつかの面を塗りつぶす。
　　　カラフルな面で塗られたパスの上から、黒い（または、暗
　　　い色）パスで重ね塗りをする（パスは重ね塗りに適してい
　　　る）。その上から楊枝や割り箸の角などを使って、黒のパ
　　　スの面をひっかいて絵を描く。

応用：思うように描けなかったときには、再度黒いパスを塗
　　　れば、何度でも描き直すことができる。絵を描くことに苦
　　　手意識のある子どもにとっては、描き直せるので取り組み
　　　やすい。

留意点：広い面をパスで塗るのは子どもにとって容易ではな
　　　い。子どもの経験に応じて、塗る大きさを変える。

②デカルコマニー（合わせ絵）

材料：画用紙、絵の具。

方法：画用紙を二つ折りにして開き、片面に水で溶いた絵の
　　　具を塗る。絵具のチューブから直接塗ってもよい。絵の具
　　　が乾かないうちに再度二つ折りにし、上から手のひらで擦
　　　る。画用紙を広げるとシンメトリーの色と形ができる。

応用：縦や横の二つ折りのほか、斜めに折りや三つ折りを試
　　　みる。できた色と形を何かに見立てて描き加える遊びにつ
　　　なげる。

留意点：絵の具を塗って折って擦ったら、すぐに広げて乾かす。
　　　絵の具がついたまま乾燥すると画用紙が広がりにくくな
　　　る。

③スパッタリング（霧吹き絵）

材料：画用紙、絵の具、ぼかし網、ブラシ、歯ブラシなど。

方法：画用紙から10センチくらい離したところから、絵の

写真 I-2-14　技法遊び②

 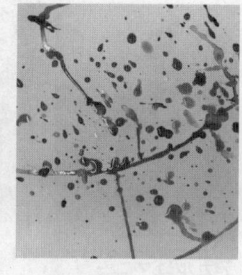 

材料：ぼかし網　　たらし絵・かけ絵　　吹き絵

具を付けたブラシでぼかし網を擦る。

応用：事前に画用紙の上にマスキングテープを貼ったり、形
　　　に切り抜いた画用紙を置いたりすると、その部分が白く抜
　　　ける。

④マーブリング（墨流し）

材料：バット、墨汁、和紙、新聞紙、割り箸など。

方法：バットに水を入れ、墨汁を垂らし、割り箸で水の表面
　　　にマーブル模様をつくる。マーブル模様を和紙などで写し
　　　取る。

応用：できあがった模様を何かに見立てて絵を描き加える。

留意点：水面に泡ができたり、写し取る際に空気が入ったり
　　　すると、その部分は白くなる。

⑤バチック（はじき絵）

材料：画用紙、クレヨンやパスやロウ、絵の具。

方法：クレヨン（パスやロウ）で絵を描き、その上から水彩絵
　　　の具を塗ると、クレヨンの部分がはじかれて、動きがある
　　　絵になる。

応用：白いクレヨンで絵や文字を書いて「魔法（忍者）のお手
　　　紙」などの遊びにつなげることができる。

⑥にじみ絵

材料：画用紙、絵の具、筆やスポンジ、水性サインペンなど。

方法：画用紙を水で濡らし、乾かないうちに絵の具がついた
　　　筆先を置いたり、描いたりして、にじむ色や模様を楽しむ。

応用：折り畳んだティッシュペーパーに、水性ペンの先をしば
　　　らく押しあてた後、広げる。手軽にできるにじみ絵である。

⑦ドリッピング（たらし絵・かけ絵、吹き絵）

材料：画用紙、絵の具。

方法：絵の具のついた筆を振ったり垂らしたりする。また、画用紙上に垂らした絵の具をストローで吹く。

⑧フロッタージュ（擦りだし）

材料：上質紙やコピー用紙など薄い紙、鉛筆、凹凸のあるもの。

方法：凹凸のある硬貨や葉などの上に上質紙を置き、動かないように押さえながら鉛筆で擦って模様を写し出す。

応用：写した模様を切りとり、画用紙上で再構成したり、絵を描き加えたりする。

⑨コラージュ（貼り絵）

材料：画用紙、糊、新聞紙、雑誌、布など。

方法：新聞紙や雑誌などを切りとり、布やほかの素材と組み合わせて画用紙に貼って画面を構成する。

⑩ストリング（糸引き絵）

材料：画用紙、たこ糸、絵の具。

方法：色を塗ったたこ糸を置き、たこ糸の端を画用紙の外に垂らして二つ折りにする。画用紙をしっかりと押さえながららたこ糸を引く。たこ糸の線がシンメトリーな模様となっている。

⑪糸目ころがし

材料：画用紙、絵の具、たこ糸、筒（ラップの芯など）。

方法：筒にたこ糸を巻き、たこ糸部分に絵の具をつけて、画用紙上を転がす。

⑫ビー玉ころがし

材料：画用紙、絵の具、ビー玉、絵の具、空き箱など。

方法：空き箱に画用紙を入れる。絵の具をつけたビー玉を箱に入れて転がす。

⑬スタンピング（型押し）

材料：画用紙、絵の具、ピーマンやオクラ、ペットボトルの蓋や段ボールなど。

方法：ピーマンの切り口や段ボールの断面ペットボトルの蓋に絵の具を塗って画用紙にスタンプする。

応用：指や手足のスタンプもおもしろい。

## （3）　版画

版画は素材の違いや形式によってさまざまな種類[注8]がある。

注8 ......

①凸版：木版画（横断面を版面とする木口木版、縦断面を版面とする板目木版がある）、紙版画、スチレン版画、リノカットなど。版に凸部分をつくり、そこにインクをつけて刷り上げる。凸部分に色が付く。

②凹版：銅版画（ドライポイント、エッチング、アクアチント、メゾチントナド）、板紙凹版など。版の表面を引っかいたり削ったり薬剤を使って凹部分をつくり、そこにインクをつめる。凹んだ部分に色が付く。

③平版：リトグラフ、マーブリング、デカルコマニー、モノプリントなど。リトグラフやマーブリングは水と油の反発作用を利用した版画である。

④孔版：シルクスクリーン、ステンシルなど。版の穴にインクをとおして形を写し出す版画。凸版、凹版、平版と異なり、反転せずに写し出すことになる。

ここでは就学前の子どもが表現することが可能だと考えられ、保育所等で用意されている道具でできる版画の表現遊びを取り上げる。

　就学前の子どもの版画遊びは、紙版画、スチレン版画、技法遊びのマーブリング、デカルコマニー、スタンピングなど、身近な素材や材料、道具で楽しめる内容が扱われている。紙版画とスチレン版画については、以下のような方法や応用が考えられる。子どもの発達や経験、興味関心に応じて、版の種類を組み合わせたり、絵を描き加えたりするなどの工夫も試みたい。

①紙版画

材料：画用紙、ボール紙、布（寒冷紗などの粗いものや凹凸があるもの）、糸、表面に凹凸加工がされている紙、糊、木工用ボンドなど。

写真 I-2-15

版のつくり方：画用紙やボール紙を切ったり貼ったりしながら版をつくる。布や糸なども組み合せると変化のある画面になる。

応用：線で描く絵よりも形でとらえる版画のほうが、表現しやすい場合が多い。特に年長児では、物と物の重なりや、人間や動物の手足の付き方など体を意識して表現する契機にもつながる。

留意点：版をつくる紙は画用紙の厚み（160kg＝紙の厚さはkgで表す）があったほうがよい。画用紙程度の厚さの紙を4枚以上重ねるときれいに写しきれない場合もある。

②スチレン版画

材料：スチレンボード、またはスーパーマーケットで売られている肉や魚の入ったトレイ、油性マジック、楊枝、ボールペン、割り箸、釘など。

版のつくり方：スチレンボードに油性マジックや楊枝、ボールペンなどで絵を描いたり引っかいたり穴をあけたりしながら版をつくる。

応用：でき上がった版を、何等分かに切って色を変えて刷ると多色刷りを楽しむこともできる。

留意点：簡単にできる反面、スチレンボードに傷がつくとそれも写しとってしまうので、扱いに注意する。刷る際にも

指や手に力を入れると、そのまま写し取るので注意する。

③葉の版画

　材料：葉、画用紙、インク、ローラー、ばれん。

　つくり方：事前に画用紙は湿らせたほうがよい。葉にローラーでインクを乗せ、その上から画用紙を置いてばれんで擦る。

　応用：インクやローラーを使用する代わりに、水彩絵の具に糊を混ぜたものを、筆で葉に塗ってもよい。

④版の刷り方(紙版画、スチレン版画とも共通)

　準備するもの：インク、ローラー、インク練板ばれん、和紙や上質など写しとる紙など。

　刷り方：インク練り版にインクを出し、ローラーで転がしながらよく馴染ませる。インクが付いたローラーで版の上を転がす。版の上に紙(和紙など)を乗せて手で全体をやさしく押さえる。ばれんで紙の中央から外側に向かって小さな円を描くように回転させる。紙の端をめくって、写し取れていることを確認した後、ゆっくり画用紙をはがす。

## (4)　表現遊びのICTの活用

　保育所等では、保育士や保護者のための遊びの記録や情報の共有、仕事の効率化のためにICTが活用されている。また、3歳児の2割がスマートフォンに触れているという報告もあり、小学校ではプログラミングの授業がはじまる。デジタルカメラやスマートフォン、パソコンなどが身近になっている今日、これらのICTは歌や楽器、紙や粘土、絵本や紙芝居とは異なる新しい表現媒体、表現方法としての活用が期待できる。ここでは気軽に楽しるICTの活用例を紹介する。

①デジタルカメラと描画活動

　デジタルカメラで撮影した風景をスクリーンに映し出し、背景として使い、その前で、物語を演じる。

②動くぬり絵

　専用のぬり絵をダウンロードし、印刷する。好きな色で塗る。アプリをダウンロードして、スマートフォンやタブレット機器のカメラでのぞくとぬり絵が動く。画用紙に絵を描く、配色を考えることを描画活動とは異なるおもしろさで味

わうことができる。

（参考：https://play.google.com/store/apps/details?id=jp.
　　　co.digitalray.nurie&hl=ja）

③コマ撮りアニメーション

専用のアプリをタブレット機器にダウンロードする。もの（折り紙、積み木など）をコマ撮りしてアニメーションをつくることができる。操作ボタンは4つなので子どもでも容易に表現を楽しむことができる。

（参考：http://komakoma.org/）

## (5)　子どもの造形表現遊びに使用される主な材料や用具

### ❶材料

・画用紙：就学前施設では、八つ切や四つ切の白画用紙で絵を描くことが多い。発達や描画経験、描きたい内容など子どもに合わせて大きさや形を変えて用意する。

・ボール紙：厚みがあるので、組み合わせる、つなぐ、立てるなどの技法や加工をするときに適している。

・お花紙：薄い紙で赤、ピンク、黄、水色、紫、白などがあり、主に装飾用のお花をつくる際に使われる。

・模造紙：壁面装飾など大きな画面を作ったり、描いたりするときに使う。白をはじめ、さまざまな色や方眼のものもある。

・トレーシングペーパー：絵を写すための白い薄い紙。

・セロファン：赤や青などの透明なシートで光をとおす。望遠鏡などの見る遊びや太陽にかざした光の遊びに活用できる。

・折り紙：正方形の色のついた薄い紙。両面に色があるものや和柄、模様がついたものなどがある。

・ホイルカラー：ホイル加工してある紙で、金、銀、赤や青、緑などの色があり、メダルなど光るものをつくるときに使う。

・工作用紙：ボール紙の厚さがあり、片面が方眼で工作に適している。白、青、赤などの色のついたものもある。

・スズランテープ：ものを括るときに使うほか、ポンポンやスカートの製作や、海や雨などの表現、また装飾にも使われる。

・ガムテープ：段ボールなどの硬いものをとめる、つなぐときに使う。布ガムテープと紙ガムテープがある。

・糊：就学前施設では、容器に入っているでんぷん糊が使われることが多い。
・木工用ボンド：紙、布、糸などの接着が可能。プラスチック類やゴムなどの接着には向かない。
・瞬間接着剤：プラスチック類などを瞬時に接着することができる。紙類だと吸収してしまい、接着しにくい場合もある。
・糊、ボンド、接着剤などは、アレルギーのある子どもには直接触れることが不向きな材料もある。安全性には十分配慮する。
・ステープラー(ホチキス)：紙と紙をつなぐとき、まとめるときに使う。お面などをつくる際に使う場合は、髪や顔にあたる側に針が出ないよう留める側に配慮をする。

### ❷用具や道具

　用具や道具の特徴や正しい使い方を知ることで、自分の考える表現をすることが可能となり、用具や道具によって効果的でおもしろい応用や活用も期待できる。用具や道具の名称などを記憶することを優先させることなく、保育士自身が実際に用具や道具を使った表現活動を経験し、その特徴や安全性について確認しておきたい。

・筆：丸筆は穂先で細かい表現が、全体を用いてダイナミックな表現もできる。面を塗るときには平筆がよい。
・筆洗器：3つ以上の区切りのあるものがよい。絵の具を洗う場所、洗った絵の具をさらにすすぐ場所、絵の具を溶くための場所、と分けて使う。常にきれいな状態を保つことで、濁った色にならない。
・刷毛：広い面を塗るときによい。
・のこぎり：木を切るときに使う。引いたときに切れる。切るときには、利き手と反対の手で木を押さえ、利き手でのこぎりの柄を持って引く。または利き手と反対の足で木を踏み、両手でのこぎりを持って切る。
・キリ：木材などに穴を開けたいときに使う。両手で柄の部分を挟み、両手を擦り合わせるように前後に動かす。
・金づち：木材に釘を打つときに使う。いきなり釘を打つと木材が割れることがあるので、はじめにキリなどで穴をあける(下穴という)。その穴に釘を立て(釘は横からつまむように

持つ）金づちで叩く。
・ホットボンド：段ボールや小石など、重さや不安定なものを接着するときに使う。ロウを溶かすのでやけどに気をつける。

## （6）　美術鑑賞[注9]

注9
アメリア・アレナスの対話型鑑賞教育は、多くの国々の美術館や保育・教育現場で取り入れられている。

子どもの生活のなかで図鑑を見て花や虫を調べるように、美術作品や日本の文化に関わる作品についても、図録やDVDなどを用いて親しむ機会を設けたい。作家や作品名、その背景や画材、技法についての知識が先行することがないように配慮する。季節や行事に関連する作品や、さまざまな表現遊びのなかでつながりのある作品を子どもに紹介することで自分たちの表現との相違を見つけたり、海外や日本の文化を知る機会となったりする。美術館や博物館にとどまらず、地域の美術・工芸作品や文化財などについても触れる機会を設けたい。散歩や遠足時に出かけることができるよう地域の各施設等とも連携を取るよう心がけたい。

## 4　ことばの表現

人間はことばを使ってコミュニケーションを取ることができる唯一の生物である。そして、ことばは思ったことや考えたことを他者に伝える表現方法の一つである。

平成29（2017）年度改定の保育指針の「幼児期の終わりまでに育ってほしい10の姿」には「言葉による伝え合い」が示され、生活のなかで保育士や友だちと心を通わせながら、ことばで伝え合うことを楽しむ姿を育むことが重視されている[注10]。子どもの声やことばを受け止め、気持ちに寄り添いながらそれに応じたことばによる表現を返す保育士の存在によって、子どもは表現することの楽しさや喜びを感じる。また、保育士のことば[注11]から、自分の伝えたい気持ちやことがらにふさわしいことばを学び、自分のことばとして習得することができる。

注10
保育指針の領域「言葉」には、「経験したことや考えたことなどを自分なりの言葉で表現し、相手の話す言葉を聞こうとする意欲や態度を育て、言葉に対する感覚や言葉で表現する力を養う。」と示されている。

注11
保育士のことばがそのまま子どものことばの表現に反映される。自らのことば遣いにも気をつけたい。

子どもの発達や興味関心に応じたことばや文字を取り入れた遊びを重ねていくことで、やがて、自分の思いや考えを他者に伝えることができるようになる。また、保育士や友だちの話を聞くことによって、自分との思いや考えの相違を知り、それを

認めたり葛藤したりしながら、他者を認め受け入れることにもつながっていく。

　音楽や造形、身体による表現と同じように、ことばによる表現も生活のなかで大切に育んでいきたい。

## (1)　ことばの発達

### ❶乳児

　生後1か月ごろまでは、反射的な声や泣き声、叫換音を発することがほとんどで、その声に応じて保護者や保育士はミルクをあげたり、おむつを替えたりする。3か月を過ぎると、クーイングという喉の奥を鳴らすような音を発するようになったり、あやすと笑うようになったりする。やがて喃語も発するようになり、6か月を過ぎると自分の意思を表すためにさらに喃語が増える。一人で高さや長さなど変化のある声を出すことを繰り返しながら徐々にことばに近い音になる。また、おとなの表情の変化のおもしろさに気づくようになる。6か月〜11か月のころになると、「マンマ」や「ブーブー」といった一語文で自分の欲求を伝えたり、「バイバイ」などの模倣をしたり、「ダメ」などのことばを理解できるようになる。

　このころの子どもは声を出したり、泣くこと、表情やしぐさ、体の動きによって、空腹や不満を伝える。そのたびに保育士は、笑顔でやさしく話しかけるよう心がけることで、子どもに安心感を与えることができる。

### ❷1歳から3歳まで

　1歳を過ぎると、語彙数も増え、名詞、動きやようすを表すことばが使えるようになる。指さしとことばによって、「(あれ)取って」といった意思を表現することができるようになる。1歳6か月ごろには、ごっこ遊びや「お口どこ？」「ここ」といったやりとりができ、相手のことばの理解とそれに応じたことばの使用ができるようになる。

　2歳ごろになると200から300語を話し、二語文の会話がみられる。顔(目、鼻、口、舌)や体(手、足)が理解できる。2歳後半になると、3語以上で自分の意思を伝えようとする。現在、過去、未来などを表す動詞の区別や簡単な指示や因果関係を示

すことばが理解できる。

　興味関心のあるものの名前を覚え、知らないものを知りたいという欲求がみられるようになり、語彙が急速に増えてくる。絵をたくさん描くようになる時期と重なるといもいわれている。

### ❸3歳から5歳まで

　3歳ごろには、語彙が1,000語程度に増える。身のまわりの物や自分の名前や年齢が言えるようになり、助詞や簡単な接続詞が使える[注12]。また、高い・低い、長い・短いなどが理解でき、赤、青、黄色などの色がわかるようになる。ことばで表現しようとする一方、ことばで表せない場面では、体の動きを使って伝えようとする。

　4歳以降では、絵本の文字や生活のなかで目にする文字に興味をもつようになる。長い会話や子どもなりの文法による話し方がみられる。ことば遊びにも関心をもつようになり、早口ことばや回文を楽しんだりつくってみたりする。描画活動のときに自分の名前やものの名前などの文字も書くこともみられる。

## (2)　ことばの表現の特徴

- ・クーイング：早い乳児では生後1か月〜2か月ごろから、吐く息とともに「アー」「ウー」という音を出す。
- ・喃語：6か月ごろからことばとも泣き声とも異なり、「アーアー」「ウーウー」という母音を主体とした音声を発するようになる。
- ・一語文：8か月〜10か月ごろから、食べ物を「マンマ」、車を「ブーブー」のように一語で表すようになる。
- ・オノマトペ：擬音語や擬態語のこと。犬の「ワンワン」、猫の「ニャーニャー」、雨の「ザーザー」、太陽の「ギラギラ」や、目に見えない感情や状態を表す「ワクワク」「ドキドキ」「キラキラ」など文字やことばに表したものである。活動の説明をするとき、オノマトペを用いると、イメージが伝わりやすく動きがスムーズになる[注13]。
- ・イントネーション：話しことばで現れる声の上下や抑揚のこと。

注12
　はさみで直線の1回切りができるころと重なる。

注13
　例えば、絵を描くとき、ペンの動きに合わせて、「トントン」「スイスイ」等の擬音を使って、描く動作を導くこともできる。音楽に合わせて体を動かすときに「ピョンピョン」「ギュッギュッ」という擬音によって動きのイメージを友だちと共有し、クラスのみんなで身体表現を楽しむこともできる。

## (3)　ことばの表現遊びと児童文化

- 絵本：一人で見たり読んだりすることも、保育士の読み聞かせによって友だちと一緒に楽しむこともできる。読み聞かせのときには、子どもたちが絵本に集中できるよう、背後には何もない状態が望ましい。また、絵本は水平に持ち、全体に見えるように声が届くように配慮する。絵本の読み聞かせは言語発達に有効である。
- 紙芝居：低年齢向けの8枚、年長児以上の12枚のものが多い。舞台を使うとより劇場的な演出が望める。子どものようすに合わせて読み進める声の強弱やテンポ、早さの変化、紙の抜き方など演出を効果的に行うことで、より楽しむことができる。
- 昔話：おとぎ話や民話など、語り伝えられてきた物語。
- 童話：子ども向けに創作された物語。民話、神話、伝説、寓話などがある。
- 素話：絵本やペープサートなど使わず、お話・物語を話すこと。声や動作の変化でお話を伝える。
- 遊び歌：遊びと歌が合わさったもの。手遊び、身体遊び、リズム遊び、ふれあい遊び、わらべ歌などがあげられる。
- わらべ歌：ことばと歌、身ぶりや動作が備わり、歌のなかに遊びのルールが含まれている。遊び歌のなかでも、子どもの遊びのなかから生まれたものである。
- エプロンシアター：保育士が着用したエプロンが舞台となり、ポケットから布で縫われた登場人物や小道具が出てきて、マジックテープによって貼ったり剥がしたりしながら物語が展開する劇遊び（図Ⅰ-2-8）。
- ペープサート：紙人形劇とも呼ばれる。画用紙（またはケント紙や厚紙）と割り箸を使った劇遊び。2枚の紙に絵が描かれ（例：笑顔と泣き顔、卵とヒヨコなど）、間に割り箸が挟まれている。物語やクイズなど、展開がある内容に応じて、紙を表・裏の変化で見せ、動きや変化を表現することができる。うちわの両面に絵を描いた簡単なつくり方もできる（図Ⅰ-2-8）。
- パネルシアター：ネルの生地で背景（舞台）をつくり、不織布に描いた登場人物や小道具などを動かしながら物語が展開す

図 I-2-8　ことばの表現遊び

エプロンシアター　　　　　　　ペープサート

る劇遊び。不織布に描く際は輪郭線をはっきり描くと見やすい。色はアクリル絵の具、クレヨン、ポスカなど発色のよいもので描く。登場人物や小物にピアノ線を結んで、引っ張る仕掛けや大きな不織布でつくったものに重ねて隠し、小物を次々に取り出すなどの仕掛けも楽しめる。

・ごっこ遊び：お話や絵本、テレビ番組などから、その役になりきって演じて遊ぶこと。スカーフをマントにして返信してみたり、新聞紙で棒をつくって戦ってみたりする。段ボールを使った電車ごっこ、プラカップなどを使ったおままごとなど、さまざまなものが見立てられ、ごっこ遊びのアイテムとなる。

・劇あそび：劇のなかで子どもがそれぞれ役割をもってつくりあげていくので、継続的かつ協同的な学びの機会となる。ストーリーや音楽や小道具大道具、背景や衣装など、子どものアイデアや表現を引き出し、それを反映させながらつくり上げていく。保育士は教え込みや、成果を求める場にならないように気をつける。

・回文：文字にしたとき、最初から読んでも最後から読んでも同字、同文の語句。

・しりとり：2人以上で、前のひとが言ったことばの語尾から始まることばを言い合う。語尾に「ん」が付いたら負け。

・早口ことば：同じ音が重なり発音しにくいことばを間違えずに早く言う。

・なぞなぞ：ことばの韻をふんだり、駄洒落を用いたりしたクイズの一種。

・かるた：「あいうえお…」の46枚の文字札と絵札が組になっ

たカードゲーム。文字札を読み上げ、その絵札を取る遊び。

・すごろく：ボードゲームの一種。サイコロを振って、出た目の数だけマス目にあるコマを進め、早く上がる（ゴール）ことを競う。

## (4) 保育活動とことば

### ❶乳児

乳児の場合、保育士と1対1で語りかけることが望ましい。簡単なことばの繰り返して通じ合うことで、ことばを介したコミュニケーションをとる。話し方を心がけ、安心できる雰囲気を保つようにする。

### ❷1、2歳児

ことばの音やリズムの楽しさ、おもしろさが感じられる絵本がよい。

少人数の子どもたちと近い距離で、または保育士の膝の上に乗ったり触れたりしながら、安心できる空間でお話を楽しめるように心がける。保育士は大きな声や過剰な演出は避け、子どもが落ち着いて、お話や絵本等を楽しめるようにする。

### ❸3歳から5歳

3歳ごろから、子どもから絵本やお話を望むようになる。お話や絵本を楽しみ集中できるよう、聞く態度についても声がけ、ことばがけをする。お話をはじめる前の導入方法、話し方の工夫、お話の種類や内容についても、季節や行事、クラスでの遊びから選ぶのもよい。

また、遊びや行事のあと、子どもたちに感想を話す場面や、絵や工作をしたときには作品のタイトルを考えたり、がんばったところを発表したりするような機会を設けるのもよい。

## (5) 話す技術

保育士として、目の前にいる子どものようすに合わせた場をつくり、話し方に変化をもたせる。何を伝えたいのか、お話や絵本などを聞いたり見たりすることで何を感じ、考えてほしい

のか、それに応じた話し方の工夫を考える。事前に子どものようすを思い浮かべながら、お話や絵本の読み聞かせの準備や練習をする。

### ❶空間の確認

保育士がクラスの子どもたちの顔を見渡せる位置を確認する。子どもの人数、体格、配慮すべき点も考え、座る形態についても考えておく。また、お話や絵本などに集中できるように、保育士の背後には、物や色は少なくしたり、布などで覆ったりする。

### ❷導入

お話や絵本の内容に合わせた手遊びなどを取り入れてもよい。安心できる場を作り、お話や絵本を友だちと一緒に聞くことを楽しめるような雰囲気を保つ。

### ❸お話、絵本を読む

声の大きさやトーンを、保育室の広さや子どもの人数、座る形態に合わせる。呼吸のタイミングに気をつけ、お話や絵本の流れがスムーズに進むようにする。口を大きく開け、話すことで、全体に伝わりやすくなる。音声の、強弱、高低、明暗、早遅、リズム、テンポ、間を考え、工夫する。擬音語やジェスチャーが過剰になりすぎないよう、子ども一人ひとりの想像力が広がるような話し方になるように心がける。

### ❹お話、絵本の終わりに

お話や絵本の読み聞かせが終わった直後は、イメージを友だちと共有して楽しむ場合と、一人ひとりが余韻を味わえるようにする場合とが考えられる。子どものようすや、お話や絵本の内容に応じてどう終わるのか、次の活動につなげていくのか、事前に考えておく。内容や登場人物の確認等は無理に行わず、それぞれの感じた思いを大切に、尊重できるように心がけたい。

**学習のふりかえり**

**1** 環境をとおした保育において、生活と遊びの両面を豊かに展開できるよう、保育者がていねいに環境を構成したり、ことばを用いたりして援助することが重要である。

**2** 子どもの「聴く」「感じる」「考える」「工夫する」といったプロセスを大切にした歌唱・合奏表現のあり方を考えてみよう。

**3** 子どもが安心して、自然やさまざまなものを諸感覚で感じられる経験ができるようにするために、保育士が心がけることについて考える。

引用文献：
＊1. 黒田実郎「愛着」『発達心理学辞典』ミネルヴァ書房、1995年、23頁。
＊2. イラム゠シラージ・デニス゠キングストン・エドワード゠メルウィッシュ、秋田喜代美、淀川裕美訳『「保育プロセスの質」評価スケール─乳幼児期の「ともに考え、深めつづけること」と「情緒的な安定・安心」を捉えるために』明石書店、2016年、13頁。
＊3. 鹿島達哉「ごっこ遊び」『発達心理学用語辞典』山本多喜司監、北大路書房、1991年、103頁。
＊4. 井上勝博編「運動遊び」『ちょっと変わった幼児学用語集』清水凡生・深田昭三・山崎晃・鳥光美緒子ら、森楙監、北大路書房、1996年、46頁。
＊5. 野尻裕子「運動遊び」森上史朗・柏女霊峰編著『保育用語辞典第6版』ミネルヴァ書房、2010年、78頁。
＊6. 宮丸凱史『子どもの運動・遊び・発達〜運動のできる子どもに育てる〜』学研みらい、2011年、14〜28頁。

参考文献：
7. 常田美穂「乳児期の共同注意の発達における母親の支持的行動の役割」『発達心理学研究』第18巻、一般財団法人日本発達心理学会、2007年。
8. 秋山俊夫「自己概念の発達」『発達心理学用語事典』山本多喜司監、北大路書房、1991年。
9. 桜井茂男『学習意欲の心理学』誠信書房、1997年。
10. 藤崎眞知代「子どもの遊び」藤崎眞知代・野田幸江・村田保太郎・中村美津子『保育のための発達心理学』新曜社、1998年。
11. 体力科学センター調整力専門委員会体育カリキュラム作成員会「幼稚園における体育カリキュラムの作成に関する研究Ⅰ」『体育科学』8、1980年。
12. 秋山俊夫「自己概念の発達」『発達心理学用語辞典』山本多喜司監、北大路書房、1991年。
13. 国土交通省「都市公園における遊具の安全確保に関する指針（改訂第2版）」2014年。
14. 桜井茂男『学習意欲の心理学』誠信書房、1997年。

15. 遠藤利彦「人との関係の中で育つ子ども」『乳幼児のこころ―子育ち・子育ての発達心理学』有斐閣、2011年。

16. 坂上裕子「「いま」「ここ」をこえて―言語と遊びの発達」『問いからはじめる発達心理学―生涯にわたる育ちの科学』有斐閣、2014年。

17. 久富陽子「見立て」森上史朗・柏女霊峰編著『保育用語辞典第6版』ミネルヴァ書房、2010年。

18. 麻生武「遊びと学び」『「学び」の認知心理学事典』佐伯胖監、大修館書店、2010年。

19. 無藤隆「仲間関係のなかの学び」『「学び」の認知心理学事典』佐伯胖監、大修館書店、2010年。

20. 森楙「ごっこ遊び」『ちょっと変わった幼児学用語集』森楙監、北大路書房、1996年。

21. 大川一郎「知的機能の発達」桜井茂男・大川一郎編著『しっかり学べる発達心理学』福村出版、1999年。

22. 杉原隆・吉田伊津美・森司朗・中本浩揮・筒井清次郎・鈴木康弘・近藤充夫「幼児の運動能力と基礎的運動パターンとの関係」『体育の科学』61巻6号、2011年。

23. 鹿島達哉「象徴遊び」『発達心理学用語辞典』山本多喜司監、北大路書房、1991年。

24. 森司朗・吉田伊津美・筒井清次郎・鈴木康弘・中本浩揮・杉原隆「幼児の運動能力の現状と運動発達促進のための運動指導及び家庭環境に関する研究」『平成27〜29年度文部科学省科学研究費補助金(基盤研究B)研究成果報告書』、2018年。

25. 砂上史子「幼稚園における子ども同士の同型的行動の研究」『白梅学園大学大学院子ども学研究科博士論文』、2013年。

26. 無藤隆監、吉永早苗『子どもの音感受の世界―心の耳を育む音感受教育による保育内容「表現」の探求』萌文書林、2016年。

27. 日本赤ちゃん学会監修『乳幼児の音楽表現』中央法規出版、2016年。

28. 鈴木みゆき・吉永早苗・志民一成・島田由紀子編著『保育内容表現』光生館、2018年。

29. 森上史郎・柏女霊峰『保育用語辞典第7版』ミネルヴァ書房、2013年。

30. 今川恭子・志民一成・宇佐美明子『子どもの表現を見る・育てる』文化書房博文社、2005年。

31. 磯部錦司『図画工作・表現』建帛社、2014年。

32. 新 保育士養成講座編纂委員会編『新 保育士講座 第9巻 保育実習』全国社会福祉協議会、2011年。

# Ⅰ 保育専門職〈実習前に学ぶ理論〉

## 第3章

# 保育内容と指導法

### 学習のポイント

　本章では、保育実習および保育実践を行う際の基本となる保育内容と指導法について、主に保育所保育指針に沿って学習する。

　まず、法令における保育の内容について、保育所保育指針等の位置づけ、養護に関する基本的事項、保育所保育指針の保育内容（乳児、1歳以上3歳未満児、3歳以上児）について理解を深める。次に、保育内容の総合的指導について、保育の方法の基本的なあり方、保育環境の重要性について理解を深める。さらに、保育の観察と記録について、保育の観察における基本的姿勢や観点、保育記録の意義や書き方等について理解を深める。

# 法令における保育の内容

## 1 保育所保育指針等の位置づけ

　日本における保育内容は、法令において定められている。保育所の保育内容は保育所保育指針(以下、保育指針)において、幼保連携型認定こども園の保育内容は幼保連携型認定こども園教育・保育要領(以下、教育・保育要領)において、幼稚園の教育内容は幼稚園教育要領(以下、教育要領)において定められている。これらの法令は、全国的に一定以上の保育の質や教育水準が保たれるためのものである。これらの法令が定める保育内容を、各園や地域の実態や特性に合わせて創意工夫することで、よりいっそうの保育の充実が図られている。

　このうち保育指針は、昭和40(1965)年に、厚生省(現在の厚生労働省)の局長通知という位置づけで、保育所保育の理念、内容、方法等を示すためのガイドラインとして刊行された。平成20(2008)年の改訂により、大臣告示の位置づけを有するものとなり、法的拘束力を有するものとなった。また、その内容も「大綱化」が図られ、保育所保育の重要な点を示しつつ、そのあり方を簡潔かつ明瞭に記したものとなった。

　昭和39(1964)年以来一貫して、保育指針は教育要領との整合性を図りながら保育内容を定めてきた。また、平成29(2017)年3月告示の保育指針(厚生労働省)では、教育要領(文部科学省)、教育・保育要領(内閣府・文部科学省・厚生労働省)の3法令の間で整合性が図られている。

　以下では、保育内容とその指導法に関する内容を保育指針に添って述べるが、教育・保育要領や教育要領における同様の内容の記載に関しては、読者各自で確認するように努めていただきたい。

　保育内容に関しては、保育指針では、「保育所における環境を通して、養護及び教育を一体的に行うこと」としている。「第1章　総則」の「2　養護に関する基本的事項」では、次に

あるように「⑴　養護の理念」及び「⑵　養護に関わるねらい及び内容」が示されている。保育所保育指針解説（以下、保育指針解説）では、「保育所が、乳幼児期の子どもにとって安心して過ごせる生活の場となるためには、健康や安全が保障され、快適な環境であるとともに、一人の主体として尊重され、信頼できる身近な他者の存在によって情緒的な安定が得られることが必要である」とし、保育士等には「子どもとともに生活しながら、保育の環境を整え、一人一人の心身の状態などに応じて適切に対応することが求められる」としている。そのうえで、「保育における養護とは、こうした保育士等による細やかな配慮の下での援助や関わりの全体を指すものである」と、保育所保育における養護について定義している。

保育所保育指針　第1章　総則

2　養護に関する基本的事項

⑴　養護の理念

　保育における養護とは、子どもの生命の保持及び情緒の安定を図るために保育士等が行う援助や関わりであり、保育所における保育は、養護及び教育を一体的に行うことをその特性とするものである。保育所における保育全体を通じて、養護に関するねらい及び内容を踏まえた保育が展開されなければならない。

⑵　養護に関わるねらい及び内容

　ア　生命の保持

　　（ア）　ねらい

　　　①一人一人の子どもが、快適に生活できるようにする。

　　　②一人一人の子どもが、健康で安全に過ごせるようにする。

　　　③一人一人の子どもの生理的欲求が、十分に満たされるようにする。

　　　④一人一人の子どもの健康増進が、積極的に図られるようにする。

　　（イ）　内容

　　　①一人一人の子どもの平常の健康状態や発育及び発達状態を的確に把握し、異常を感じる場合は、

速やかに適切に対応する。

　②家庭との連絡を密にし、嘱託医等との連携を図
　　りながら、子どもの疾病や事故防止に関する認
　　識を深め、保健的で安全な保育環境の維持及び
　　向上に努める。

　③清潔で安全な環境を整え、適切な援助や応答的
　　な関わりを通して、子どもの生理的欲求を満た
　　していく。また、家庭と協力しながら、子ども
　　の発達過程等に応じた適切な生活リズムがつく
　　られていくようにする。

　④子どもの発達過程等に応じて、適切な運動と休
　　息を取ることができるようにする。また、食事、
　　排泄、睡眠、衣類の着脱、身の回りを清潔にす
　　ることなどについて、子どもが意欲的に生活で
　　きるよう適切に援助する。

イ　情緒の安定

（ア）ねらい

　①一人一人の子どもが、安定感を持って過ごせる
　　ようにする。

　②一人一人の子どもが、自分の気持ちを安心して
　　表すことができるようにする。

　③一人一人の子どもが、周囲から主体として受け
　　とめられ、主体として育ち、自分を肯定する気
　　持ちが育まれていくようにする。

　④一人一人の子どもがくつろいで共に過ごし、心
　　身の疲れが癒されるようにする。

（イ）内容

　①一人一人の子どもの置かれている状態や発達過
　　程などを的確に把握し、子どもの欲求を適切に
　　満たしながら、応答的な触れ合いや言葉がけを
　　行う。

　②一人一人の子どもの気持ちを受容し、共感しな
　　がら、子どもとの継続的な信頼関係を築いてい
　　く。

　③保育士等との信頼関係を基盤に、一人一人の子
　　どもが主体的に活動し、自発性や探索意欲など

> を高めるとともに、自分への自信を持つことが
> できるよう成長の過程を見守り、適切に働きか
> ける。
> ④一人一人の子どもの生活リズム、発達過程、保
> 育時間などに応じて、活動内容のバランスや調
> 和を図りながら、適切な食事や休息がとれるよ
> うにする。

「養護に関わる具体的なねらい及び内容」は、大きく「生命
の保持」と「情緒の安定」から成る。保育指針では、「(2)養
護に関わるねらい及び内容」として、「ア　生命の保持」と「イ
情緒の安定」に分けて、それぞれのねらいと内容を示してい
る。

「ア　生命の保持」では、子どもが保育所で快適に、健康で
安全に過ごすこと、生理的欲求を十分に満たすこと、健康増進
を図ることからなる4つのねらいが示され、そのために保育士
が行うべき4つの内容が示されている。

また、「イ　情緒の安定」では、子どもが安定感をもって過
ごすこと、自分の気持ちを安心して表すこと、周囲から主体と
して受け止められ自己肯定感が育まれること、心身の疲れが癒
されること、に関する4つのねらいが示され、そのために保育
士が行うべき4つの内容が示されている。このうち、平成29
(2017)年3月告示の保育指針では、ねらいの④において「くつ
ろいで共に過ごし」という文言が新たに加わった。平成27年
度から開始された子ども・子育て支援新制度のもとでは、保護
者の就労等の理由から保育を必要とする2号・3号認定の「保
育標準時間」は1日最長11時間となっており、保育所で長時
間過ごす子どもが増えている。そのため、子どもの心身の疲れ
を癒すためにも、保育所の1日の生活の流れや環境が子どもに
とってくつろげるものであることが必要となっている。

また、養護に関するねらいのすべて、内容の大半にも「一人
一人の子ども」という文言がある。養護は、子ども一人ひとり
のニーズに適切に応じることが求められるものであるといえ
る。

## 2 保育の内容

保育指針および教育・保育要領の第2章では、乳児、1歳以上3歳未満、満3歳以上児と発達段階ごとに、保育のねらいおよび内容等を示している。それらのねらいは、保育指針「第1章 総則」に示す保育所の目標をより具体化したものであり、保育を通じて育みたい資質・能力である「知識及び技能の基礎」「思考力、判断力、表現力等の基礎」「学びに向かう力、人間性等」を子どもの生活する姿からとらえたものである。また、「内容」はねらいを達成するために、子どもの生活やその状況に応じて保育士等が適切に行う事項と、保育士等が援助して子どもが環境に関わって経験する事項を示したものである。

保育指針では、「養護」を子どもの生命の保持と情緒の安定を図るために保育士等が行う援助や関わりとし、「教育」を、子どもが健やかに成長しその活動がより豊かに展開されるための発達の援助としている。保育指針の「第2章 保育の内容」は、主に、教育に関わる側面からの視点を示しているが、前項で述べたように、保育所保育は養護および教育を一体的に行うものであることから、実際の保育においては、各発達段階に即した養護と一体となって、教育に関わる側面の内容が展開される必要があるといえる。

### (1) 乳児の保育内容

平成29(2017)年4月の時点で、保育所等の3歳未満児の利用率が3割を超え、3歳未満児保育の利用率は上昇している。そのような状況をふまえ、平成29年3月告示の保育指針と教育・保育要領では、乳児の保育に関するねらいおよび内容が新たに記載された。

保育指針では、乳児期の発達の姿をふまえて「基本的事項」を示している。そこで、乳児保育は、「愛情豊かに、応答的に行われることが特に必要である」とし、保育士等と乳児の関わりの質の重要性を指摘しているといえる。

乳児保育の具体的なねらいと内容は、身体的発育に関する視点「健やかに伸び伸びと育つ」、社会的発達に関する視点「身近な人と気持ちが通じ合う」、精神的発達に関する視点「身近

**図Ⅰ-3-1　0歳児の保育内容の記載のイメージ**

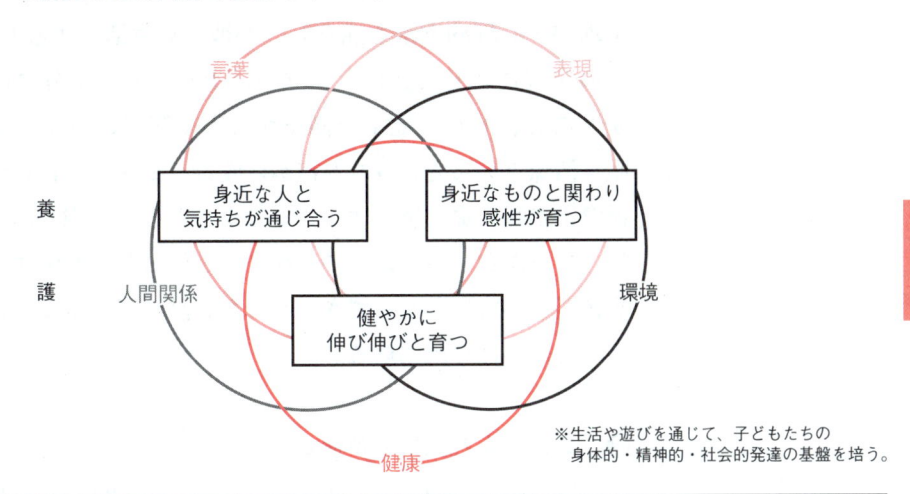

※生活や遊びを通じて、子どもたちの
　身体的・精神的・社会的発達の基盤を培う。

○乳児保育については、生活や遊びが充実することを通して、子どもたちの身体的・精神的・社会的発達の基盤を培うという基本的な考え方を踏まえ、乳児を主体に、「身近な人と気持ちが通じ合う」「身近なものと関わり感性が育つ」「健やかに伸び伸びと育つ」という視点から、保育の内容等を記載。保育現場で取り組みやすいものとなるよう整理・充実。

○「身近な人と気持ちが通じ合う」という視点からは、主に現行指針の「言葉」「人間関係」の領域で示している保育内容との連続性を意識しながら、保育のねらい・内容等について整理・記載。乳児からの働きかけを周囲の大人が受容し、応答的に関与する環境の重要性を踏まえ記載。

○「身近なものと関わり感性が育つ」という視点からは、主に現行指針の「表現」「環境」の領域で示している保育内容との連続性を意識しながら、保育のねらい・内容等について整理・記載。乳児が好奇心を持つような環境構成を意識して記載。

出典：厚生労働省社会保障審議会児童部会保育専門委員会「保育所保育指針の改定に関する議論のとりまとめ」、2016年、18頁。

なものと関わり感性が育つ」の3つの視点に分け、それぞれのねらいおよび内容、内容の取扱いが定められている。乳児期は、発達の諸側面の重なりが大きく関連も密接である。そのため、保育内容の5領域をふまえつつ、これら3つの視点から示されている。その乳児保育のとらえ方を示したものが図Ⅰ-3-1である。

　この図に示すように、乳児保育の内容のうち、「健やかに伸び伸びと育つ」は領域「健康」と関連が深い。「身近な人と気持ちが通じ合う」は領域「人間関係」と領域「言葉」との関連が深い。「身近なものと関わり感性が育つ」は領域「環境」と領域「表現」との関連が深い。以下に保育指針に沿って、各視点のねらい、内容、内容の取扱いを述べる。

### ❶「健やかに伸び伸びと育つ」

　「健やかに伸び伸びと育つ」は、健康な心と体を育て、自ら健康で安全な生活をつくり出す力の基盤を培うことに関する内容である。「身体感覚が育ち、快適な環境に心地よさを感じる」

などの3つのねらいと、「保育士等の愛情豊かな受容の下で、生理的・心理的欲求を満たし、心地よく生活をする」「一人一人の発育に応じて、はう、立つ、歩くなど、十分に体を動かす」など、心身の欲求を満たすことや運動、食事、排泄、睡眠、清潔といった5つの内容から成る。また、これらの内容を保育士が行う際に留意すべきことがらとして、内容の取扱いでは、あたたかなふれあいのなかで心と体の発達を促すことや、食習慣の形成にあたってさまざまな食品に慣れるようにすることなどがあげられている。

### ❷「身近な人と気持ちが通じ合う」

「身近な人と気持ちが通じ合う」は、受容的・応答的な関わりのもとで、何かを伝えようとする意欲や身近なおとなとの信頼関係を育て、人と関わる力の基盤を培うことに関する内容である。主に現行の領域「言葉」「人間関係」の保育内容との連続性を意識して、「安心できる関係の下で、身近な人と共に過ごす喜びを感じる」などの3つのねらいと、「子どもからの働きかけを踏まえた、応答的な触れ合いや言葉がけによって、欲求が満たされ、安定感をもって過ごす」「体の動きや表情、発声、喃語等を優しく受け止めてもらい、保育士等とのやりとりを楽しむ」など、応答的なふれあいやことばかけにより心理的な安定を得ることや、ことばの理解や発語の意欲といった5つの内容から成る。

また、これらの内容を保育士が行う際に留意すべきことがらとして、内容の取扱いでは、子どもの多様な感情を受け止めてあたたかく受容的に関わることや、楽しい雰囲気のなかで積極的にことばのやりとりを楽しむことなどがあげられている。

### ❸「身近なものと関わり感性が育つ」

「身近なものと関わり感性が育つ」は、身近な環境に興味や好奇心をもって関わり、感じたことや考えたことを表現する力の基盤を培うことに関する内容である。主に現行の領域「表現」「環境」の保育内容との連続性を意識して、「身の回りのものに親しみ、様々なものに興味や関心をもつ」などの3つのねらいと、「身近な生活用具、玩具や絵本などが用意された中で、身の回りのものに対する興味や好奇心をもつ」「生活や遊びの

中で様々なものに触れ、音、形、色、手触りなどに気付き、感覚の働きを豊かにする」など、周囲のものへの好奇心や玩具を手指を使って遊ぶことといった5つの内容から成る。また、これらの内容を保育士が行う際に留意すべきことがらとして、内容の取扱いでは、玩具などは子どもの発達状態に応じて適切なものを選び、遊びをとおして感覚の発達が促されるよう工夫することや、子どもの表現しようとする意欲を積極的に受け止めることなどがあげられている。

なお、保育指針では、第2章の「1　乳児保育に関わるねらい及び内容」の「(3)　保育の実施に関わる配慮事項」として、乳児の特性に応じて、保健的な対応や特定の保育教諭等が応答的に関わる等の配慮が必要であるとしている。

## (2)　1歳以上3歳未満児の保育の内容

近年、1・2歳児の保育のニーズが高まり、量的にも拡大してきている。3歳未満児の保育所および幼保連携型認定こども園の利用率が増加しており、そのなかでも特に、1・2歳児の利用率の増加は著しい。厚生労働省の「保育所等関連状況取りまとめ(平成29〔2017〕年4月1日)」では、平成29年4月1日時点で、1・2歳児の保育所等(認定こども園、小規模保育施設含む)の利用率は、45.7%となっている。また、都市部を中心に深刻な社会問題となっている待機児童(平成29年で全国で2万6,081人)のうち、1・2歳児が約7割と大半を占めている。そのような背景もふまえ、平成29年3月告示の保育指針では、「1歳以上3歳未満児の保育に関するねらい及び内容」が新たに記載された。

「1歳以上3歳未満児の保育に関するねらい及び内容」は、3歳以上児と同様に、5領域に分けて記されている。保育指針および教育・保育要領では、「1歳以上3歳未満児の保育に関するねらい及び内容」の全般に関わる「基本的事項」のなかで、自分でできることが増えてくるこの時期の発達的特徴をふまえて、保育士(保育教諭)等は、「子どもの生活の安定を図りながら、自分でしようとする気持ちを尊重し、温かく見守るとともに、愛情豊かに、応答的に関わることが必要である」としている。1・2歳児の時期は、発達的に、自分の思いを強く主張し

たり、感情のコントロールがうまくできず泣いたり怒ったりする姿もよく見られるようになる。そのような時期だからこそ、保育士等があたたかく見守り、愛情豊かに応答的に関わることが重要といえる。

なお、1歳以上3歳未満のこの時期に特徴的な、激しく泣いたり怒ったり、かんしゃくを起こしたりする場合への対応については、領域「人間関係」の内容の取扱いにおいて、思い通りにいかない場合等の子どもの不安定な感情の表出については、保育士(保育教諭)等が「受容的に受け止めるとともに、そうした気持ちから立ち直る経験や感情をコントロールすることへの気付き等につなげていけるように援助すること」とある。

保育のねらい及び内容等は、3歳以上と同様に「健康」「人間関係」「環境」「言葉」「表現」の5領域でまとめられている。これらは、乳児期の保育や3歳以上児の保育と連続性をもちつつ、満1歳以上満3歳未満の発達の特性をふまえて示したものである。以下に保育指針に沿って、各領域のねらい、内容、内容の取扱いを述べる。

### ❶領域「健康」

領域「健康」は、「明るく伸び伸びと生活し、自分から体を動かすことを楽しむ」などの3つのねらいと、「保育士等の愛情豊かな受容の下で、安定感をもって生活をする」「食事や午睡、遊びと休息など、保育所における生活のリズムが形成される」などの7つの内容から成る。

また、これらの内容を保育士が行う際に留意すべきことがらとして、食事や排泄の習慣などに関する4つの内容の取扱いの事項が示されている。特にこの時期に開始される排泄の自立(トイレトレーニング)に関しては、「排泄の習慣に関しては、一人一人の排尿間隔を踏まえ、おむつが汚れていないときに便座に座らせるなどにより、少しずつ慣れさせるようにすること」と具体的に記している。

### ❷領域「人間関係」

領域「人間関係」は、「保育所での生活を楽しみ、身近な人と関わる心地よさを感じる」などの3つのねらいと、「保育士等や周囲の子ども等との安定した関係の中で、共に過ごす心地

よさを感じる」「保育士等の受容的・応答的な関わりの中で、欲求を適切に満たし、安定感をもって過ごす」などの6つの内容から成る。また、これらの内容を保育士が行う際に留意すべきことがらとして、友だちとの関わりなどに関する6つの内容の取扱いの事項が示されている。

### ❸領域「環境」

領域「環境」は、「身近な環境に親しみ、触れ合う中で、様々なものに興味や関心をもつ」などの3つのねらいと、「安全で活動しやすい環境での探索活動等を通して、見る、聞く、触れる、嗅ぐ、味わうなどの感覚の働きを豊かにする」「玩具、絵本、遊具などに興味をもち、それらを使った遊びを楽しむ」などの6つの内容から成る。また、これらの内容を保育士が行う際に留意すべきことがらとして、玩具の選び方や身近な生き物との関わりなどに関する3つの内容の取扱いの事項が示されている。

### ❹領域「言葉」

領域「言葉」は、「言葉遊びや言葉で表現する楽しさを感じる」などの3つのねらいと、「保育士等の応答的な関わりや話しかけにより、自ら言葉を使おうとする」「生活に必要な簡単な言葉に気付き、聞き分ける」などの7つの内容から成る。また、これらの内容を保育士が行う際に留意すべきことがらとして、ことばの発達に応じた遊びや関わりの工夫などに関する3つの内容の取扱いの事項が示されている。

### ❺領域「表現」

領域「表現」は、「身体の諸感覚の経験を豊かにし、様々な感覚を味わう」などの3つのねらいと、「水、砂、土、紙、粘土など様々な素材に触れて楽しむ」「音楽、リズムやそれに合わせた体の動きを楽しむ」などの6つの内容から成る。また、これらの内容を保育士が行う際に留意すべきことがらとして、諸感覚をはたらかせることを楽しむ遊びや素材を用意するとなどに関する4つの内容の取扱いの事項が示されている。

なお、保育指針では、第2章の「2 1歳以上3歳未満児の保

育に関わるねらい及び内容」の「(3) 保育の実施に関わる配慮事項」として、満1歳以上満3歳未満の特性に応じて行うべき配慮として、感染症にかかりやすい時期であることを考慮して心身の日常の状態の観察を十分に行い保健的な対応を心がけること、探索活動が十分できるように事故防止に努めながら全身を使う遊びなどさまざまな遊びを取り入れること、子どもが自分の感情や気持ちに気づく重要な時期であることから情緒の安定を図りながら自発的な活動を尊重し促すことなどをあげている。

## (3)　3歳以上児の保育内容

　3歳以上児の保育内容は、細かい文言等の違いはあっても、教育要領、保育指針、教育・保育要領で、5領域の「ねらい」「内容」「内容の取扱い」という構成やその内容において整合性が図られ、共通の保育内容をもつものとなっている。3歳以上児の5領域の「ねらい及び内容」は、乳児期および満1歳以上満3歳未満の子どもの保育の「ねらい及び内容」等との連続性をふまえてとらえることが重要である。

　保育指針では、「3歳以上児の保育に関するねらい及び内容」の全般に関わる「基本的事項」のなかで、この時期の運動、言語、社会性などの諸側面の発達をふまえて、個の成長と集団としての活動の充実が図られるようにしなければならないとしている。5領域の内容は従来の「ねらい及び内容」等を引き継ぎつつ、平成29(2017)年告示の保育指針では、保育の「ねらい及び内容」等においては、「幼児期の終わりまでに育ってほしい姿」や幼児教育の現代的課題等を反映した内容となっている。

### ❶領域「健康」

　領域「健康」は、「明るく伸び伸びと行動し、充実感を味わう」などの3つのねらいと、「保育士等や友達と触れ合い、安定感をもって行動する」「いろいろな遊びの中で十分に体を動かす」などの10の内容から成る。また、これらの内容を保育士が行う際に留意すべきことがらとして、自ら体を動かそうとする意欲が育つようにすることや基本的な生活習慣の形成な

ど、6つの内容の取扱いの事項が示されている。

平成29年告示の保育指針での領域「健康」の主な改訂点としては、ねらい③で、幼児期の終わりまでに育ってほしい姿の「健康な心と体」や「自立心」を反映して「見通しをもって行動する」、基本的生活習慣に関する内容の取扱い⑤で「次第に見通しをもって行動できるようにする」が新たに加わった。また、体を動かすことに関して内容の取扱い②で新たに「多様な動きを経験する中で、体の動きを調整するようにする」という文言が、食育に関して新たに内容⑤の「食べ物への興味や関心をもつ」という文言が新たに加わった。

### ❷領域「人間関係」

領域「人間関係」は、「保育所の生活を楽しみ、自分の力で行動することの充実感を味わう」などの3つのねらいと、「保育士等や友達と共に過ごすことの喜びを味わう」「自分で考え、自分で行動する」などの13の内容から成る。また、これらの内容を保育士が行う際に留意すべきことがらとして、ほかの子どもと協同して遊ぶことや道徳性や規範意識の芽ばえなどに関する6つの内容の取扱いの事項が示されている。

平成29年告示の保育指針での領域「人間関係」の主な改訂点としては、ねらい②で、幼児期の終わりまでに育ってほしい姿にあげられた「協同性」を反映して、「関わりを深め、工夫したり、協力したりして一緒に活動する楽しさを味わい」という文言が新たに加わった。また、近年、乳幼児期に育むことで生涯にわたって肯定的な影響を及ぼすとされるいわゆる「非認知的能力(「社会情動的スキル」)の重要性をふまえ、内容の取扱いの①において「諦めずにやり遂げることの達成感や、前向きな見通しをもって」という文言が新たに加わった。

### ❸領域「環境」

領域「環境」は、「身近な環境に親しみ、自然と触れ合う中で様々な事象に興味や関心をもつ」などの3つのねらいと、「自然に触れて生活し、その大きさ、美しさ、不思議さなどに気付く」「生活の中で、様々な物に触れ、その性質や仕組みに興味や関心をもつ」などの12の内容から成る。また、これらの内容を保育士が行う際に留意すべきことがらとして、自分なりに

考える過程を大切にすることや自然との関わりが深まるようにすることなどに関する5つの内容の取扱いの事項が示されている。

平成29年告示の保育指針での領域「環境」の主な改定点としては、内容⑥の「日常生活の中で、我が国や地域社会における様々な文化や伝統に親しむ」と、関連して内容の取扱い④が新たに加わり、わが国の伝統的な行事や遊び、異なる文化に触れる活動に親しむことをとおして「社会とのつながりの意識や国際理解の意識の芽生えなど」を養うこととされた。

### ❹領域「言葉」

領域「言葉」は、「自分の気持ちを言葉で表現する楽しさを味わう」などの3つのねらいと、「保育士等や友達の言葉や話に興味や関心をもち、親しみをもって聞いたり、話したりする」「したり、見たり、聞いたり、感じたり、考えたりなどしたことを自分なりに言葉で表現する」などの10の内容から成る。また、これらの内容を保育士が行う際に留意すべきことがらとして、ほかの子どもなどのことばを注意して聞くことなどをとおして、ことばによる伝え合いができるようにすることや、日常生活のなかで文字に対する興味や関心をもつようにすることなどに関する5つの内容の取扱いの事項が示されている。

平成29年告示の保育指針等での領域「言葉」の主な改訂点としては、ねらいの③で、ことばそのものへの興味・関心、感覚をより豊かにすることをめざし、「言葉に対する感覚を豊かに」するという文言と、これに関連して新たに内容の取扱い④が新たに加わった。

### ❺領域「表現」

領域「表現」は、「いろいろなものの美しさなどに対する豊かな感性をもつ」などの3つのねらいと、「生活の中で様々な音、形、色、手触り、動きなどに気付いたり、感じたりするなどして楽しむ」「生活の中で美しいものや心を動かす出来事に触れ、イメージを豊かにする」などの8つの内容から成る。また、これらの内容を保育士が行う際に留意すべきことがらとして、子どもが生活のなかで子どもらしいさまざまな表現を楽しむようにすることや、ほかの子どもの表現に触れられる配慮や

表現する過程を大切にすることなどに関する、3つの内容の取扱いの事項が示されている。

平成29年告示の保育指針での領域「表現」の主な改定点としては、内容の取扱い①で「その際、風の音や雨の音、身近にある草や花の形や色など自然の中にある音、形、色などに気付くようにすること」という文言が新たに加わった。これにより、子どもの豊かな感性を育む身近な環境との関わりのなかでも、特に身近で自然のなかにある音や形、色などへの気づきを促している。

なお、保育指針、教育・保育要領では、3歳以上児の保育内容は年齢別に区分していないが、実際には、各園において、子ども・家庭・地域の実態や園の理念・教育目標等をふまえて作成した教育課程等を含む全体的な計画、およびそれに基づく指導計画において、学年(年齢)ごとの保育のねらいや内容が考慮され、実践されている。

第 2 節

# 保育内容の総合的指導

## 1 保育の方法

保育指針では、保育の方法について、「第1章　総則」の「1 保育所保育に関する基本原則」において次のようにある。

保育所保育指針　第1章　総則
1　保育所保育に関する基本原則
⑶　保育の方法
　ア　一人一人の子どもの状況や家庭及び地域社会での
　　　生活の実態を把握するとともに、子どもが安心感と
　　　信頼感をもって活動できるよう、子どもの主体とし
　　　て思いや願いを受け止めること。

## (1)　保育の方法的特質

　このうち、「(3)　保育の方法」「オ　子どもが自発的・意欲的に関われるような環境を構成し、子どもの主体的な活動や子ども相互の関わりを大切にすること。特に、乳幼児期にふさわしい体験が得られるように、生活や遊びを通して総合的に保育すること」とあるように、保育内容は個々に独立して展開されるものではなく、生活や遊びをとおして総合的に指導される点に、保育の特質がある。

　この保育の方法的特質は、乳幼児期の発達のあり方と密接に関連している。保育指針解説では、上記の「第1章　総則」の「1　保育の基本原則」の「(3)　保育の方法」のオについて、「子どもの発達は、様々な生活や遊びの経験が相互に関連し合い、積み重ねられていくことにより促される。また、ある一つの生活や遊びの体験の中でも、様々な発達の側面が連動している。子どもの諸能力は生活や遊びを通して別々に発達していくのではなく、相互に関連し合い、総合的に発達していく」とあ

る。乳幼児期の発達の諸側面が一つの場面や活動のなかで相互に関連し合って発達していくことから、保育の方法は、領域（乳児保育では視点）を養護との一体性をふまえながら、総合的に保育することが求められているのである。

## (2) 具体的な活動

実際の保育所等における子どもの具体的な活動においては、複数の視点（乳児保育）や、領域（1歳以上3歳未満児の保育、3歳以上児の保育）の内容がおのずから関連し合って展開している。例えば、2歳児クラスの子どもたちが保育所の園庭や近隣の公園で遊ぶ場合を考えてみる。

日光や外気の気持ちよさを感じながら、走ったり、車の遊具にまたがって動かしたり、滑り台を滑ったりすることは、領域「健康」の内容「③走る、跳ぶ、登る、押す、引っ張るなど全身を使う遊びを楽しむ」にあたる。その際に、側で見守る保育士に自分の姿を見てもらうことで満足したり、保育士等に手伝ってもらって遊んだりする姿は領域「人間関係」の内容の「①保育士等や周囲の子ども等との安定した関係の中で、共に過ごす心地よさを感じる」にあたる。

さらに、戸外で活動するなかで地面にはうアリを見つけ、アリをつかもうとしたり、アリを眺めたりすることは、領域「環境」の内容「⑤身近な生き物に気付き、親しみをもつ」にあたる。同時に、そこで保育士等の「アリさんいたねぇ」ということばかけに呼応して「あ、アリさん！」と発見したことをことばで伝えることは、領域「言葉」の内容「①保育士等の応答的な関わりや話しかけにより、自ら言葉を使おうとする」にあたる。そして、これら以外にも、2歳児が園庭や公園で遊ぶなかでは、さまざまな領域の内容が同時に関連し合いながら展開している。

## 2 保育を支える保育環境の重要性

保育指針「第1章 総則」の「1 保育所保育に関する基本原則」の「(1) 保育所の役割」では、イにおいて、保育所の保育は環境をとおして行うものであるとしている。保育所の日々

の保育のなかで、子どもが身近な人や物などの環境からの刺激を受けたり、それに関わったりすることの積み重ねが、子どもの発達に必要な経験につながるのである。また、前項で触れた保育指針の「⑶ 保育の方法」のオには、「子どもが自発的・意欲的に関われるような環境を構成し」とある。生活や遊びをとおして総合的に保育するためには、子どもの発達段階や興味・関心に即した、子ども自らが関わりたくなるような環境が非常に重要となる。生活や遊びにおける具体的な活動をとおしてその保育が充実するためには、保育士等が子どもの発達段階や発達過程をふまえて計画的に環境を構成するとともに、子どもの実態に即して環境を柔軟に再構成することが求められる。

これに関連して、保育の環境については、保育指針の「第1章 総則」の「1 保育所保育に関する基本原則」において下記のようにある。

---

保育所保育指針 第1章 総則

1 保育所保育に関する基本原則

⑷ 保育の環境

保育の環境には、保育士等や子どもなどの人的環境、施設や遊具などの物的環境、更には自然や社会の事象などがある。保育所は、こうした人、物、場などの環境が相互に関連し合い、子どもの生活が豊かなものとなるよう、次の事項に留意しつつ、計画的に環境を構成し、工夫して保育しなければならない。

ア 子ども自らが環境に関わり、自発的に活動し、様々な経験を積んでいくことができるようにすること。

イ 子どもの活動が豊かに展開されるよう、保育所の設備や環境を整え、保育所の保健的環境や安全の確保などに努めること。

ウ 保育室は、温かな親しみとくつろぎの場となるとともに、生き生きと活動できる場となるように配慮すること。

エ 子どもが人と関わる力を育てていくため、子ども自らが周囲の子どもや大人と関わっていくことができる環境を整えること。

---

このように、保育の環境には、多面的な側面から留意して構成することが求められている。保健や安全面に配慮し、「温かな親しみとくつろぎの場」であることと、「生き生きと活動できる場」であることの両方が求められている。単に設備や物品が揃っていればよいというものではなく、その環境に子どもが関わり、自発的に活動し、さまざまな経験を積んでいくことができるものではなくてはならない。さらに、周囲の子どもやおとなとの関わりも生まれることが求められている。

## 第3節

# 保育における観察と記録

日々の保育内容を充実させ、その指導を子どもの実態や保育のねらいに即した適切なものとするためには、保育士等の継続的な研修が必要となる。保育指針の「第1章　総則」の「3　保育の計画及び評価」の「⑷　保育内容等の評価」では、保育士等の自己評価について、下記のようにある。

> 保育所保育指針　第1章　総則
> 3　保育の計画及び評価
> ⑷　保育内容等の評価
> 　ア　保育士等の自己評価
> 　　（ア）　保育士等は、保育の計画や保育の記録を通して、自らの実践を振り返り、自己評価することを通して、その専門性の向上や保育実践の改善に務めなければならない。
> 　　（イ）　保育士等による自己評価に当たっては、子どもの活動内容やその結果だけでなく、子どもの心の育ちや意欲、取り組む過程などにも十分配慮するよう留意すること。
> 　　（ウ）　保育士等は、自己評価における自らの保育実践の振り返りや職員相互の話し合い等を通じて、専門性の向上及び保育の質の向上のた

　「ア　保育士等の自己評価」の(ア)にあるように、保育士等
が自分自身の保育を振り返り、それを反省・評価し、改善して
いくためには、その方策として保育の記録が必要不可欠であ
る。また、その前提として保育を見ること、すなわち保育の観
察も同様に必要不可欠となる。

　以下では、保育の観察、保育の記録について、その具体的な
実践の仕方等を述べる。

## 1　保育の観察

### (1)　保育士の保育の観察

　保育士等は日々の保育では、多くの時間を子どもとの関わり
に費やしており、直接関わらずとも子どものようすを見守りな
がら間接的な援助を行っている。したがって、保育士等が、
「観察に徹する」というかたちで子どもと一定の距離を取り、
客観的に子どものようすを見るという形態での観察は少ないと
いえる。また、保育士等が行う保育の観察は、子どもと直接
的、間接的に観察対象と交流しながらの「参加観察」もしくは
「参与観察」の形態であえるともいえる。

　保育士等が保育の観察をする場合、どのような観点をもち、
どのような姿勢で観察するべきかは、前ページの保育指針の
「ア　保育士等の自己評価」の(イ)に関連する。(イ)では、「子
どもの活動内容やその結果」とあるように、単にどのような活
動をしているかではなく、その活動において一人ひとりの子ど
もがどのような心情や意欲で取り組んでいるか、取り組む過程
においてどのような姿や姿の変容があったかに注目する必要が
ある。

### (2)　子どもの内面の育ちをとらえる

　保育指針解説では、この「ア　保育士等の自己評価」に関す

る「自己評価における子どもの育ちを捉える視点」として、「発達には個人差があること、できることとできないことだけでなく、子どもの心の動きや物事に対する意欲など内面の育ちを捉えること」の重要性を指摘している。

例えば、他の子どもとの間で物の取り合いによるいざこざが多い3歳児がいた場合、その子どものいざこざの多さだけに注目したり、原因をその子どもの我慢する力の弱さなどに帰したりしては、子どもの姿のとらえ方としては偏りがあり、浅いものになってしまう。いざこざの原因は何か、いざこざのなかでその子どもはどんなようすで自分の気持ちを主張しているのか、いざこざのなかでその子なりに折り合いをつけようとしている姿はあるかなどを、ていねいにとらえる必要がある。

大好きな電車の遊具をたくさん並べて使いたいという気持ちから、電車の遊具の取り合いになってしまったのであれば、それを「我慢する力の無さ」が表れた姿だととらえるのではなく、「好きな遊びを見つけ集中する」姿や「遊びのなかでイメージを実現しようとする」姿としてもとらえることで、その子どものよさや育ちが見えてくるといえる。

また、ほかの子どもの持っている遊具を無言で奪い取っていた子どもが、いざこざの経験などを経て「かして」「ちょうだい」「使いたいの」とことばを発するようになったとしたら、結果としていざこざが生じたとしても、その過程には、ことばで自分の気持ちを表現する、相手の了解を得ようとするという「育ちつつある姿」が現れているといえる。

さらに、保育指針解説では、「子ども同士及び保育士等との関係など、周囲の環境との関わり方も視野に入れて捉える」「必要に応じて、それまでの生育歴や保育歴、家庭や地域社会での生活の実態などにも目を配る」ことも重視している。子どもの行動は、子どもを取り巻く人間関係や環境のなかで生じるものである。また、さらには生育歴などとも深く関わっている。したがって、子どもの行動を周囲の人間関係、環境などさまざまな関係のなかでとらえることにより、その行動の意味がより深く、より適切に理解されるようになる。また、そのことが保育の改善にも生かされるのである。

先にあげたほかの子どもとの間で物の取り合いによるいざこざが多い3歳児を例に考えると、いざこざが頻繁になりはじめ

た時期に、その子どもの母親が弟妹を出産した時期と重なるなどしていたとする。そうであった場合には、その子どものいざこざの多さの背景には、きょうだいの誕生という家庭環境の変化による「退行（赤ちゃん返り）」の心情があると考えることもできる。

## 2 保育の記録

### （1） 保育記録の意義

前述の「ア　保育士等の自己評価」で「（ア）保育士等は、保育の計画や保育の記録を通して、自らの実践を振り返り、自己評価することを通して、その専門性の向上や保育実践の改善に努めなければならない」とあるように、保育の記録（以下、保育記録）は、保育士等の専門性の向上と保育実践の改善にとって要となるものである。

今井は、保育記録を「なぜ書くか？」という問いについて、保育記録の意義を3点指摘している[*1]。

1点めは、「子どもの実態を把握し適切な援助につなげるため」である。2点めは、「書くことで『第三の視点』が生まれ客観視できるようになる」ことである。3点めは、「記録によって子どもの行為の意味や内面を理解する」ことである。また、今井は、保育の記録の意義として、文章化により自分の考えをほかの人と共有しやすくなり、保育の日常を園の職員同士で共有できることも指摘している。

また、河邉は、「保育に生きる記録の特徴」として、「記録が次の保育構想につながること」「記録することによって自分の保育に対する枠組みを自覚し、広げること」の2点を指摘している[*2]。

これら今井や河邉の指摘から、保育記録の意義は、子ども理解、保育や保育観の自覚化および客観視、保育実践の改善、組織における保育の共有の4点にまとめることができる。

## (2) 保育記録の形式

　保育記録の形式等はひとつの決まったものがあるわけではなく、個人や組織等によってさまざまな形式等がある。日案や週案といった短期指導計画のなかに保育の反省・評価として記録を書き込む形式になっている場合もあれば、保育日誌として指導案とは別に保育記録を書く場合もある。個々の幼児については別途記録用紙等を設けて、重要であると感じられたことがらを随時記入している場合もある。

　また、保育記録は文章だけでなく図や画像を取り入れることで、より具体的でわかりやすいものにすることもできる。図を活用した保育記録としては、保育室等の保育環境を俯瞰的に図式化した保育環境図に保育記録を書き込む「保育マップ記録」*3 の形式がある。また、保育中の子どもの姿をとらえた画像を含めて、子ども一人ひとりの学びの記録をファイル等に綴じる「ポートフォリオ」や「ラーニングストーリー」等の形式も近年広がりつつある。これらの画像を取り入れた保育の記録は、保育士等が自分の保育を振り返るというだけでなく、それを保育室内に掲示したり、保護者に閲覧してもらったりして、保育者と子ども、さらに保護者も含めて、子どもの成長や保育の方針や内容を共有するという機能を果たすといえる。

## (3) 保育記録の書き方

　保育記録の形式に関わらず保育記録には、ある程度正確で厚みのある記録が求められるといえる。しかし、同時に、保育記録の執筆にともなう負担感も考慮する必要があり、無理なく確実に執筆できる形式や分量、また執筆できる時間等の確保・保障が必要となる。

　保育記録では、1日のできごとすべてを網羅し、それらを羅列するように書くのではなく、その日や週などの保育のねらいや内容をふまえて、特に印象に残ったできごとや保育の改善に必要なことを取捨選択して書く必要がある。その際、記述された場面について、その場面を直接見ていない第三者にもある程度できごとの経過や子どもの心情等が理解できる具体性が必要となる。

また、保育記録の執筆においては、事実と解釈を分けて書くことが重要となる。例えば、2歳児クラスの幼児について、「登園して保護者と離れた後、担任保育士に抱っこされながらも30分程度泣き続けていたが、電車の遊具に誘うと少しずつ泣き止んだ。連休明けで保護者と別れることの不安から泣いていたと思われるが、以前遊んだ電車の遊具で遊んだことで気持ちが落ち着いてきたのかもしれない」という記録があったとする。この記録の前半の「登園して保護者と離れた後、担任保育士に抱っこされながらも30分程度泣き続けていたが、電車の遊具に誘うと少しずつ泣き止んだ」は、幼児の姿の客観的な事実である。一方で、後半の「連休明けで…（中略）…気持ちが落ち着いてきたのかもしれない」は、保育者が状況や以前の姿を手がかりに幼児の気持ちを推察した解釈である。同じひとつの事実に対して、さまざまな解釈がありうる。また時には、事実そのものの見方さえも複数の人々の間で異なる場合もある。

　そうしたさまざまな解釈や見方には、保育士等の子どもとの関係性や、過去の子どもの経験についての知識、家庭からの情報、保育観や発達観などが反映されている。特に、保育観や発達観は、自覚しないまま無意識のうちに保育士等の保育の見方に影響を与えている可能性がある。したがって、保育記録において事実と解釈を分けて書くことは、保育士等が自分自身の保育観や発達観などを自覚化したり、自分の解釈および実践の根拠を見つめ直したりすることにもつながるといえる。

　なお、保育記録には個々の子どもやその家庭の個人的情報が含まれるものである。したがって、保育記録の取り扱いにあたっては、保育指針の「第1章　総則」の「1　保育所保育に関する基本原則」の「(5)　保育所の社会的責任」の「ウ　保育所は、入所する子ども等の個人情報を適切に取り扱うとともに、保護者の苦情などに対し、その解決を図るように努めなければならない」を常に意識して取り組む必要がある。

**学習のふりかえり**

**1** 乳児の保育内容は、「健やかにのびのびと育つ」、「身近な人と気持ちが通じ合う」、「身近なものと関わり感性が育つ」の3つの視点で記されている。

**2** 1歳以上3歳未満児及び3歳以上児の保育内容は、「健康」「人間関係」「環境」「言葉」「表現」の5領域で記されている。

**3** 乳幼児期には、発達の諸側面が一つの場面や活動のなかで相互に関連し合って発達していくことから、領域（乳児保育では視点）を、養護一体となって、総合的に保育することが求められる。

**4** 保育士等が自分自身の保育を振り返り、それを反省・評価し、改善していくためには、その方策として保育の記録が必要不可欠である。

**5** 保育記録の意義は、子ども理解、保育や保育観の自覚化および客観視、保育実践の改善、組織における保育の共有である。

**引用文献：**
＊1. 今井和子『保育を変える　記録の書き方　評価のしかた』ひとなる書房、2009年、12〜13頁。
＊2. 河邉貴子『遊びを中心とした保育─保育記録から読み解く「援助」と「展開」』萌文書林、2005年、53頁。
＊3. 河邉貴子「明日の保育の構想につながる記録のあり方〜「保育マップ型記録」の有用性〜」『保育学研究』第46巻第2号、日本保育学会、2008年、109〜120頁。

**参考文献：**
4. 丸亀ひまわり保育園・松井剛太『子どもの育ちを保護者とともに喜び合うラーニングストーリー　はじめの一歩』ひとなる書房、2018年。
5. 厚生労働省社会保障審議会児童部会保育専門委員会「保育所保育指針の改定に関する議論のとりまとめ」、2016年。
6. 厚生労働省「保育所等関連状況取りまとめ（平成29年4月1日）」、2017年。

# I 保育専門職
〈実習前に学ぶ理論〉

## 第4章

# 保育の計画
# および評価

### 学習のポイント

保育は、人を育てる営みである。乳児期から幼児期の子どもの発達に合わせて、「どのようなことをどのように育てるか」は、各園の保育理念や保育方針のもとに、一人ひとりの保育者が目の前の子どもに向き合いながら常に意識しておかなければならない。遊んでいるように見える裏側には、保育の計画がきちんと考えられており、それによって保育の質が保障されているのである。

日々の保育をより充実したものにするために、どのような計画を立て、保育中に子どもの姿を意図的に理解し、それをもとにどのように自己評価するのかについての専門的知識や技能が求められている。そのため、本章では、保育の内容の充実と質の向上を支える保育の計画および評価の考え方などについて学習する。特に、具体的な園の指導計画をもとに検討することを通して「保育の計画と評価の意義」「子どもの理解に基づく保育の過程」の基本的な事項についての理解を深めていく。

# 保育の計画と評価の基本

## 1　保育の計画と評価の基本となる考え方

### (1) 日々の保育には計画がある

　園における日々の保育は、無計画に行われているわけではなく、意図的・計画的に行われている。一見、ただ遊んでいるように見えたり、先生と絵を描いたり、何かをつくったり、歌を歌っているだけのように見えたりするが、その裏側には保育を計画し、自己評価しながら日々の保育を行っているのである。

　例えば、表Ⅰ-4-1は、ある園の4歳児の指導計画(日案)である。表Ⅰ-4-1をみると、大きな区分としては「子どもの姿」「ねらい」「内容」「展開」「評価の観点」から構成されている。

　「展開」の部分をみると、9時40分から1時間ほど「好きな遊びをする」と書かれている。さらに、「トンネルづくり」「泥だんごづくり」「泥温泉づくり」「お山づくり」「穴掘り」「工事遊び」「ケーキづくり」「どんぐり投げ」「的当て」「ダンス」「ポンポンづくり」という遊びが書かれている。これは、この順のこの流れで子どもたちが遊びを1時間で行うというわけではなく、ここに書かれた遊びを子どもたちが主体的に自分の好きな遊びを選んで遊ぶということを意味している。ずっとトンネルづくりにこだわって遊び続ける子どももいるだろうし、ダンスをしたり、ポンポンをつくったり、さらには、ドングリ投げで遊んだりといくつかの遊びを経験していく子どももいるだろう。

　このように1日(午前中)の園生活においても、どのような「ねらい」のもとで、どのような「内容」を子どもたちが経験するのか、その内容を経験するために具体的にどのような遊びをするのかといったことを計画して、日々の保育を行っているのである。

表Ⅰ-4-1　4歳児　指導計画（日案）

---

### 4歳児　指導計画（日案）　　10月26日（金）

あじさい組　25名（男児9名　女児16名）

**子どもの姿**

　運動会後に、運動場に築山ができた。見たときから早く遊びたいと言って興味をもっていた。走って築山を上り下りすることや、山や泥だんごをつくること、手で穴を掘ること、土で手や足を埋めること、築山に寝転がることなど、それぞれしたいことを楽しんでいる。掘った穴をつなげてトンネルにしたいこと、深く掘るためにはスコップがいること、泥だんごを固めるために白いさら砂がいること、裸足で遊ぶなかで、冷たいところとあたたかいところがあること、手や足を埋めると冷たいこと、サラサラして気持ちがいいこと、固いところと柔らかいところがあることなど、気づいたことやしたいことを話し合っている。

　また、運動会で踊ったダンスや、他学年のダンス、かけっこ、虫探しなども楽しんでいる。

　散歩に行って拾った、どんぐりやまつぼっくり、枝などを使って、どんぐりのカーテンや的当て、どんぐりごま、どんぐり投げをしたり、ままごとで使ったりしたいと話し合っている。

**ねらい**　○秋の自然物や廃材、体育遊具などを使い、友だちと考えたり協力したりしながら好きな遊びを楽しむ。
　　　　　○話し合うことで、友だちがどんな遊びをしているのか知ったり、困ったことを一緒に考えたりする。

**内　容**　・秋の自然物や廃材を使ってケーキづくりやポンポンづくり、どんぐりころがしづくり、泥だんごづくり、泥温泉づくりなど、好きな遊びをする。
　　　　　・楽しかったことや困ったことを聞いたりして、思いを伝え合う。

**展　開**

| 時　間 | 環境構成 | 予想される子どもの活動 | 保育者の援助・配慮（△） |
|---|---|---|---|
| 9：30 | ○いすを円に並べて、話している人が見えやすいようにする。<br>○配慮が必要なA児、B児は、いすの場所を保育者に近いところにすることで話し合いに参加しやすいようにする。 | ○今日の遊びについて話をする。<br>・今日はどんな遊びをしたいか<br>・遊びの続きを聞いて確認する<br>・どんな物を使うか | △今日の遊びについて、昨日の遊びの続きや、したい遊び、使う物など、自分の思いを話すことで目的をもって遊べるようにする。<br>△友達の話を聞けるように、必要に応じて声を掛ける。<br>△個別の対応が必要なA児B児には、再度どんな遊びがしたいか聞き、遊びの目的がもてるようにする。 |
| 9：40 | ○必要な物を取りやすいところに置いておく。<br>（どんぐり、まつぼっくり、枝、砂場用玩具、空カップ、空パック、空トレイ、トイレットペーパーの芯、缶、画用紙、ペン、鉛筆、セロハンテープ、ガムテープ、ゴミ箱、スズランテープ、バトンなど）<br>○子どもたちで水を入れられるようにバケツを置いておく。 | ○好きな遊びをする。<br><br>・トンネルづくり<br><br>・泥だんごづくり<br><br>・泥温泉づくり<br><br>・お山づくり<br><br>・穴掘り<br><br>・工事遊び | △危険なことがないように見守る。<br>△困っている時は、子どもの考えを引き出せるように話を聞いたり、時に遊びのヒントになるような言葉掛けをしたりすることで、子どもが新しい考えやイメージが浮かびやすいようにする。<br>△見回りながら、保育者も面白さを共有したり考えたことなどを認めたりして、楽しく遊べるようにする。 |

| 時刻 | 環境構成 | 子どもの活動 | 保育者の援助・配慮 |
|---|---|---|---|
| | ○ダンスで使えるように、CDデッキや延長コード、CD、ポンポンなどを用意しておく。<br>○全体が把握できたり、遊びのようすや子どもたちの発見やつぶやきを受け止めたりできるように、保育者の立ち位置を相談して決めておく。<br>○救急セットをウッドデッキに出しておく。 | ・ケーキづくり<br><br>・どんぐり投げ<br><br>・的当て<br><br>・ダンス<br><br>・ポンポンづくり | △A児B児には、時折声を掛けたり必要に応じて一緒に遊んだりすることで、より楽しさを味わえるようにする。<br>△友達同士で思いがぶつかった時は、必要に応じて仲介に入り、お互いの思いを聞いて知ることで、話し合い納得して解決できるようにする。 |
| 10:30 | ○つくった泥だんごなどを置いておけるような入れ物を用意する。<br><br>○種類別に分けて片付けられるように箱などを置いておく。<br><br>○水を入れたタライ、足ふきマットを用意しておく。 | ○片付けをする。<br>・道具類は元の場所に戻す。<br>・汚れているものはバケツで洗ってから片付ける。<br>・置いておきたいものは、箱に入れて置いておく。<br>・足や手を洗う。 | △汚れている物は洗い、種類別に道具類を片付けられるように、必要に応じて知らせていく。<br>△協力して片付けていたり、積極的に片付けたりする姿を十分認めることで、他児にも広める。<br>△A児、B児には、片付けを進めていけるように、こまめに声をかけたり、一緒に片付けたりする。<br>△まだ遊びたい気持ちを受け入れつつ、また来週遊ぶことを楽しみにできるような声かけをして、片付けができるようにする。 |
| 10:40 | ○話している人のほうを向いて、話し合いに集中できるようにする。<br><br>○質問の時間をつくり、友だちの遊びに興味をもったり、子ども同士で話ができたりする機会を設ける。 | ○きょうの遊びの振り返りをする。<br>・楽しかったところ<br>・考えたところ<br>・どうやって遊んだか<br>・困ったこと<br>　　　　　　　　　など | △きょうの遊びを振り返り、楽しかったことや考えたところ、工夫したところなどを認め、満足感が味わえるようにする。<br>△自分の思いを言ったり、友だちの話を聞いたりしている姿を認め、自信につながるようにする。必要に応じて、補足をしたり一緒に言ったりすることで、全体にわかりやすく伝わるようにする。<br>△思いや考えを伝え合うことで、友だちの遊びにも興味をもったり、よいところを認め合ったりできるようにする。また、これからの遊びに生かせるようにする。<br>△困っていることがあれば、全体で話をして解決できる方法が見つけられるようにする。<br>△また来週も遊びを楽しみにできるよう話をして期待をもてるようにする。 |
| 11:00 | | | |
| 評価の観点 | ○友だちと考えたり協力したりしながら遊びを楽しめていたか。<br>○自分の思いを言ったり、友達の話を聞いたりして思いを伝え合っていたか。 | | |

出典：つまこども園（兵庫県西脇市、私立）

## (2) カリキュラムの基礎理論

### ❶カリキュラムということばの意味

　保育所に限らず、小学校や大学、おけいこ事や塾などで保育の計画、授業計画、レッスン計画、学習計画などをカリキュラムと呼ぶことがある。今日の1日のカリキュラムという使われ方よりも、一定の期間のなかで学ぶことなどを整理したものをカリキュラムと呼ぶことが多いが、あらためてカリキュラムとはどのような意味なのだろうか。

　そこで、「カリキュラム」(curriculum)ということばについての理解を深める。カリキュラムということばは、もともと「走る」(クレレ：currere)というラテン語からきたことばであり、「走るコース」「走路」という意味がある。それが近代の学校教育制度が確立していくなかで、学習計画・教育計画等の意味で使われるようになり、日本国内では「教育課程」とも訳されるようになった。そのため、ある1日の流れや学習計画というよりも、一定の期間の流れや学習計画などをさすことが多くなった。

### ❷カリキュラムの類型—教科カリキュラムと経験カリキュラム

　カリキュラムには、大きく2つ「教科カリキュラム」と「経験カリキュラム」の類型がある。

### 1) 教科カリキュラム

　例えば、小学校等の教育のように、各教科の学習内容を系統的に学ぶためのカリキュラムが編成されたものが「教科カリキュラム」である。各教科のなかで学ぶことが必要とされる客観的な知識や、各教科のなかで身に付けていくことが必要とされる技術について習得していけるように、系統的に学習内容や目標が設定されているのが、「教科カリキュラム」の特徴である。そのため小学校においては、国語や算数、体育といった各教科の目標のもとに、各学年の目標も設定されており、1年生から6年生まで系統的に学習目標や内容が積み重ねられていくようなカリキュラムになっている。

　幼児の場合も、そのように子どもの活動の系統性を重視して、どのような活動を、どのように配列していくと、各年齢の

発達に応じて適切に教育が行われるかを検討し編成したものである。

「教科カリキュラム」の利点は、前述のように保育者が教える内容や活動内容を選択するので、効率的に系統的に進めていくことができる点である。しかし、その反面、子どもの興味や関心から必ずしもはじまるわけではないので、子どもにとっての動機付けのむずかしさが課題となる。そのため、教える内容や活動内容と、子どもの興味・関心をどのように結び付けていくかの指導上の工夫が必要となってくる。

### 2) 経験カリキュラム

他方、保育者が教える内容や活動内容を選択するのではなく、子どもの興味や生活体験を重視し、こうしたい、これは何だろう、もっとこうしたらこの遊びがおもしろくなるかも、と子ども自身が主体的に活動に取り組むことを重視したのが「経験カリキュラム」である。一般的に、幼児期の教育・保育はそのような経験カリキュラムとして編成されていることが多い。

表Ⅰ-4-1の4歳児の指導計画（日案）は、「秋の自然物や廃材、体育遊具などを使い、友だちと考えたり協力したりしながら好きな遊びを楽しむ」「話し合うことで、友だちがどんな遊びをしているのか知ったり、困ったことを一緒に考えたりする」という2つのねらいのもとで、「トンネルづくり」「泥だんごづくり」「泥温泉づくり」「お山づくり」「穴掘り」「工事遊び」「ケーキづくり」「どんぐり投げ」「的当て」「ダンス」「ポンポンづくり」などの遊びを行うとしている。子どもたちが主体的に遊びを選択し、友だちと「トンネルづくり」や「工事遊び」を進めていくなかで、「友だちと考えたり協力したりしながら好きな遊び」を楽しんだり、「話し合うことで、友だちがどんな遊びをしているのか知ったり、困ったことを一緒に考えたりする」という経験を積み重ねていけるように意図しているととらえれば、これは「経験カリキュラム」として位置づけられるであろう。

「経験カリキュラム」と「教科カリキュラム」は、ある意味対極にあると考えられ、「経験カリキュラム」の利点は、子どもの興味・関心から始まり、やりたいという思い（内発的動機付け）が喚起されやすい点である。しかし、その反面、保育者

が教える内容や活動内容を決めるわけではないので、保育者にとって子どもの成長に必要だと思っていることが、経験できない可能性もある。例えば、表Ⅰ-4-1の場合、一人でこつこつと「泥だんごづくり」や「ケーキづくり」を楽しんでいる子どもがいるときに、子どものやりたいという思いは満たされているが、保育者にとって子どもの成長に必要だと思っていること（例えば、「友だちと、考えたり協力したりしながら好きな遊びを楽しむ」ということ）はこの日に経験できていないかもしれない。

そのため、幼児期の教育が「環境を通して行う」ことが基本となっているので、その時期に育てたいことや経験してほしいことを環境構成のなかに含ませて、子どもの主体的な活動をとおして、それらが経験していけるように環境構成の工夫が必要となってくる。また、保育者が「友だちと考えたり協力したり」ということに誘うようにはたらきかけたり、その子の遊びのおもしろさやこだわりを他児に伝えて行ったりする必要がある。

### ❸スコープとシークエンス

「教科カリキュラム」でも「経験カリキュラム」でも、必ずめざしていく目標がある。そこで、カリキュラムを編成する際、「スコープ」（Scope:学習の範囲や領域）と「シークエンス」（sequence:序列・順序）を考える必要がある。その目標に近づくあるいは達成していくために、「何を学んだり、何を経験する必要があるか」というスコープと、「どのような順序でそれを学んだり、経験していくのか」というシークエンスを考えてカリキュラムが編成される。ある1日のなかでスコープやシークエンスを検討し1回のなかで完結するという場合もあるが、多くの場合、一定の期間をとおして検討していく必要がある。

例えば、小学校では学習指導要領に示されているように、「どのような知識や技能を獲得させたいか」「どのような思考力を育てたいか」「生きていく力としてどのような力を付けさせたいか」というように小学校教育の目標があり、各教科の単元ごとにも目標が示されている。その目標を達成していくために、「何を教えるのか」「どのように教えるのか」「その順序はどうするか」といったことを考える必要がある。「何を教えるか」

「何を育てるか」「どんな力をつけていくか」といった学習の範囲や領域がスコープである。それらをどのような順序で積みあげていくかを示したものがシークエンスである。

　幼児期のカリキュラム編成の場合、三法令に「保育の目標」や「資質・能力」「5領域のねらい」「幼児期の終わりまでに育って欲しい姿」等が示されている。それとともに、各園の保育目標・教育目標をふまえてスコープを検討し、そこからそれらの育ちや経験をどのように積み上げていくのかをシークエンスとして検討していく必要がある。

　その日1日の保育の展開である表Ⅰ-4-1の場合で、その考えを当てはめてみると、具体的な遊びの範囲は「トンネルづくり」「泥だんごづくり」「泥温泉づくり」「お山づくり」「穴掘り」「工事遊び」「ケーキづくり」「どんぐり投げ」「的当て」「ダンス」「ポンポンづくり」などである。これらは、「5領域のねらいや内容とどの項目が関連しているのだろうか」「資質・能力の育ちとどのように関連があるのだろうか」と考えることは、スコープを考えていくことにつながる。また、その日にいきなり「泥温泉づくり」や「どんぐり投げ」がはじまるわけではなく、それまでの子どもたちの遊びの経験の積み重ねがあり、はじまりはもっと素朴な遊びだったと想像できる。また、その後の保育の展開のなかで「どのような資質・能力の育ち」が生まれ、「5領域のねらいや内容とどの項目が関連しながら展開していくのだろうか」のように時間軸をとおして、子どもの経験や育ちを考えることは、シークエンスを考えることにもつながる。

　保育所等でのカリキュラムの編成に際しては、そのようなスコープとシークエンスを園生活の長期の時間軸のなかで考えていく必要がある。

## (3)計画と評価・改善のサイクル

　次に「評価」ということについて考える。一般的に「評価」というと、「できる・できない」「○点」「あの人は優しい」のように評定したり、価値付けるようなイメージもあることばだが、ここでいう評価とはそのような意味ではない。

　例えば、表Ⅰ-4-1をよくみると、この日の「ねらい」と「評価の観点」が対応していることに気づくだろうか。「友だちと

考えたり協力したりしながら好きな遊びを楽しむ」というねらいに対して、「友だちと考えたり協力したりしながら遊びを楽しめていたか」という評価の観点が示されている。つまり、保育者自身が立てた「ねらい」に対して、そのねらいが実現できたのかどうかを振り返って、判断することが「評価」ということばの意味である。そのときに「何を評価するのか」について、表Ⅰ-4-1では「評価の観点」として示されている。

このように計画と評価は一体的なものである。指導計画のなかに「ねらい」があり、そのねらいに対して実際の保育の展開や子どものようすがどうだったのかを「評価する」ことが、保育の営みの基本サイクルである。

保育所保育指針(以下、保育指針)の「第1章 総則」には、「3 保育の計画及び評価」が位置づけられている。そこには、日々の保育を行うにあたって、保育者はその日の保育を振り返り、評価し、改善していくサイクルについて次のように示されている。

---

保育所保育指針 第1章 総則

3 保育の計画及び評価

(4) 保育内容等の評価

　ア 保育士等の自己評価

　　保育士等は、保育の計画や保育の記録を通して、<u>自らの保育実践を振り返り、自己評価する</u>ことを通して、その<u>専門性の向上や保育実践の改善に努めなければならない。</u>

（下線は筆者）

---

保育を計画し、自分の保育実践を振り返り、自己評価することが重要であるが、それをふまえて自分自身の保育実践を改善していくことがより重要なことである。

このことについて幼稚園教育要領(以下、教育要領)では、次のように示されている。

---

幼稚園教育要領 第1章 総則

第4 指導計画の作成と幼児理解に基づいた評価

　2 指導計画作成上の基本的事項

---

(2) （前略）　幼児の実態及び幼児を取り巻く状況の変化などに即して指導の過程についての評価を適切に行い、常に指導計画の改善を図るものとする。

　「指針」の「自らの保育実践」ということは、「要領」において「指導の過程」と示されているが、保育者としてそれらを振り返り、評価することが求められている。評価という言葉について、「指針」では「自己評価」ということばが使われているが、ここでいう評価とは、子どもが「できている・できていない」「到達している・していない」といった「評定」をすることではなく、自分自身の保育実践、自分が立てた保育の計画の改善のための「自己評価」という意味で使われていることに留意する必要がある。

　このように、保育者が日々の保育のなかで計画と評価のサイクルを意識し続けることによって、保育実践の質が向上していくのである。そのことを図で表すと図Ⅰ-4-1のように表される。

　図Ⅰ-4-1のように、事前に指導計画を立てて、日々の保育を行っているが、そのなかで、子どもの遊びのようすなどから子どもの心情や意欲などを理解し、それを含めて自らの保育実践（指導の過程）を自己評価していく。その自己評価を行うことをとおして、次への方向性や改善の手立てを検討し、次の指導計画に生かしていく。このように図Ⅰ-4-1のサイクルを回し続けることが、保育実践の質の向上に欠かせないのである。

### (4)子ども理解に基づく保育の過程

　図Ⅰ-4-1の「計画と評価・改善のサイクル」のなかで「子ども理解」があるが、これは表Ⅰ-4-1の4歳児の事例では「子ど

図Ⅰ-4-1　計画と評価・改善のサイクル

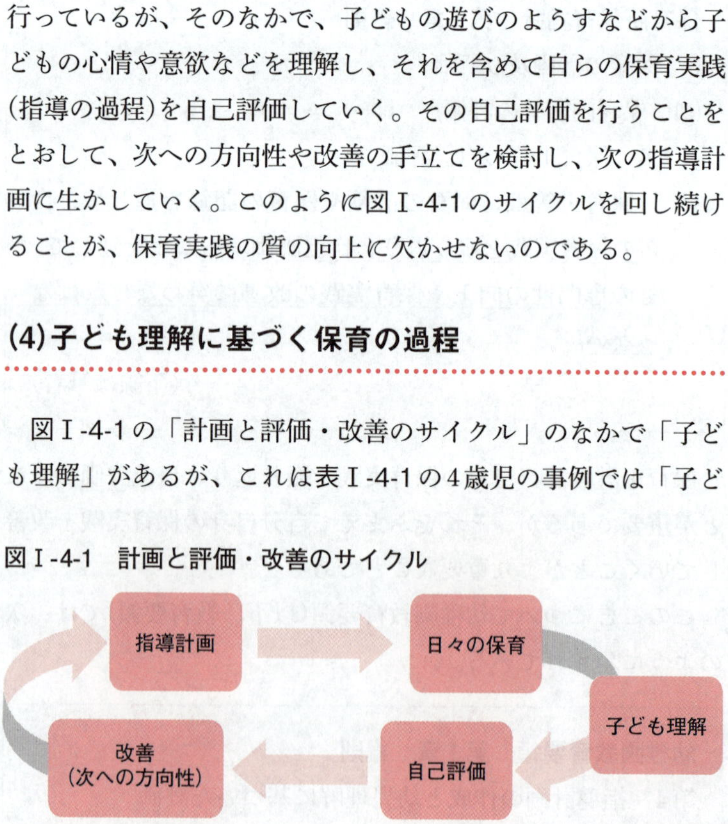

作図：瀧川

もの姿」として示されている。指導計画を作成する際、どのような「ねらい」を考えるかで、内容も展開も変わってくる。その「ねらい」を考える根拠が子ども理解であり、「子どもの姿」である。

表I-4-1の4歳児の事例の「子どもの姿」の要点を書き出すと次の4つである。

- 運動場に築山ができたことを子どもたちは喜び、上り下りしたり、山や泥だんごをつくったり、トンネルをつくったりしている。
- 運動会で踊ったダンスや、他学年のダンス、かけっこ、虫探しなども楽しんでいる。
- 散歩で拾ったどんぐりやまつぼっくり、枝などを使って、どんぐりのカーテンや的当て、どんぐりごま、どんぐり投げをしたり、ままごとで使ったりしている。
- 遊びのなかで気づいたことやしたいことを話し合ったりしている。

このような子どもの姿をふまえて、「秋の自然物や廃材、体育遊具などを使い、友だちと考えたり協力したりしながら好きな遊びを楽しむ」「話し合うことで、友だちがどんな遊びをしているのか知ったり、困ったことを一緒に考えたりする」というように遊びの視点と人との関わりの視点から「ねらい」を考えているのである。

このように指導計画を作成するにあたっては、関わりながらの子どもの理解や振り返りながらの子ども理解が大切であり、それをもとに保育者自身がどのように関わったかという自己評価がなされる。そのため、計画と評価は一体的なものであること、実践のなかの子ども理解が欠かせないことをふまえて、たえず日々の保育実践を評価し、改善のサイクルを回していくことが保育の質の向上のためには欠かせない。そのような保育の過程を理解しておくことが大切である。

# 保育所（認定こども園）における保育の計画および評価

## 1 カリキュラム（保育の計画）の種類

　保育現場でカリキュラムと呼ばれているものは、大きく分けると「全体的な計画」と「指導計画」の2つに分けられる。全体的な計画は、その園での子どもの育ちの全体像を示したもので、指導計画はそれを具体化して実践するための計画である。表Ⅰ-4-2に示すように、保育の実践計画である指導計画は「年間指導計画」「期別指導計画」「月間指導計画」「週間指導計画（週案）」「日案」というように、1日のものから1年のものまで計画を見通す時間軸の長さによっていくつかの種類がある。

　表Ⅰ-4-2のなかで「全体的な計画」は、その園の保育のベースとなる計画のため、全職員が共通理解していることが大切である。そこには、園の保育理念や教育理念、保育の目標や学年ごとに育てていきたい目標などが示されている。各クラス・学年の担任は、その全体的な計画を具体化した「年間指導計画」

表Ⅰ-4-2　保育の計画の種類

| 全体的な計画<br>（園全体の計画） | | 子どもの入園から修了までの保育期間に及ぶ全体を見通した総合的な計画で、子どもの育ちについて大まかな道筋が示されているもの |
|---|---|---|
| 長期の指導計画<br>（各クラスの計画） | 年間指導計画 | 1年間の子どもの育ちやねらい・内容等を見通した計画 |
| | 期別指導計画 | 1年を4～5期に分けて、子どもの育ちやねらい・内容等を見通した計画（年間指導計画と関連をもたせて作成される） |
| | 月間指導計画<br>（月案） | 1か月の保育のねらい・内容等を見通した計画（年間指導計画や期別指導計画と関連をもたせて作成される） |
| 短期の指導計画<br>（各クラスの計画） | 週間指導計画<br>（週案） | 1週間の保育のねらい・内容等を見通した計画（月案と関連をもたせて作成される） |
| | 日案 | 1日の保育のねらい・内容等を見通した計画（週案と関連をもたせて作成される） |
| | 部分案 | 1日の中の一部の活動のねらいと内容・保育の展開等を見通した計画（日案と関連をもたせて作成される） |

作成：瀧川

を作成し、それを関連付けながら日々の保育が実践できるように各指導計画を作成する。

## 2　全体的な計画とは

### (1)「全体的な計画」の例

全体的な計画は園によってさまざまな書式があるが、166～169頁の表Ⅰ-4-3に、ある認定こども園の「全体的な計画」の一例を示す。

### (2)園の総合的・包括的な計画としての「全体的な計画」

全体的な計画について保育指針には、次のように示されている。

保育所保育指針　第1章　総則

3　保育の計画及び評価

⑴　全体的な計画の作成

ア　保育所は、1の⑵に示した保育の目標を達成するために、各保育所の保育の方針や目標に基づき、子どもの発達過程を踏まえて、保育の内容が組織的・計画的に構成され、保育所の生活の全体を通して、総合的に展開されるよう、全体的な計画を作成しなければならない。

イ　全体的な計画は、子どもや家庭の状況、地域の実態、保育時間などを考慮し、子どもの育ちに関する長期的見通しをもって適切に作成されなければならない。

ウ　全体的な計画は、保育所保育の全体像を包括的に示すものとし、これに基づく指導計画、保健計画、食育計画等を通じて、各保育所が創意工夫して保育できるよう、作成されなければならない。

### 表 I-4-3　幼保連携型認定こども園の「全体的な計画」の一例

| | |
|---|---|
| 教育・保育理念 | ・子どもの最善の利益を考慮し、子どもの真の幸福を図るとともに「心情」「意欲」「態<br>・子ども一人一人の発達の段階を捉えて教育し、陶冶する楽しい集団生活の場となる |
| 教育・保育方針 | 『健康教育』・『情操教育』を2本柱とし、"心が動く体験"を、たくさん経験できる環<br>努める |
| 教育・保育目標 | ・感性豊かな子どもに育つ　・人の気持ちが分かる子どもに育つ　・将来自立できる |

| 社会的責任 | 人権尊重 | 説明責任 |
|---|---|---|
| 児童福祉施設として、子育て家庭や地域に対し、幼保認定型認定こども園の役割を確実に果たす | 保育士等は、保育の営みが子どもの人権を守るために法的・制度的に裏付けられていることを認識し、理解する | 保護者や地域社会と連携や交流を図り、透明性のある運営をすることで、一方的な説明ではなく分かりやすい応答的な説明をする |

| 子どもの教育・保育目標 | 0歳児 | 一人ひとりの生活リズムに合わせ、安定して過ごす<br>愛情豊かな保育者の受容により、信頼関係の基礎を培う<br>衛生的な環境の中、生理的欲求を十分に満たし、安心して過ごす |
|---|---|---|
| | 1歳児 | 安心できる保育者との関係の中で、身の回りのことを自分でやってみようとする<br>安全な環境の中で探索活動を楽しみ、手指の感覚や興味、好奇心を育む<br>絵本や玩具に興味をもち、好きな遊びを見つけて繰り返し遊ぶ<br>安全な環境の中、全身を動かして遊ぶ |
| | 2歳児 | 基本的な生活習慣が身に付く<br>興味、関心があることを自分で行い、満足感を味わう<br>自分の思いや要求を言葉で表現できるようになる<br>友達に興味をもち、関わって遊ぶ喜びを味わう<br>"心が動く体験"を友達や保育者と経験し、気持ちを共感する喜びを味わう |

### 教育・保育の内容

| 年齢 | | 0歳児 | 1歳児 | 2歳児 |
|---|---|---|---|---|
| 養護 | 生命の保持 | ・子どもの心身の発育や発達の健康状態を細かく観察し、疾病や異常の発見に努め、快適に生活できるようにする | ・特定の保育士との信頼関係がさらに深まり、愛着関係が育まれるように接する<br>・探索活動が十分に行えるように安全な環境を作る | ・生活や遊びの中で、自我が育つような関わりをもつ<br>・基本的な生活習慣に関することに興味をもてるように関わる |
| | 情緒の安定 | ・特定の保育者が一人一人のリズムに合わせて生理的欲求を満たすことで、自分の存在を肯定する気持ちが育まれる様に信頼関係を気づいていく | ・スキンシップにより、保育士との関わりの心地よさや安心感を得られるように接する | ・子どもの気持ちを受容し共感しながら、継続的な信頼関係を築いていく<br>・自分でしたいと思う気持ちを受け止め、自信に繋げる |
| 教育 | 健康 | ・特定の保育者との安定した関わりの中で、安心して過ごす<br>・睡眠や食事などの生活リズムが整ってくる<br>・指先を使って遊んだり、園庭を歩いたり、走ったりする | ・保育士が見守る中、身の回りの簡単なことに興味をもち、自分でしようとする<br>・戸外で歩いたり、十分に体を動かして遊ぶことを楽しむ<br>・興味、関心があることに夢中になって遊ぶ | ・簡単な身の回りのことを、自分でできることを喜ぶ<br>・戸外で十分に体を動かして遊ぶ |

度」を豊かにするための保育に努めるとともに、幼児期に育みたい資質・能力を育てていくように努める

境づくりに努め、「知識・技能の基礎」「思考力・判断力・表現力の基礎」「学びに向かう力・人間性等」を育むよう

心が育つ

| 情報保護 | 苦情処理・解決 |
|---|---|
| 保育にあたり知り得た子どもや保護者に関する情報は、正当な理由なく漏らしてはならない。（児童福祉法第18条の22） | 苦情解決責任者である施設長の下に苦情解決担当者を決め書面における体制を整備する。また第三者委員を設置する。職員で共通理解を図る |

| | |
|---|---|
| 3歳児 | 生活習慣が自立し、ほぼ自分で行うようになる<br>友達との関わりの中で、相手の気持ちに気づくようになる<br>身近な環境に心を動かし、興味をもって自分から関わる<br>保育士や友達に親しみをもち、一緒に遊ぶことを楽しむ<br>友達との遊びや生活の中での必要なルールやきまりがわかる |
| 4歳児 | 身の回りのことの始末がわかり、丁寧に行うようになる<br>遊びを通して集団で活動することにより、相手の気持ちを理解できるようになる<br>身近な環境に主体的に関わり、イメージを広げて遊ぶなど "心が動く体験" をする |
| 5歳児 | 健康な生活の仕方がわかり、進んで取り組む<br>様々な体験に心が動き、それらを表現したり、好奇心をもち、調べたりすることを楽しむ<br>生活や遊びの中で、一つの目標に向かい力を合わせて活動し、達成感や充実感をみんなで味わう<br>今までの経験や知識を生かし、挑戦したり、試行錯誤を繰り返しながら遊びを広げていく |

| 教育・保育の内容 | | |
|---|---|---|
| 3歳児 | 4歳児 | 5歳児 |
| ・基本的な生活習慣を身につけられるように援助する<br>・運動機能が高まるようにする | ・生活の仕方が身に付き、自信をもって取り組めるように関わる<br>・子どもが健康や安全に気付けるようにする<br>・運動量が増し、活発に活動できるように配慮する | ・健康や安全に必用な基本的な習慣や態度を身に付け、その訳を理解して行動出来るようにする<br>・危険な物や場所、危険な行動について伝え、自ら安全に気を付けて活動できるようにする |
| ・主体的な活動ができる環境を構成し、探索意欲が高められるように見守る | ・多様な経験から生じる心の葛藤を認め、安心して気持ちを切り替えることが出来るようにする<br>・自信をもって興味、関心があることに意欲的に取り組めるように、自己肯定感を育む | ・生活リズムに応じた活動内容の調和を図り、休息が取れるようにする<br>・成長を誇りに感じ、自信をもって生活を送ることが出来るようにする |
| ・自分で出来る身の回りの必要なことは自分でしようとする<br>・友達と一緒に遊具や用具、自然物等を用いて様々な動きのある運動遊びを楽しむ | ・身の回りのことはほぼ自分で出来るようになる<br>・戸外で様々な遊具や用具を使い、複雑な運動や集団遊びを通して、のびのびと体を動かして遊ぶ | ・友達と一緒に生活の場を整え、活動の見通しをもちながら、自信をもっていきいきと生活する<br>〈健康な心と体〉<br>・身体機能、運動能力が高まり、複雑な運動に挑戦し、達成感を味わうことで自分に自信をもつ<br>〈健康な心と体〉 |

| | | | | |
|---|---|---|---|---|
| 教育 | 人間関係 | ・特定の保育者との安定した関わりの中で、信頼関係が芽生える<br>・友達の存在に気づき、保育者の仲立ちのもと友達と関わるようになる | ・友達と玩具の取り合いなど、思うようにならないことも経験し、保育者に気持ちを受け止められ、気持ちを切り替えようとする<br>・自由遊びの中で、保育者や友達に関心をもち、自ら関わろうとする | ・自己主張が芽生え、友達と玩具の取り合いなどを経験し、保育者に仲立ちされて相手の気持ちを知る<br>・保育士の仲立ちのもと、友達と一緒に遊ぶことを楽しむ |
| | 環境 | ・保育者に見守られる中で、玩具や身の回りのもので、一人遊びを十分に楽しむ<br>・園庭や戸外で自然物などに触れたりして興味をもつ | ・遊びの中で自然に触れ、楽しさや心地良さを感じる<br>・自分なりのイメージをもって、ブロックを組み立てたり、色々な玩具で試したりする | ・日常の中で雪や雨などの自然現象や草花や小動物に関心をもつ<br>・保育士の仲立ちのもと、友達と一緒に遊ぶことを楽しむ |
| | 言葉 | ・日常的に単語や何語が豊かになり、保育者に優しく受け止めてもらい、発語ややり取りを楽しむ | ・自由遊びの中で、日常の言葉を遊びの中に入れながら、ごっこ遊びをする<br>・日常の中で、自分の思いや要求を言葉で表現できるようになる | ・日常の中自分の思いや要求を言葉で表現するようになる<br>・日常に言葉を遊びの中に入れながら、イメージを膨らませ、ごっこ遊びをする |
| | 表現 | ・保育士の歌を聴いたり、一緒に歌ったりして、楽しさや心地よさを感じる<br>・様々な感触の物に触れたり、心地よい音やきれいな色を見たり聞いたりする | ・様々な活動の中で、クレパスを使い、なぐり描きを十分に楽しんだり、様々な簡単な楽器を鳴らすことを楽しむ | ・日常の中で、きれいな音に気付き心地よさを感じる<br>・音楽に合わせて歌ったり体を動かすことを楽しむ<br>・自由遊びの中で自分なりに玩具を色々な物に見立てて遊ぶ |
| 食育 | 食を営む力の基礎 | ・摂食機能の発達に合わせて離乳を進める<br>・ゆったりとした安心できる中で食事をし、食べることに喜びを感じられるようにする | ・食事を喜び、意欲的に食べる<br>・こぼす量が減り、最後まで自分で食べようとする | ・食事に期待をもち、意欲的に食べるようになる |

| | |
|---|---|
| 健康支援 | ・健康発育発達状態の定期的、継続的な把握　・心身状態や家庭生活、養育状態の把<br>・異常が認められた時の適切な対応 |
| 環境・衛生管理 | ・施設内街の設備、用具などの清掃及び消毒、安全管理及び自主点検（月1回）　・職 |
| 安全対策・事故防止 | ・毎月の避難訓練（火災・地震・不審者侵入）　・消防署査察、消防点検、消火訓 |
| 保護者、地域等への支援 | ・育児相談事業の実施　・子育て講習会の開催　・子育て情報誌の発行　・地域との |
| 子育て支援 | 子どもの利益を最優先として行い、子どもの育ちを家庭と連携して支援していくとと |
| 研修計画 | ・認定こども園教育・保育要領に基づいた園内研修の実施　・園外研修に計画的に参 |
| 小学校との連携 | ・保育園行事等への招待や小学校への訪問　・保小連絡会議　・保育所児童保育要録 |
| 特色ある保育 | ・専門講師による体育遊び、音楽遊び、造形遊び、英語で遊ぼう　・プロのアーティ |
| 地域の交流 | ・市長、消防署への勤労感謝訪問　・高齢者施設への訪問 |

| | | |
|---|---|---|
| ・友達との関わりの中で、保育士の仲立ちにより、相手の気持ちに気付く<br>・友だちと簡単なルールのある遊びを経験し、ルールを意識しながら遊ぶ楽しさを知る | ・友達と遊びを進めていく楽しさを共感しながら、のびのびと遊ぶ<br>・ルールを守って遊ぶことで互いが楽しく遊べることがわかる | ・人の役に立つことの喜びを味わい、仲間から認められることで自信をもつ<br>〈自立心、道徳性・規範意識の芽生え〉<br>・一つの目標に向かい協力する中で、相手の立場がわかり、互いに認め合ったり、助け合うようになる<br>〈協同性〉 |
| ・身近な自然物への興味が深まり、遊びに取り入れたり、季節の変化に気付く<br>・自分の物と人の物と共同の物の区別がつき、大切にしようとする | ・動植物に親しみ、世話をするなどすることで、生命の尊さに気づく<br>・身近な自然や物、遊具に興味をもって関わり、考えたり試したりして工夫して遊ぶ | ・身近にある事物や仕組み、性質に興味、関心をもち、考えたり、試したり、工夫して使おうとする<br>〈思考力の芽生え〉<br>・季節の移り変わりを知り、自然の美しさや大きさを感じる<br>〈自然とのかかわり・生命尊重〉 |
| ・自分の思ったことや感じたことを言葉で表し、保育者や友達に伝える<br>・様々な遊びの中で、保育者や友達と日常生活での言葉を使って遊び、やり取りを楽しむ | ・人の話を注意して聞き、相手にも分かるように話すようになる<br>・童話などを聞いたり、自ら表現したりして、言葉の面白さや美しさに興味をもつ | ・自分の経験したこと、考えたことなどを適切な言葉で表現し、相手と伝え合う楽しさを味わう<br>〈言葉による伝え合い〉<br>・人と話し合うことや身近な文字に関心を深め、読んだりすることの楽しさを味わう<br>〈言葉による伝え合い〉 |
| ・様々な色を自分なりに組み合わせて美しさ等を感じ、楽しむ<br>・日常的に様々な用具や素材に親しみ、友達と描いたり作ったりして遊ぶ | ・様々な色や形、音などの面白さや美しさなどを感じながら、楽器を演奏したり、作ったり描いたりする<br>・様々な素材や用具を利用して、自分なりに工夫しながら作ったり描いたりする | ・自分のイメージを動きや言葉などで表現したり、演じて遊ぶ楽しさを味わう<br>〈豊かな感情と表現〉<br>・身近にある美しい物を美しいと感じ、言葉で表現したり、友達と共感したりする<br>〈豊かな感情と表現〉 |
| ・食べることの大切さを知る<br>・保育者や友達と一緒に食べる中で、苦手な食べ物も食べようとする | ・食事が出来る喜びや大切さがわかり、感謝の気持ちをもつ<br>・栄養バランスについて知る | ・食事と健康について知り、栄養に興味をもちながら食事をする<br>・配膳を行い、衛生面に気を付けたり、人の役に立つことの喜んだりする |

握　・年間保健指導計画　・内科健診（年2回）歯科健診（年1回）

員の検便（月1回）

練　・救命講習会　・AED設置

連携、会議の開催　・実習生、職場体験、ボランティアの受け入れ

もに、保護者及び地域が有する子育てを自ら実践する力の向上に資する

加　・研修報告会

を小学校へ送付

ストによるまなびゆとり事業

出典：さつきこども園（大阪府池田市、私立）

同様に、幼保連携型認定こども園教育・保育要領(以下、教育・保育要領)では、次のように示されている。

---

幼保連携型認定こども園教育・保育要領

第1章　総則

第2　教育及び保育の内容並びに子育ての支援等に関する
　　全体的な計画等

1　教育及び保育の内容並びに子育ての支援等に関する全
　体的な計画の作成等

⑴　教育及び保育の内容並びに子育ての支援等に関する全
　　体的な計画の役割

　各幼保連携型認定こども園においては、教育基本法(平
成18年法律第120号)、児童福祉法(昭和22年法律第164
号)及び認定こども園法その他の法令並びにこの幼保連携
型認定こども園教育・保育要領の示すところに従い、教育
と保育を一体的に提供するため、創意工夫を生かし、園児
の心身の発達と幼保連携型認定こども園、家庭及び地域の
実態に即応した適切な教育及び保育の内容並びに子育ての
支援等に関する全体的な計画を作成するものとする。

　教育及び保育の内容並びに子育ての支援等に関する全体
的な計画とは、教育と保育を一体的に捉え、園児の入園か
ら修了までの在園期間の全体にわたり、幼保連携型認定こ
ども園の目標に向かってどのような過程をたどって教育及
び保育を進めていくかを明らかにするものであり、子育て
の支援と有機的に連携し、園児の園生活全体を捉え、作成
する計画である。

---

　このように全体的な計画は、保育所(認定こども園)で0歳か
ら6歳(就学前)までの子どもの発達過程をふまえた全体像を示
す総合的な計画である。と同時に、指導計画、保健計画、食育
計画等、子育ての支援等に関する計画などを含めた包括的な計
画である。一般的にカリキュラムと呼ばれるのは、「全体的な
計画(特に保育の内容、教育及び保育の内容)」と「指導計画」
をさす。

## 3 指導計画の種類

### (1)年間指導計画とは

　年間指導計画は、クラスごとに1年間の子どもの育ちとねらいを見通した計画である。1年間の子どもの生活や発達過程等をふまえて、各園の全体的な計画に基づいて作成される。

### (2)期別指導計画(期案)とは

　期別指導計画は、1年間をいくつかの時期区分に分けて計画を立てたものである。その区切る時期や数は各園に任せられているが、4期〜5期に分ける場合が多い。その場合は、子ども同士の関係性の育ちに合わせて区切っている。

　幼稚園では、1学期、2学期、3学期というように3期に区切る園もある。期別指導計画は年間指導計画をもとにして、そのねらいを各期の終わりに達成していけるように、子どもの発達に即して細分化して考えられている。

### (3)月間指導計画(月案)とは

　月間指導計画(月案)は1か月間の保育を見通したものである。年間指導計画や期別指導計画に比べると、その月のねらいや内容や環境構成などが具体的に示されている。年間指導計画や期別指導計画のねらいや内容に関連付けながらも、計画を立てる際には前の月からの保育の流れや子どもの姿が途切れないように配慮する必要がある。

### (4)週案とは

　月間指導計画(月案)をさらに4週間に分けて、1週間ごとの計画に具体化したものが週案である。週案は月案よりも、さらに具体的な子どもの姿に合わせて検討する必要がある。月案と同じように、週案も前の週からの子どもの姿や遊びが分断されないように配慮する必要がある。週案は、月案よりも、ねらい

や内容、保育者の援助や配慮、環境構成などがかなり具体的に検討される必要があるが、それを週案の様式に詳細に示す場合もあれば、簡略化して示している場合もある。

## (5)日案とは

週案をもとに、その日1日どのように保育するのかを具体的に計画したものが日案である。前日までの子どもの姿や遊びをとらえながら、前日よりも改善した案を計画していく。また、ねらいや内容、保育者の援助や配慮、環境構成などがかなり具体的に検討される必要があるが、それを日案の様式に詳細に示す場合もあれば、簡略化して示している場合もある。

以上のように、指導計画には見通す期間の長短で、いくつかの種類に分けられるが、これらは、それぞれ独立したものではなく、互いに関連しあっているように考えていくことが必要である。例えば、年長児(5歳児)クラスの年間指導計画の1年間の保育の目標は、「全体的な計画」に記述されている年長児クラスの目標と関連(あるいは同じ)があり、その年間の目標に到達していけるように、月案では月のねらいや内容をその時期に合わせて考えていく。さらに月案のねらいや内容は週案にも関連付けられ、週案のねらいや内容は日案にも関連付けられて考えていく必要がある。

このように各指導計画は関連付けられながら作成されていくが、一方で、ここ最近の目の前の子どもの姿をふまえて、柔軟に検討や改善をしていくことも必要である。

## 4 指導計画の基本の構成要素

## (1)指導計画(日案)

第1節の155～156頁にあげた表Ⅰ-4-1の指導計画(日案)では、「子どもの姿」「ねらい」「内容」「展開」「評価の観点」の5つの項目があるが、さらに「展開」の部分は「時間」「環境構成」「予想される子どもの活動」「保育者の援助・配慮(△)」に

表Ⅰ-4-4　指導計画（日案）の基本の構成要素

| A：子どもの姿 | この日の保育に至るまでのここ数週間の子どものようす。 |
| B：ねらい | Aをふまえて、この日の保育で大切にしたいねらいを心情、意欲、態度の視点から考える。 |
| C：内容 | Bのねらいを達成するためのこの日の具体的な遊びや活動の内容。 |
| D：展開 | 時間軸に添ったその日の保育の流れを示す。 |
| 　D1：時間 | 活動等の区切りの時間を示す。 |
| 　D2：環境構成 | 活動の展開に応じた環境構成を示す（どのように場や物を用意するか）。 |
| 　D3：予想される子どもの活動 | 活動の展開に応じた子どもの活動や行動を示す（どのようなことをするか）。 |
| 　D4：保育者の援助・配慮 | 活動の展開に応じて保育者がどのような援助や配慮を行うかを示す。 |
| E：評価の観点 | Bのねらいに対して、Dの展開のなかで見られた子どもの姿をふまえて、保育の展開を自己評価するための観点。 |

作成：瀧川

区分されている。これらのもつ意味は、表Ⅰ-4-4のように整理できる。

　指導計画（日案）作成にあたっては、このように「子どもの姿」をふまえて、「ねらい・内容」を考え、そのねらい・内容を実現するために、「展開」（時間、環境構成、予想される子どもの姿、保育者の援助・配慮）を考えていく。そして、その展開のなかで子どものようすの何を見るか（評価するか）の「評価の観点」を考えていくという作成の筋道を理解しておく必要がある。

## (2)月間指導計画

　園によってさまざまな様式があるが、表Ⅰ-4-5に月間指導計画の一例を示す（174～175頁）。この例は表Ⅰ-4-1の日案と同じ園の月間指導計画である。この園の場合は、1週間ごとの区切りも入れているので、このような場合「月週案」と呼ぶこともある。

## (3)指導計画の構成要素

　指導計画の基本の構成要素についてみてみると、176頁の表

表Ⅰ-4-5　4歳児10月の指導計画例

## 4歳児　　10月　　指導計画

| 先月の子どもの姿 | | 内 |
|---|---|---|
| ・いろいろな運動遊びに喜んで取り組んだり、全体練習に参加するなかで、自分たちの頑張りに自信や意欲をもったりして、運動会に向けての気持ちが高まっている。<br>・自分たちでダンスの振り付けを考えて、楽しんで踊っている。 | （養） | ・自分の体や健康に関心をもち、手洗いやうがい予防の仕方を知らせていく。<br>・体を動かす活動をした後は、休息や水分補 |
| | （健） | ・友だちと一緒に、いろいろな運動遊びに積<br>・汗拭きや水分補給を自分でする。 |
| | （人） | ・新しい当番グループに変わることで、新た<br>・運動会ごっこや楽器遊び、集団遊びなどを、 |
| | （環） | ・散歩や秋の遠足などを通して、秋の自然を<br>・チューリップの球根を植える。 |
| ねらい | （言） | ・運動会ごっこの中で、友だちのがんばりを<br>・集団活動のなかや遊びのなかで、自分の |
| ・運動遊びや、クラス全体で活動する楽しさを味わう。<br>・秋の自然に興味をもち、進んで関わろうとする。<br>・秋の気候に触れ、健康に過ごそうとする。 | | いや考えを聞いたりする。 |
| | （表） | ・親しみのある音楽で、楽器遊びを楽しむ。<br>・自分のつくりたい物のイメージを膨らませ<br>歌…くだものれっしゃ、ピクニック、はたけ<br>番表 |
| | （食） | ・米になるまでの過程を、稲の収穫を見たり<br>・栗や柿などは、木で育つことを知り、観察 |

| | 1日 ～ 6日 | 8日 ～ 13日 |
|---|---|---|
| 行事 | 1日（月）大根の種まき　予備日…3日（水）<br>2日（火）英語教室⑪<br>4日（木）体験入園 | 9日（火）英語教室⑫<br>　　　　　素話（12：45～）<br>11日（木）わくわくタイム① |
| ねらい | ・大根の生長を楽しみにしながら種まきをする。<br>・運動会を振り返りながら、イメージを膨らまして描くことを楽しむ。 | ・運動会ごっこを楽しむ。<br>・戸外や築山などで好きな遊びを楽しむ。 |
| 幼児の活動 | 遊び　運動会ごっこ（サーキット・鉄棒・竹馬・ダンス・リレー）、築山遊び（ままごと・穴掘り・木の実<br>絵画製作　運動会の絵（頑張ったところ・楽しかったところ）　　　　　当番表<br>楽器遊び　タンブリン・スズ・カスタネット・トライアングル・ウッドブロック・リズム手遊び・バ<br>散歩　大津神社・周辺の田んぼ・大根畑・寺内公園 | |
| ●環境構成　▲保育者の援助 | ● 運動会ごっこに必要な用具は使用しやすいように置いておく。<br>● 選んで使えるように、描画に必要な色画用紙や絵の具、コンテなどを多めに準備する。<br>● 交通マナーを守って歩けるように話をする。<br>● 自分たちで使えるように、塗り絵用のファイルをグループごとに分け、色鉛筆と鉛筆削りと一緒に子どもたちの手の届く所に置いておく。<br>▲ 印象に残ったことや楽しかったことを思い出しながら楽しく絵が描けるように、描く前に話し合いをする。<br>▲ 種から大きな大根ができることを知り、収穫するまでの生長を楽しみにできるように話をする。また、お世話をしてくださっている方々の存在を知り、お礼の気持ちを伝えられるようにする。 | ● 事前に散歩の下見をし、作物の変化や虫、草花など秋の自然を感じられる所を確認しておく。<br>● 当番表づくりに必要な材料を用意しておく（画用紙）。<br>▲ 午睡終了のため、午後から活動も安全に過ごせるように十分配慮したり、落ち着いて過ごせる時間をつくったりする。<br>▲ 運動会ごっこでは、好きな種目や異年齢児クラスの種目をして、さまざまな方法で楽しめるように工夫する。また、異年齢児クラスの保育者と連携を取りながら進める。<br>▲ 当番のグループの名前を話し合って決めていくことができるように見守り、必要に応じ助言する。 |

| 園長 | | 主任 | | 担任 | |
|---|---|---|---|---|---|
| | | | | | |

| 容 | 家庭との連携 |
|---|---|

| 容 |
|---|
| がい、気候に合わせて衣服を調節するなど、病気の |
| 給ができるように時間をとる。 |
| 極的に取り組み、体を動かすことを楽しむ。 |
| な友だち関係を築き、協力して活動をする。 |
| 友だちと一緒に喜んでいる。 |
| 見つけたり触れたりして観察する。 |
| 応援したり教え合ったりする。 |
| 思ったことや考えをことばで表したり、友だちの思 |
| て製作に取り組む。 |
| のポルカ　絵画製作…運動会の絵、11月壁面、当 |
| 観察したりするなかで知る。 |
| したり味わったりする。 |

**家庭との連携**

・活発に友だち同士で遊びを展開して楽しんでいるようすを伝え、成長してきている子どもたちの理解を深めてもらえるようにする。
・午睡終了に伴い、生活リズムが変わるので、休息や睡眠を十分とってもらうなど、気をつけてもらえるように伝える。また、連絡ノートでの子どものようすのお知らせがなくなる分、子どもたちの話をより聞いてもらえるように声をかけたり、話の内容が補えるようにこまめに保護者に園でのようすを伝えたりする。

**評価・反省**

| 15日　〜　20日 | 22日　〜　31日 |
|---|---|
| 16日（火）避難訓練（不審者） | 26日（金）公開保育<br>29日（月）発育測定<br>30日（火）英語教室⑬　　31日（水）誕生会 |
| ・友達とイメージを共有しながら遊ぶことを楽しむ。<br>・園外保育に行き、秋の自然や虫に興味をもつ。 | ・友達と目的をもって遊ぶことを楽しむ。<br>・秋の自然物を取り入れながら遊ぶことを楽しむ。 |

や落ち葉を使うなど）、集団遊び（おにごっこ・うずまきじゃんけんなど）、朝顔の種の収穫、塗り絵————→
11月壁面　　　　　　木の実や落ち葉での製作————————→
チ遊び————————————————————→
チューリップの球根植え・世話————————→

| |
|---|
| ● チューリップの球根、プランター、ジョーロ、土の準備をしておく。<br>● 壁面製作に必要な材料を用意しておく（画用紙・折り紙）。<br>● 楽器遊びに必要な楽器を出し、不具合がないか点検する。<br>▲ 避難訓練では、自分の命を守ることの意識を高められるように話し合いをする。<br>▲ 大切に使えるように、それぞれの楽器の扱い方を知らせる。また、楽器に慣れ親しみ、みんなで楽しくリズム打ちができるように助言していく。<br>▲ 園外保育などを通し、稲穂の変化に気づいたり、虫や草花を観察したりし、季節の移り変わりを感じられるようにする。 |
| ● 家から持ってきた生き物や散歩などで拾ってきた自然物を調べられるように、図鑑を置いておく。<br>● 自分たちの遊びがわかりやすいように紙に書き表したり、目的をもって遊べるように事前事後の話し合いの場を設けたりする。<br>▲ 球根から芽が出て花が咲くことなど、チューリップの生長に興味をもてるように一緒に調べたり、春の進級する頃に開花することを楽しみして世話をしていけるように話し合ったりする。<br>▲ 子どもたちの気づきや発見に共感し、周りにも伝えていくことで、思いや考えを伝え合ったり、遊びの発展に繋げたりできるようにする。 |

出典：つまこども園（兵庫県西脇市、私立）

表Ⅰ-4-6　指導計画（月週案）の構成要素

| A：先月の子どもの姿 | この日の保育に至るまでの先月の子どものようす。 |
| B：ねらい | Aをふまえて、この月の保育で大切にしたいねらいを心情、意欲、態度の視点から考える。 |
| C：内容 | Bのねらいを達成するために、この月の主な遊びや活動の内容。 |
| D：週ごとのねらい | |
| E：週ごとの幼児の活動 | 活動の展開に応じた子どもの活動や行動を示す（どのようなことをするか）。 |
| F：週ごとの環境構成 | 活動の展開に応じた環境構成を示す（どのように場や物を用意するか）。 |
| G：週ごとの保育者の援助 | 活動の展開に応じて保育者がどのような援助や配慮を行うかを示す。 |
| H：評価・反省 | |
| その他の項目 | 家庭との連携、行事。 |

作成：瀧川

Ⅰ-4-6のようになる。

　日案と同様に、「子どもの理解」をふまえた「ねらい」「内容」があり、それを1か月のなかの各週でどのように展開していくかを考えている。環境構成や保育者の援助は1か月間ずっと同じではなく、その週の遊びや活動の内容によって少しずつ変化していく。そして月末には、1か月の保育を振り返り、「評価・反省」を行うという流れになっている。

## 5　保育の振り返りと記録

　保育指針には、下記のように保育を振り返る際に「保育の記録を通して」ということが明記されている。

---

保育所保育指針　第1章　総則

3　保育の計画及び評価

(3)　指導計画の展開

エ　保育士等は、子どもの実態や子どもを取り巻く状況の変化などに即して<u>保育の過程を記録する</u>とともに、これらを踏まえ、指導計画に基づく保育の内容の見直しを行い、改善を図ること。

(4)　保育内容等の評価

---

ア　保育士等の自己評価

（ア）　保育士等は、保育の計画や保育の記録を通して、自らの保育実践を振り返り、自己評価することを通して、その専門性の向上や保育実践の改善に努めなければならない。

（下線は筆者）

　第1節の155～156頁にあげた表Ⅰ-4-1の日案に「評価の観点」があるが、それは頭の中だけで考えればよいのではなく、そのできごと（子どもの姿や遊びのようすなど）を思い出して保育の記録を書くことが必要である。そのように記録を書くことで保育の見直しや改善につながる。今日の遊びのようすと以前の遊びのようすをつないでとらえることによって、子どもの育ちをよりよく理解できる。そのためにも、保育の記録が大切である。

　近年、子どもの姿をデジタルカメラで撮影し、それを使って「ポートフォリオ」や「ドキュメンテーション」といわれる記録や掲示物をつくったりする園が増えてきている。このように視覚的に保育をとらえるような記録も工夫することで、保育の振り返りや見通しもしやすくなる。

**1** いろいろな園の全体的な計画を集めてみる。それらの体裁や、記載されている保育の目標などについて共通点を見つける。

**2** いろいろな園の指導計画(年間指導計画や月案、週案など)を集めてみる。それらの体裁や、保育のねらいや内容、環境構成、保育者の援助・配慮などについて共通点を見つける。

**3** 月案、週案、日案などの「保育の振り返り」(評価・反省)の項目について、どのようなことが書かれているか、調べる。

**4** 写真を使った記録(ドキュメンテーション、ポートフォリオなど)を調べて、感じたことや気づいたことを出し合う。

**5** 自分たちで、写真を使った記録(ドキュメンテーション、ポートフォリオなど)を実際につくってみる。

**参考文献:**
1. 安家周一『0～5歳児 子どもの姿からつむぐ指導計画』ひかりのくに、2017年。
2. 天野珠路『3・4・5歳児の指導計画保育編』小学館、2013年。
3. 今井和子『0・1・2歳児の担任になったら読む本育ちの理解と指導計画』小学館、2014年。
4. 大竹節子、岩城眞佐子『まるわかり保育の記録: 指導計画や要録などに生かせる!』ひかりのくに、2018年。
5. 加藤敏子、津留明子ほか『保育課程論保育の基盤の理解と実習への活用』萌文書林、2017年。
6. 新 保育士養成講座編纂委員会編『改定2版 保育士養成講座 第1巻 保育原理』全国社会福祉協議会、2015年。
7. 新 保育士養成講座編纂委員会編『改定2版 保育士養成講座 第11巻 保育内容総論』全国社会福祉協議会、2015年。
8. 髙橋弥生、大沢裕編『新版教育・保育課程論』一藝社、2018年。
9. 豊田和子、新井美保子『保育カリキュラム論: ―計画と評価―』ひかりのくに、2018年。
10. 師岡章『保育カリキュラム総論―実践に連動した計画・評価のあり方、進め方』同文書院、2015年。

# Ⅱ 保育実践
## 〈実習と事後の振り返り〉

第 1 章

# 保育実習の制度的位置づけ

## 学習のポイント

保育所保育指針では、「保育士」を「子どものよりより成長・発達の援助者」「保護者や地域の子育てに対する支援者」「保育サービスの提供者」と位置づけており、どこにも「先生」ということばは明記していない。

なぜ保育士は、子どもや保護者から「先生」と呼ばれるのだろうか？

専門性（知識、技術、価値観・倫理観）を修得し、個々の子どもに応じた援助や受容的な関わりができるからこそ専門職であり、「先生」として認められる存在になるのではないだろうか……。ボランティアや実習生と、保育士の相違はどこにあるのだろうか？

このことについて、あなた自身のことばで説明できるように学習する必要がある。

# 保育士養成における「保育実習」の制度的位置づけ

第1節

## 1 「保育実習」の法的位置づけ

　現在の保育実習に関する法的根拠は、厚生労働省雇用均等・児童家庭局長より各都道府県知事、指定都市市長、中核市市長宛てに発出された「指定保育士養成施設の指定及び運営の基準について[注1]」の保育実習実施基準にみることができる。そこには、保育実習の目的として、

> 第1　保育実習の目的
> 　保育実習は、その習得した教科全体の知識、技能を基礎とし、これらを総合的に実践する応用能力を養うため、児童に対する理解を通じて保育の理論と実践の関係について習熟させることを目的とする。

と書かれてあり、実習が座学を実践に移し、実践の場で直接保育者や子どもから学ぶことで保育実践における応用能力を養うこと、そして、実際の子どもの姿から理論と実践がいかに関わりをもっているのかを理解することが目的としてあげられている。

　そもそも保育実習は、保育士養成課程においてどのように位置づけられてきたのか。

　わが国において、「指定保育士養成施設の指定及び運営の基準について」の素地にあたる「保母養成施設の設置及び運営に関する件[注2]」に基づいて最初に指定を受けたのは、昭和23(1948)年の名古屋市立保育専門学院、大阪府立保母学院および千葉県立保母養成所の3校であった。その中の一つ、名古屋市立保育専門学院では単位化されないものの、表Ⅱ-1-1に示すような授業が提供されていた。特徴的なのは、授業科目と保育実習が、ほぼ同等の割合で時間配分なされていることである。また、授業も実習も時間で表記されていることから、現在の履修規定に基づいて、300時間の保育実習を1日9時間として計

表Ⅱ-1-1　名古屋市立保育専門学院の科目一覧

| | | 授　業 | 単位数（時間） | 計（時間） |
|---|---|---|---|---|
| 授　業 | | 教育（心理を含む） | 80 | 320 |
| | | 公民（実践倫理を含む） | 30 | |
| | | 物象生物 | 40 | |
| | | 図画 | 30 | |
| | | 音楽 | 70 | |
| | | 工作 | 30 | |
| | | 育児保健 | 40 | |
| 保育実習 | | 保育実習 | 300 | 300 |
| 合　計 | | | | 620 |

出典：髙砂朋子「戦後保育士養成のあゆみ（1）―児童福祉法の制定と保母養成―」『大阪健康福祉短期大学紀要』第10号、2011年をもとに門田作成。

表Ⅱ-1-2　保育士養成課程の「系列」と「履修単位数」

| | 系　列 | 履修単位数 |
|---|---|---|
| 教養科目 | | 8以上 |
| 必修科目 | ①保育の本質・目的に関する科目 | 14 |
| | ②保育の対象の理解に関する科目 | 9 |
| | ③保育の内容・方法に関する科目 | 20 |
| | ④保育実習 | 6 |
| | ・保育実習Ⅰ（実習） | （4） |
| | ・保育実習指導Ⅰ（演習） | （2） |
| | ⑤総合演習<br>・保育実践演習（演習） | 2 |
| 選択必修科目 | | 9以上 |
| | ・保育に関する科目（上記①～④の系列に該当する科目 | （※1） |
| | ・保育実習Ⅱ又はⅢ（実習） | （2以上） |
| | ・保育実習指導Ⅱ又はⅢ（演習） | （1以上） |
| 合　計 | | 68以上 |

※1　「保育に関する科目」、「保育実習Ⅱ又はⅢ」及び「保育実習指導Ⅱ又はⅢ」を合わせて9単位以上。

出典：保育士養成課程等検討会「保育士養成課程などの見直しについて～より実践力のある保育士の養成に向けて～」厚生労働省、2017年をもとに門田作成。

算してみると、この時の保育実習は33.3日の実習期間となる。

　これを現行の保育士養成課程でみると（表Ⅱ-1-2）、保育実習の割合が比較できる。全体68単位以上のうち、保育実習の単位は保育実習Ⅰおよび保育実習Ⅱもしくは保育実習Ⅲのいずれかを合わせて6単位、それぞれの保育実習指導を入れたとしても合計で9単位であり、見かけ上は全体の20％にも満たず、約70年前の約50％からはほど遠い割合となっている。確かに、履修単位上で計ると、約70年前の養成課程のほうが保育実習を重視しているかのようにみえるが、実は、現行の保育実習実

施基準ではそれぞれの保育実習の履修方法を他の授業系列とは異なるかたちで基準を設けている（221頁の表Ⅱ-2-1参照）。

　この基準でみると、保育士資格取得のために必要な保育実習Ⅰおよび保育実習ⅡもしくはⅢのいずれかの合計単位数6単位を取得するには、保育実習の日数を約30日必要としており、これは約70年前の実習日数33.3日とほぼ同等である。つまり、年月を経ても、保育士（当時は保母）となるためには保育実習は欠かせないものであり、その比重は変わらず高いことがわかる。ここで約70年前との違いにおいて、あらためて確認しておかなければならないことは、保育実習先の児童福祉施設の種別である。保育実習はどこで行われると規定されているのか、次の項でみていくことにする。

## 2　保育実習施設の種別

　現在の保育士資格は、児童福祉施設においてその効力を発揮するものであるが、保母資格が付与されていた約70年前はどこで保育実習が行われていたのであろう。当時は法令で保育実習の規定はなかったようであるが、先の名古屋市立保育専門学院の資料によると「保母ノ実習ハ本市ノ幼稚園、保育園及其ノ他必要ナル場所ニ於テ之ヲ行フ」とされており、保育実習は名古屋市の幼稚園、保育園及びその他必要とみなされる施設で行うこととされている。一方、現行の児童福祉法では、保育士は、児童福祉法第7条に書かれた児童福祉施設「助産施設、乳児院、母子生活支援施設、保育所、幼保連携型認定こども園、児童厚生施設、児童養護施設、障害児入所施設、児童発達支援センター、児童心理治療施設、児童自立支援施設及び児童家庭支援センター」において、「専門的知識及び技術をもつて、児童の保育及び児童の保護者に対する保育に関する指導を行うことを業とする者」（第18条の4）とされている。その観点から、保育実習をとらえてみれば、保育実習は、保育士としての専門的知識や技術を習得し、児童の保育及び保護者に対する保育に関する指導のあり方を習得できる児童福祉施設において行われると換言できる。

　表Ⅱ-1-3は、現在の保育実習が行われる施設種別一覧である。ここにあげられている児童福祉施設の一つひとつは、その

表Ⅱ-1-3 実習施設の種別

| | 実習施設の種別 |
|---|---|
| A | 保育所、幼保連携型認定こども園又は「小規模保育Ａ・Ｂ型及び事業所内保育事業」及び乳児院、母子生活支援施設、障害児入所施設、児童発達支援センター、障害者支援施設、指定障害福祉サービス事業所（生活介護、自立訓練、就労移行支援又は就労継続支援を行うものに限る）、児童養護施設、情緒障害児短期治療施設、児童自立支援施設、児童相談所一時保護施設又は独立行政法人国立重度知的障害者総合施設のぞみの園 |
| B | 保育所又は幼保連携型認定こども園或いは小規模保育Ａ・Ｂ型及び事業所内保育事業 |
| C | 児童厚生施設又は児童発達支援センターその他社会福祉関係諸法令の規定に基づき設置されている施設であって保育実習を行う施設として適当と認められるもの（保育所及び幼保連携型認定こども園並びに小規模保育Ａ・Ｂ型及び事業所内保育事業は除く。） |

出典：厚生労働省「指定保育士養成施設の指定及び運営の基準について」、2018年をもとに門田作成。

目的、機能、役割等においてすべて異なっているが、それらを実習対象としてあげる背景には保育士資格の汎用性の高さがある。それゆえ、保育実習を行う際には、各施設の特性を把握し、そこで起こっている現象、そこで展開されている実践、そこに生きる児童や実践者から学ぶことを念頭に置く必要がある。

## 3 保育実習の目標および内容

　ここでは、これら実習施設の種別における実習で、何が求められているのか。保育実習Ⅰ、保育実習Ⅱ、保育実習Ⅲにおける実習目標や内容について概説する。

　保育実習実施基準では、保育実習は保育実習Ⅰ・Ⅱ・Ⅲに加えて、保育実習指導Ⅰ（必修2単位）、保育実習指導Ⅱもしくは保育実習指導Ⅲ（いずれも選択必修各1単位）を履修することが定められている。保育実習指導では、保育実習の意義や目的、内容を理解する等、保育実習で掲げられている目標や内容を理論的に押さえることが期待されている。以下、保育実習ごとにあげられた目標や内容からそれぞれの保育実習の特徴を俯瞰する（表Ⅱ-1-4）。

### (1) 保育実習Ⅰ

　保育実習Ⅰでは、保育所等での実習（2単位）と保育所以外で

の施設実習（2単位）を履修することが設定されているため、実習の目標もその双方にまたがった記載内容となっており、児童福祉施設全般の役割や機能への理解、子ども理解の重要性、保護者や地域視点のあり方、保育計画への理解、そして、児童福

**表Ⅱ-1-4　保育実習Ⅰ・Ⅱ・Ⅲの概要**

| | | 保育実習Ⅰ | 保育実習Ⅱ<br>保育所実習 | 保育実習Ⅲ<br>保育所以外の施設実習 |
|---|---|---|---|---|
| 履修の方法 | | 4単位・20日 | 2単位・10日 | 2単位・10日 |
| 目標 | | 1. 保育所、児童福祉施設等の役割や機能を具体的に理解する。<br>2. 観察や子どもとのかかわりを通して子どもへの理解を深める。<br>3. 既習の教科の内容を踏まえ、子どもの保育及び保護者への支援について総合的に学ぶ。<br>4. 保育の計画、観察、記録及び自己評価等について具体的に理解する。<br>5. 保育士の業務内容や職業倫理について具体的に学ぶ。 | 1. 保育所の役割や機能について、具体的な実践を通して理解を深める。<br>2. 子どもの観察や関わりの視点を明確にすることを通して、保育の理解を深める。<br>3. 既習の教科や保育実習Ⅰの経験を踏まえ、子どもの保育及び子育て支援について総合的に学ぶ。<br>4. 保育の計画、実践、観察、記録及び自己評価等について実際に取り組み、理解を深める。<br>5. 保育士の業務内容や職業倫理について、具体的な実践に結びつけて理解する。<br>6. 保育士としての自己の課題を明確化する。 | 1. 既習の教科目や保育実習の経験を踏まえ、児童福祉施設等（保育所以外）の役割や機能について実践を通して、理解を深める。<br>2. 家庭と地域の生活実態にふれて、児童家庭福祉、社会的養護、障害児支援に対する理解をもとに、保護者支援、家庭支援のための知識、技術、判断力を習得する。<br>3. 保育士の業務内容や職業倫理について具体的な実践に結びつけて理解する。<br>4. 実習における自己の課題を理解する。 |
| 施設種別 | | (A) 表Ⅱ-1-3参照 | (B) 表Ⅱ-1-3参照 | (C) 表Ⅱ-1-3参照 |
| 内容 | 保育所実習 | 1. 保育所の役割と機能<br>2. 子ども理解<br>3. 保育内容・保育環境<br>4. 保育の計画、観察、記録<br>5. 専門職としての保育士の役割と職業倫理 | 1. 保育所の役割や機能の具体的展開<br>2. 観察に基づく保育理解<br>3. 子どもの保育及び保護者・家庭への支援と地域社会等との連携<br>4. 指導計画の作成、実践、観察、記録、評価<br>5. 保育士の業務と職業倫理<br>6. 自己の課題の明確化 | |
| | 児童福祉施設等（保育所以外） | 1. 施設の役割と機能<br>2. 子ども理解<br>3. 施設における子どもの生活と環境<br>4. 計画と記録<br>5. 専門職としての保育士の役割と倫理 | | 1. 児童福祉施設等（保育所以外）の役割と機能<br>2. 施設における支援の実際<br>3. 保育士の多様な業務と職業倫理<br>4. 保育士としての自己課題の明確化 |

出典：厚生労働省「指定保育士養成施設の指定及び運営の基準について」、2018年をもとに門田作成。

祉施設に勤務する保育士の業務内容や職業倫理への理解があげられている。加えて、保育士が専門職であることへの意識を喚起しようとしていることも重要なポイントである。なぜ、保育士が専門職として位置づけられるのか。専門職であるためには何を習得していることが必要なのかを、保育士一人ひとりが確認していく重要性が謳（うた）われている。

はじめての保育実習であることから、保育士になるための基礎的知識や技能を実践をとおして学ぶことを念頭に置いた目標であり、特に、保育士の業務や意思決定に及ぶ際の倫理観等は、実践が行われている臨床の場でしか学ぶことができない事項である。はじめて見るもの、聞くこと、気づくことなど、子どもが生きる場で何が起こっているのかを子どもや保育士の立場から学ぶ機会であることを意識して実習に取り組みたい。

## (2) 保育実習Ⅱ

保育実習Ⅰをふまえて、保育実習Ⅱでは自らが積極的に動く視点が目標のなかに盛り込まれている。また、何を意識しながら児童と関わり、保育の計画を立てていくのか等、保育士としての自己の課題を明確にすることで、専門性への意識を高めていくことが求められている。この目標を達成すべき実習の内容として、保育所が実際にどのように機能しているのかの手立てを理解すること、子ども理解や指導上の留意点などを観察という手法を用いて科学的に精査する視点をもつこと、保育と保護者や地域社会との連携を念頭に入れた実践のあり方、保育士が子どもをみる視点（評価）を意識すること等、実践をいかに展開できるかを重視した内容が記載されている。

## (3) 保育実習Ⅲ

保育実習Ⅱ同様に、保育実習Ⅰでの経験をふまえた保育所以外での施設実習を、より具体的に実践をとおして学び、かつ、積極的に実践化することを目標に掲げている。また、知識や技能の習得だけでなく、その場その場でいかに臨機応変に判断ができるかを実習の目標としてあげていることは、児童福祉施設で展開されるであろう多様な課題に向き合い、高い倫理観を

もって対応する力が保育士には求められていることを示しており、より積極的な姿勢で実践の場から学ぶことが望まれる。

## 4　まとめ

本節では、保育士養成における保育実習の制度的位置づけについて、主に保育実習実施基準をもとに俯瞰した。一点、上記で記載しなかったが、保育実習制度において注視されるようになった点として、保育士養成施設と実習施設との関係性がある。保育実習に関する必要事項や計画を双方の間で明確に共有することや実習に携わる実習担当者や実習指導者・保育士間での連絡を密にとり、保育実習が実り豊かなものとなるサポート体制をとることが明記されている。

このことはひとえに、保育実習が展開される児童福祉行政の位相の厚さと、保育対象である子どもの置かれている現状を、共に保育者を育むという視点で包括的にとらえることがいかに重要で喫緊の課題であるかを示唆している。

子どもだけではなく、子どもの育ちを支えるさまざまな人々が生活する姿から実際に学び、感じ、自らの課題を模索することが保育実習の一つの意義であろう。

第 2 節

# 子どもと保育士等との関係

## 1　子どもと保育士等の関係

### (1)　保育所保育指針にみる「子どもと保育士等の関係」

保育士は、なぜ「先生」と子どもや保護者から呼ばれるのだろうか。

乳児院、児童養護施設、障害児入所施設、児童発達支援センター、保育所など、保育士の活躍の場は数多くある。けれど

表Ⅱ-1-5　保育指針における「保育所の教育機能」について

| 保育所保育指針解説 |
| --- |
| 序章<br>　4　改定の方向性<br>　（2）　保育所保育における幼児教育の積極的な位置づけ<br>　　保育所保育においては、子どもが現在を最も良く生き、望ましい未来を<br>つくり出す力の基礎を培うために、環境を通して<u>養護及び教育を一体的に</u><br><u>行っている。</u><br><br>　5　改定の要点<br>　（2）　保育の内容<br>　　保育所における教育については、<u>幼保連携型認定こども園及び幼稚園と</u><br><u>構成の共通化を図り</u>、「健康・人間関係・環境・言葉・表現」の各領域にお<br>ける「ねらい」「内容」「内容の取扱い」を記載した。 |

注：下線は筆者。

出典：厚生労働省「保育所保育指針解説」、2018年をもとに立花作成。

も、「乳児院、児童養護施設、障害児入所施設、児童発達支援センター、保育所」は、いずれも児童福祉法に規定された児童福祉施設であり、保育士は「子どものよりよい成長・発達の援助者」であり、「保護者や地域の子育てに対する支援者」であり、「保育サービスの提供者」であることが、保育所保育指針（平成29〔2017〕年3月）（以下、保育指針）において位置づけられており、どこにも保育士が「先生」「教師」「教育者」であるとは、明記されていない。

　一方で、保育所保育指針解説（以下、保育指針解説）を見れば、「保育」は「"養護機能"と"教育機能"が一体的に実践されているもの」であり、保育所においても「教育」が実施されていることが明記されている（表Ⅱ-1-5）。つまり、保育士が保育業務を行うこと自体に「教育機能」を含んでおり、保育士は「養護者としての側面」並びに「教育者としての側面」を持ち合わせているのである。その為に、"教育者"という意味の「先生」と言われても、何ら問題はないのである。けれども、「先生」と呼ばれる存在であるからといって、「保育士は人間的に価値が高く偉大である」と勘違いしてはいけない。

## （2）　子どもと保育士における専門的援助関係

　保育士として、保育（養護と教育）を実践する場合、常に「子どもの最善の利益」を意識して、子どもの成長・発達を援助し保護者を支援していく必要がある。「先生」ということばは「先に生まれた者」と解釈することができる。単に、保育士は、

先に生まれ、先に学び、先に知識や技術を修得し、それらを後進や子どもに教授したり伝授したりするから「先生」と呼ばれるのである。保育士が「先生」と呼ばれる存在であったとしても、保育士と子どもが、1対1の人格的なふれあいのなかで生み出す「主－主の関係（対等関係）」を支援や援助の基盤にしなければならない。

もし、保育士がすべての生活場面やプログラムにおいてイニシアティブ（主導権）を握り、子どもの自己決定を認めない保育を行えば、「主－従の関係（上下関係）」となり、パターナリズム（父権主義的・権威主義的・温情主義）な保育に陥ってしまう。パターナリズムが横行すると、保育実践現場において、保育士と子どもの「専門的援助関係（人権を基盤とした対等関係）」が破壊され、人権侵害となる「強制的上下関係」が構築され、保育士が「傷害」「体罰」「虐待」「抑圧」等の加害者となる可能性が高まる。

「先生」ではなく、保育士が「専制」に陥ってしまうことだけは避けなければならない。

近世から専門職として尊敬され認められてきた「宗教家」「医師」「弁護士」だけではなく、近代から「准専門職」として位置づけられてきた「国家資格を所有する保健・医療・福祉・教育・心理・保育などの専門職や公務員」を含めて「専門家」と呼称されることがある。これは、社会のために役立つ仕事に従事していると、社会から認められているからである。社会から認められ「専門家」と呼称されるからには、その専門的な業務における姿勢や態度だけでなく、私生活においても「他の人々の模範となる生き方をすること」が求められる。公私ともに、尊敬され認められるからこそ「先生（専門職）」といわれる価値が高まるのである。

## 2　保育士の役割と専門性

### (1)　法律や実習における「保育士の専門性」

保育士をめざして大学・短期大学・専門学校を受験する高校生に対して、面接で「なぜ、保育士になりたいのですか？」と

たずねると、「子どもと関わるのが好きなので」「保育所での職業体験でやりがいを感じたから」「自らが幼少時にお世話になった保育所の先生に憧れて」など、さまざまな回答が返ってくる。

「子どもと関わることが好き」という感情は、保育士として不可欠であるが、保育ボランティアには不要な感情だろうか。「職業体験で感じたやりがい」は、とても大切な実体験であるが、ほんの数日間の体験だけでプラス面・マイナス面も含めたトータルとしての保育士のやりがいを理解できるのだろうか。「保育所の先生への憧れ」は、非常に重要なモチベーションではあるが、憧れだけで保育士になれるのであろうか。

「子どもへの好感」「仕事へのやりがい」「専門職への憧れ」のいずれもが、保育士にとって必要な要素ではあるが、それだけで保育士になれる訳ではない。保育士は、児童福祉法（第18条第4項）で規定された国家資格であり、「保育士の名称を用いて、専門的知識及び技術をもつて、児童の保育及び児童の保護者に対する保育に関する指導を行うことを業とする者をいう」と定義されている。つまり、資格をもたない保育ボランティアや実習生・保育アルバイト等と保育士の相違は、「専門的な技術や知識を保有していること」「専門的な判断基準を基に児童の保育を実践できること」「保護者に対して、専門的に保育指導を実践できること」の3点の実践力の差である。

そのため、保育士をめざす学生は、国で定められた養成カリキュラムを学び、専門知識や技術を修得しなければならない。専門職としての実践力を高めるために、専門知識や技術を実践に結び付けるために現場実習を経験する訳である。現場実習には、第1段階として、保育所保育を経験するための保育所での10日間実習【保育実習Ⅰ（保育所）】、施設保育を経験するための児童福祉施設（保育所以外）等での10日間の実習【保育実習Ⅰ（施設）】が、必修実習として位置づけられている。さらに、第2段階として、保育所保育を実践的に経験するための保育所での10日間実習【保育実習Ⅱ（保育所）】、または施設保育を実践的に経験するための各種福祉施設（保育所以外）等での10日間の実習【保育実習Ⅲ（施設）】のいずれかが、選択必修実習として位置づけられている。

つまり、保育士をめざす学生は、最低でも3回の各種保育実

習に臨み、保育士にとって必要不可欠な「専門的な技術や知識を保有」「専門的な判断基準を基に児童の保育を実践」「保護者に対して、専門的に保育指導を実践」等の質を高める経験を積まなければならないのである。もちろん、3回の保育実習を無事に終了したからといって、「プロの保育士」として一人前というわけではなく、単に「プロの保育士」としての準備を行っただけに過ぎない。プロの保育士として、質の高い保育を提供できるかどうかは、実習時や実習終了後における専門的な知識・技術・判断基準(倫理感)のスキルアップの積み重ねにかかっているといっても過言ではない。

## (2) 保育士に必要な倫理観(価値観)とは何か

保育士には専門的な知識や技術が要求されるが、最も本質的な要素として重要視されるものが倫理観(価値観)といえる。日本に多くの外国人労働者が流入し、その保護者にも外国籍の方がいる状況下では、多種多様な文化や宗教・考え方(価値観)を受容し、グローバルな視点をもって、支援や援助を行うことが求められている。保育士には、子どもの成長・発達のみならず、家庭の環境や生活様式を含めた保護者との調整を迫られる場面が少なくない。そのため、多種多様な価値観が錯綜する現代社会では、保育実践のなかで、保育士が選択や判断のみならず、多大な責任や使命を背負うことから、保育士間で倫理観や判断基準を共有する必要があり、「全国社会福祉協議会・全国保育協議会・全国保育士会が協働で行動規範のガイドラインとなる「全国保育士会倫理綱領」を策定し、平成15(2003)年2月に採択している」*1のである。

倫理綱領[注3]とは、専門職にとっての社会的宣誓である。国民大会や全国大会などで、代表チームの主将が選手宣誓を行う場面を見たことはないだろうか。選手宣誓は、「選手自らに対する誓い」だけでなく、「大会を運営してくれる審判や関係者に対する誓い」であり、「ふだんから熱心に指導してくれる監督・コーチやスタッフへの誓い」であり、「いつも支援してくれている家族・友人・知人への誓い」であり、「声援を送ってくれる全国のファンへの誓い」でもある。医師・看護師・弁護士・社会福祉士・臨床心理士・教師などのすべての国家資格者

において、倫理綱領が作成されており、倫理綱領は「専門職の自らの誓い」であり「社会に対する誓い」でもある。保育士の倫理綱領には、「児童の最善の利益の為に保育士が言動を行う誓い（Children First）」が明記されている。

　保育士は、どのような場面においても、「自己の利益」「上司の利益」「職場の利益」「保護者の利益」等のためではなく、「子どもの利益」のために動かなければならないのである。つまり、子どもにとって保育士は「最善で最大の援助者」といえる存在でなければならないのである。

### (3)　保育士に必要な知識とは何か

　保育士にとって、知識が不可欠ということであるが、そもそも「知識（knowledge）」とは一体何なのであろうか。古代ギリシアの哲学者である**プラトン**は、知識を構造的に考え、「真なるドクサ（主観的な思い・情熱＝信念）だけでは、ロゴス（ことばで表現できる理性＝論理）が加わっていなければ、知識の範囲には属さない」[2]、「知識の問題とは愛知（哲学）者の魂を『形づくる』という、魂の存在の問題」[3]であることを提唱した（図Ⅱ-1-1）。言い換えれば、知識の構成要素には「信念」と「論理」が必要であり、知識は専門職として魂（アイデンティティ）の形成に不可欠である。このことを保育者に置き換えるならば、子どもに対する「保育」や保護者に対する「保育指導」を実践するにあたり、「知識」が必要不可欠であるが、信念（情熱）と論理（根拠に基づく自らの説明）を常に意識して実践する

**プラトン**
（BC427－BC347）
古代ギリシアの哲学者で、哲学の祖であるソクラテスを師と仰ぎ、西洋哲学の源流となる思想を築いた。『ソクラテスの弁明』や『国家』などを著作し、弟子のアリストテレスなど理想国家を統治するために必要な人材の養成に尽力した。

図Ⅱ-1-1　知識の構造図

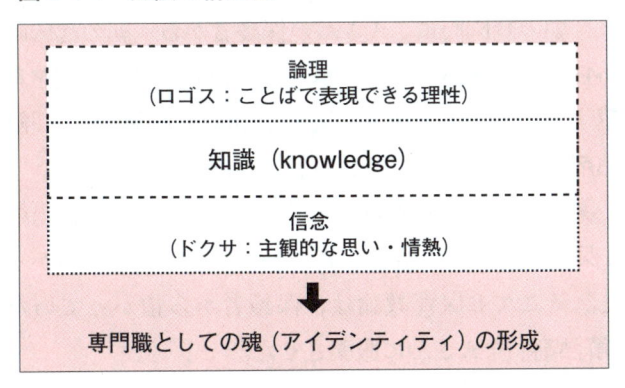

論理
（ロゴス：ことばで表現できる理性）

知識（knowledge）

信念
（ドクサ：主観的な思い・情熱）

↓

専門職としての魂（アイデンティティ）の形成

作図：立花

ことが求められるといえる。

　知識を獲得するために、「専門書や教科書等を熟読して丸暗記する必要がある」と、思い込んでいる学生や保育士がいる。しかし、専門書や教科書等を丸暗記して記憶したものは単なる「情報（information）」であり、知識とはいえない。なぜなら、情報においては、覚えるという行為に「信念や情熱」があったとしても、自らのことばで表現できる「根拠・理性」が不十分であり、「専門的職務に活かすための方向性（魂）」が欠落しているからである。専門職をめざす学生や保育士が自らのことばで、根拠に基づき情報内容の説明ができ、意味ある方向性（魂）のもとに情報が専門的な技能や職務と結び付いたときに、はじめて知識になるのである。つまり、情報でとどまるのか、それとも知識へと昇華するのかについての別れ目は、専門職をめざす学生や保育士自身の専門職としての姿勢にかかっているといえる。

　そもそも知識は何のために修得するのか。

　例えば、家族や教師・上司からの強制や一方的な押し付けのなかで知識を修得しようとしても、「馬の耳に念仏」な状況となり、カフェで心地よく聞き流す「情報のバックミュージック」にとどまってしまうだろう。

### ケース1：高熱を出した子どもへの対応

　同じ年齢や月齢の子どもと比較しても、体が小さくよく熱発するAさん（4歳・女児）は、日ごろからかかりつけの小児科で処方してもらった「解熱剤」を通園バッグの中に入れている。そのため、保護者とZこども園で「服薬同意書」を取り交わしている。

　今朝の登園時に、Aさんの保護者から「朝の起床時から少し微熱があるが、本人が比較的元気で登園を希望するので連れてきた。もし、発熱した場合は、「解熱剤」を服用させてほしい」と、依頼があった。

　案の定、午睡前に顔の赤いAさんに気づいた担当のB保育教諭は、体温を計測し38.5℃あることがわかった。そこでB保育教諭は、保護者から預かっていた「解熱剤」をAさんに服薬させた。

定期試験での高得点や国家試験での合格点の獲得が第一義的な目的であってはいけない。定期試験での高得点や国家試験での合格点の獲得は、手段的目的であるべきである。

学生や保育士が自ら興味や関心を抱いて主体的に学ぶときに、情報ではなく知識へと転換され、「子どもの最善の利益」「子どもの健やかな発達」のために、子どもの姿をイメージしながら深く学ぶ際に、単なる知識ではなく、専門的知識へと昇華されていくことになる。

ケース1のZこども園や担当のB保育教諭の対応は正しいのだろうか。

仮に、Aさんが「インフルエンザ」であった場合、使用承認されている解熱剤（消炎鎮痛座）が決まっており、他の薬剤を投与してはいけない。ふだんの発熱時に、小児に対して座薬や経口薬としてよく処方される薬剤でも、インフルエンザ時には投与禁忌となっている薬剤がある。もし、誤って処方すれば、インフルエンザウイルスを全身にくまなくスピーディーに届ける作用があるため、子どもがインフルエンザ脳症や重症肺炎になるケースもある。

高熱や発疹、嘔吐や下痢などの症状が児童に発現した場合には、感染症の可能性を疑い、保護者に連絡するとともに、医療機関を受診すべきなのである。

医学や健康・保健の知識は、テストで点数を獲得するためではなく、子どもの健康や生命を守るために修得すべきである。また、保育士に必要なさまざまな養成科目（講義・演習）において教授される知識は、子どものよりよい発達・成長のために活用されるべきである。

保育士の知識の有無により、健康を損なったり命を落としたりする児童がいるとするなら、保育士の専門職としての存在意義が問われる状況になるだろう。

### (4)　保育士に必要な技術とは何か

保育士にとって、技術は不可欠であるが、そもそも「技術（technology）」とは一体何なのであろうか。古代ギリシャでは「テクノロジー（技術）とは、ギリシャ語でテクネー（技）＋ロゴス（論理）、すなわちロゴス（論理・理性）を伴うテクネー（技）で

図Ⅱ-1-2　技術の構造図

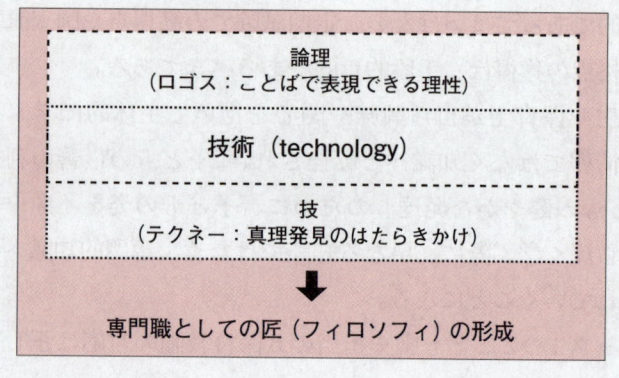

作図：立花

ある」*4 と定義され、「ギリシャ語のテクネー（技）は、真理の発見につながっており、真理の発見につながる誠心誠意に基づく努力の成果を支えるのがロゴス（論理・理性）である」*5 と解釈されていた（図Ⅱ-1-2）。言い換えれば、技術の構成要素には、「技」と「論理」が必要であり、技術は専門職として匠（フィロソフィ）の形成に不可欠である。このことを保育者に置き換えるならば、子どもに対する「保育」や保護者に対する「保育指導」を実践するにあたり、「技術」が必要不可欠であるが、技（卓越した努力の成果）と論理（根拠に基づく自らの説明）を常に意識して実践することが求められるといえる。

　学生が授業や実習等で学習したものは、単なる「技（techne）」である。一時的にできた技にとどまらず、必要に応じて活用し実践できる「技能（skill）」に高めなければならない。しかし、「技能（skill）」にとどまらず、他の保育者や保護者が「技能（skill）」を活用できるように説明可能な、「技術（technology）＝論理を兼ね備えた技能（skill）」に昇華させる必要がある。

　いったい「技術（technology）」は何のために修得するのか。実技試験での高得点や実習での合格点の獲得が、技術修得の第一義的な目的であってはいけない。実技試験での高得点や実習での合格点の獲得は、手段的目的であるべきである。大学・短期大学・専門学校時代の実技試験や実習時の設定保育とまったく同じ内容を今すぐ挑戦するよう指示されても、戸惑いと緊張のなかで、同様の技術を発揮することができない保育士や実習生もいるだろう。もしそのような状況であれば、それは専門的技術とはいいがたいのである。

　修得した保育技術は、保育現場において臨機応変に実践できるかどうかで価値が決まる。つまり、毎日の保育活動のなかで、質の高い保育技術として、常に提供できてこそ専門的技術といえるのである。一時的ではなく、恒常的に一定水準以上の保育技術を実践できてこそ、保育専門職として価値があるといえるのである。そのためには、実習生や保育士自らが使命をもって、より高度な技術向上の修練を図ることが重要である。

　ケース2で、あなたがY保育園のE保育士であれば、どのような対応をするだろうか。

　適切に、Dくんの止血や応急処置ができる技術は、修得しているだろうか。教科書を見ながら、応急処置をしようとしても、時間的に間に合わない。もし、保育士が適切な応急処置ができなければ、出血多量という危機が生じたり、傷の治りが遅くなったりするかもしれない。いくら学校で学んでいても、必要に応じて活用できなければ、専門的な技術とはいえない。

　特に、子どものクライシス（危機的）な状況においては、専門的技術を活用する価値が高まる。例えば、転倒し流血した子どもに対して、迅速に止血し、安静な体位を保持し、その他の傷害状況の確認を行ったうえで、医療専門職と早急に連携できることが重要である。技術として認知していても、技能として利用できなければ有用とはいえない。状況に応じて冷静に技術を活用し、迅速に行動できることが技術といえる。

---

### ケース2：転倒して流血した子どもへの対応

　同じ年齢や月齢の子どもと比較しても、体が大きく活発に動き回るCくん（5歳・男児）は、運動神経がよく、Y保育園の園庭で遊ぶのが大好きである。今日も快晴で、昼食後に園庭で遊んでいたCくんが、年少のDくん（3歳・男児）にぶつかり、Dくんは転倒した。転倒した場所が悪く、Dくんは手首の近くを切り血が流れ、大声で泣き出した。

　そのことにいち早く気づいたE保育士（就職1年め）は、いち早くDくんの傍らに駆け寄った。しかし、血を見るのが苦手なE保育士は、応急処置もできずオロオロしていた。

医学や健康・保健の技術は、実習や実技試験に合格するためではなく、子どもの健康や生命を守るために修得すべきである。また、保育士に必要なさまざまな養成科目（講義・演習）において教授される技術は、子どものよりよい発達・成長のために活用されるべきである。

また、保育士として重要なことは、応急処置の技術だけでなく、子どもの心に寄り添い不安を取り除いたり、子どもが落ち着くことができるようにことばをかける技術も必要である。

保育士の技術の有無により、健康を損なったり命を落としたり、不安なままの児童がいるとするなら、保育士の専門職としての存在意義が問われる状況になるだろう。

<h2>3 保育現場で活用すべき知識・技術・倫理観</h2>

### (1) 記憶の忘却と学習効果

ドイツの有名な心理学者である**エビングハウス**は、人間が暗記した内容（知識や技術）を20分後で42％忘却（58％保持）し、1時間後で56％（44％保持）を忘却し、1日後で74％を忘却（26％保持）し、6日目で77％を忘却（23％保持）していることを実験によって証明した。さらには、1日後に同じ内容（知識や技術）を再度記憶すると記憶の忘却が低下し、2日後に同じ内容（知識や技術）を再々度記憶し直すと6日目には50％以上の内容を保持でき、3日後に同じ内容（知識や技術）を再再々度記憶し直すと6日目には80％以上の内容を保持していることを証明した（図Ⅱ-1-3）。

つまり、「大学・短期大学・専門学校などにおける定期テストや国家試験のために一夜漬けで覚えた『暗記情報』や『一時的な技量』は、短期記憶であるため1週間もすれば多くの情報を失うことになる。一時的な『暗記情報（短期記憶）』や『一時的な技量（短期記憶）』ではなく、大学・短期大学・専門学校などを卒業した後でも活用できる『専門知識（長期記憶）』『専門技術（長期記憶）』とするためには、自らが保育者としての使命をもって、自発的で反復的な学習や訓練を行う中で『専門的な知識や技術修得の促進』が図る必要がある」[6]といえる。

図Ⅱ-1-3　忘却曲線と反復学習の分散効果

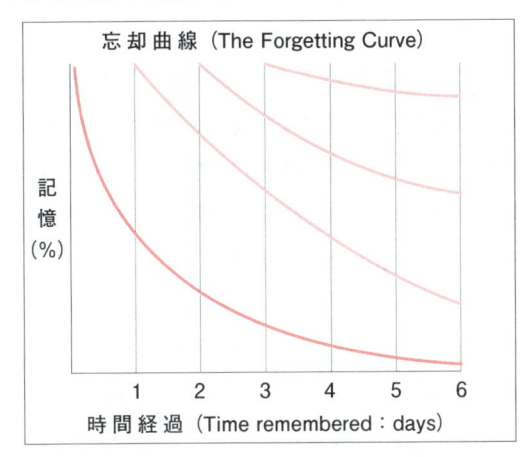

忘却曲線（The Forgetting Curve）

記憶（%）

時間経過（Time remembered：days）

出典：T. L. Brink (2008) Psychology : A Student Friendly Approach. "Unit 7 : Memory." p.126 をもとに立花作成。

　また、同じ保育所や児童施設に勤務する保育者の従事経験の長短や個別の能力（知識や技術など）により提供する保育サービスの質に大きな差が出現すれば、子どもにとっては「担当する保育者によって適切な援助を受けることができたりできなかったりする」というデメリット（マイナス）が生じることになる。

## (2)　保育実践における学習効果

### ケース3：「ウサギとカメ」の記憶

　保育者や保護者は、よく子どもたちに、『イソップ寓話』の「ウサギとカメ」の話をします。

　歩くスピードの遅いことをウサギに馬鹿にされたカメは、ウサギと丘の上までの競争を勝負することになった。しかし、競争をはじめると、ウサギはアッという間にカメを引き離してしまい、ゴール手前の丘の麓までやってきた。後ろを振り返っても、カメの姿が見えないウサギは、大きな木の下で少し休憩しようと横になると、居眠りをはじめてしまった。

　ウサギが寝ている間に、カメは確実に歩み、遂にはウサギを追い越して、丘の上のゴールに先に辿り着いて勝利したのである[7]。

そして、この後、多くの保育者や保護者は、次のように言います。

　どんなに能力があっても、ウサギのように、過信して怠けたり油断したりすると、失敗してしまう。一方で、カメのように、自分を信じてゆっくりでもコツコツと努力すれば、必ず最後は成功できる。だから、皆もカメのように諦めずに一生懸命にがんばろうね……。

　でも、私は、いつもこの「ウサギとカメ」の話を聞く度に、エビングハウスの忘却曲線と反復効果のことを思い浮かべるのです。

『イソップ寓話』「ウサギとカメ」をもとに立花作成。

　ウサギは、知識や技術をすぐに習得できる「初期学習力（暗記力や修得能力、運動神経）」が高い存在だと考えられ、クラスにも1人や2人存在しているヒーローやヒロインのような児童といえる。一方で、カメは、知識や技術をなかなか習得できない「初期学習力（暗記力や修得能力、運動神経）」が低い存在だと考えられ、クラスにも1人や2人いるマイペースで遅鈍な存在の児童といえる。

　ウサギが、当初その能力を最大限に発揮して独走をはじめたが、途中でエネルギー切れを起こし「走る」という反復行動を止めてしまった。もし、「走る」という反復行動を最後まで継続していれば、ウサギは新記録を樹立して勝負に勝っていたに違いない。しかし、ウサギは「走る」という反復行動を途中で投げ出し、止めてしまったのである。そのため、修得効果がなくなってしまったのである。

　一方、カメは最初から自らが持続可能なペースで「歩む」という反復行動を継続し続けたのである。だから、エネルギー切れを起こすこともなく、途中の休憩をとる必要もなく、最後までがんばりとおして、目的を達成したのである。

　一人ひとりの子どもの発達・成長には個別差があり、習得能力も異なるが、ある一定の目標に到達しようと考えるのであれば、反復練習や反復行動を続けることが重要である。しかし、その反復練習や反復行動が押し付けや強制では、効果が半減し

てしまう。実際に、カメは「ウサギよりも先にゴールする」という目標に向かって、一心不乱にがんばり続けたのである。実際に、保育者が子どもの成長・発達をより効果的に支援したいのであれば、子どもが主体性や自主性を発揮して継続した努力をできる工夫(動機付けや環境設定)を、保育現場で行うことが非常に重要であることはいうまでもない。

また、ウサギとカメのゴールは目視できる丘の上であった。もし、ゴール地点が、まったく目視不可能ではるか遠方の隣村や遠い山の向こうの湖畔などであったとしたなら、カメはがんばり続けることができただろうか。可視化できる場所だったからこそ、ゴールを真っ直ぐに見つめ、歩み続けることができたのではないだろうか。実際に、保育者が子どもの成長・発達をより効果的に支援したいのであれば、1年先や半年先といった「長期的でイメージの湧きにくい目標」よりも、1週間先や1か月先といった「短期的でイメージしやすい目標」を設定するほうが重要であることはいうまでもない。

さらには、保育士自身も、カメのように、反復行動を繰り返して、専門的な知識や技術の質を向上し続ける必要がある。そのために、自己啓発(書籍や視聴覚教材)、職場内研修、職場外研修等の機会などを有効に活用し、常に最新の知識や技術を獲得し自己研鑽を積み重ねていることが重要である。

## (3) 保育指針における知識・技術・倫理観

平成29(2017)年3月31日に新たな保育指針(厚生労働省告示第117号)が告示され、平成30(2018)年2月22日に厚生労働省から保育指針解説が公表された。そのなかで、児童福祉法第18条の規定をふまえ、倫理観に裏付けされた「専門的知識」「専門的技術」「専門的判断」をもって子どもを保育し、保護者に対する保育指導を行い、専門性の向上に絶えず努める責務が明記されている(表II-1-6)。

日本国憲法第25条第1項では、「すべて国民は、健康で文化的な最低限度の生活を営む権利を有する」と「生存権」が規定されている。つまり、国は、児童から高齢者までの全国民の「生存権」を保障しており、国家資格者である保育士は「児童の生存権」を保障する役割を担う立場にある。保育における

表Ⅱ-1-6　保育指針における「専門的な知識・技術・倫理観」について

| 保育所保育指針解説 |
| --- |

第1章　総　則
1　保育所保育に関する基本原則
(1)　保育所の役割
　　　【養護と教育の一体性】
　　エ　保育所における保育士は、児童福祉法第18条の4の規定を踏ま
　　　え、保育所の役割及び機能が適切に発揮されるように、倫理観に裏
　　　付けられた専門的知識、技術及び判断をもって、子どもを保育する
　　　とともに、子どもの保護者に対する保育に関する指導を行うもので
　　　あり、その職責を遂行するための専門性の向上に絶えず努めなけれ
　　　ばならない。

　保育所の保育士に求められる主要な知識及び技術としては、次の6つで
ある。
　　①これからの社会に求められる資質を踏まえながら、乳幼児期の子ど
　　　もの発達に関する専門的知識を基に子どもの育ちを見通し、一人一
　　　人の子どもの発達を援助する知識及び技術
　　②子どもの発達過程や意欲を踏まえ、子ども自らが生活していく力を
　　　細やかに助ける生活援助の知識及び技術
　　③保育所内外の空間や様々な設備、遊具、素材等の物的環境、自然環
　　　境や人的環境を生かし、保育の環境を構成していく知識及び技術
　　④子どもの経験や興味や関心に応じて、様々な遊びを豊かに展開して
　　　いくための知識及び技術
　　⑤子ども同士の関わりや子どもと保護者の関わりなどを見守り、その
　　　気持ちに寄り添いながら適宜必要な援助をしていく関係構築の知識
　　　及び技術
　　⑥保護者等への相談、助言に関する知識及び技術
　保育士には、こうした専門的な知識及び技術を、状況に応じた判断の下、
適切かつ柔軟に用いながら、子どもの保育と保護者への支援を行うことが
求められる。その際、これらの知識や技術及び判断は、子どもの最善の利
益を尊重することをはじめとした児童福祉の理念に基づく倫理観に裏付け
られたものでなくてはならない。
　これらのことを踏まえ、保育所における保育士としての職責を遂行して
いくためには、日々の保育を通じて自己を省察するとともに、同僚と協働
し、共に学び続けていく姿勢が求められる。　　　　　　　　（下線は筆者）

出典：厚生労働省「保育所保育指針解説」、2018年をもとに立花作成。

　「児童の生存権の保障」とは、第一に「健康な最低限の生活を
保障すること」であり、保育の現場で大切にされている「児童
の基本的生活習慣（ADL）」である「食事」「睡眠」「排泄」「清潔」
「衣類の着脱（着脱衣）」を児童自らが自律（自己決定）したり、
自立（実践）したりできるように援助することである。第二に、
「文化的な最低限度の生活」を保障することであり、保育の目
標となる5領域（健康・人間関係・環境・言葉・表現）を児童自
らが遊びや学びを通じて総合的に習得できるように援助するこ
とである。

# 第3節　個々の子どもに応じた援助や受容的・応答的な関わり

## 1　受容的な関わり・応答的な関わりとは何か

### （1）　受容的関わりとは、一体どういうことであるのか

　まず、受容とは、「相手の存在（価値）をあるがままに受け入れること」を意味し、保育士が「子どもや保護者の存在（価値）をあるがままに受け入れる」ということである。

　では、「存在（価値）をあるがままに受け入れる」とは、一体どういうことであるのか。

　あなたが生活するなかで生じた「悩み」は、誰にでも打ち明けるだろうか。見ず知らずの人やあまり親しくない人にも、所構わずに内容構わずにすべて打ち明けるだろうか。もちろん、その内容にもよるが、「センシティブ（sensitive）な情報（他人に知られたくない個人情報やプライバシーに触れる内容）」であればあるほど、多くの人は限定された一部の人にしか打ち明けないだろう。それは、家族や親友、先輩や上司・同僚などのなかで、しっかりとした信頼関係の構築している相手にのみ相談するだろう。その相手は、あなたのことを親身に考えてくれるだけでなく、一方的な批判をせずに、あなたという人間を「あるがままに受け入れてくれる存在」であるから、安心して相談できるのではないだろうか。

　また、あなたは、子どもや保護者から「悩みごとを相談したい相手」としてみられているのだろうか。ほかの保育士は、子どもから頻繁に話しかけられたり、保護者から何度も相談を受けたりするのに、あなた自身には、ほとんどそのような機会がないとすれば、どうだろうか。あなたは保育士として、信頼されているといえるだろうか。間違いなく、子どもや保護者たちは、あなたのことを「あるがままに受け入れてくれる存在」と認識しておらず、安心して相談したい存在ととらえていないだ

ろう。

　受容的な信頼関係(ラポール［rapport］：心が通じ合っている関係)を築くことは、一朝一夕にできることではない。毎日毎日の積み重ねが非常に重要である。

　つまり、受容的関わりとは、保育士が子どもや保護者をあるがままに受け入れるなかで、子どもや保護者と信頼関係を築き、互いに心が通じ合っている関係に基づいた関わり、といえるのではないだろうか。

## (2)　応答的関わりとは、一体どういうことであるのか

　応答とは、「相手の問いかけに応えたり、相手の質問に答えたりすることである」といえる。

　また、応答的関わりとは、「相手の呼びかけ・問いかけや反応に応答し、相手もこちらの呼びかけや問いかけに反応する等、いわば相互コミュニケーションを通じた心と心のキャッチボール」といえるのではないだろうか。では、「心と心のキャッチボール」とは、一体どういうことであるのか。

　1つは「子どもの話しかけてくること(クーイング・喃語・言語的表現・非言語的表現など)に対して、保育士が愛情を込めて温かく応えること」、もう1つは「保育者が、子どもに対して愛情をこめて優しく問いかけ、返ってくる子どもの反応(クーイング・喃語・言語的表現・非言語的表現など)をしっかりと受け止めること」であり、この2つを基本とした「双方向の関わり(相互作用)」が「心と心のキャッチボール」といえるのではないだろうか。

　つまり、保育士と子ども、または保護者と子ども、あるいは保育士と保護者の双方が「互いに相手の存在(価値)を認め、相手の感情や思考を受け入れること」を意味している。

## 2 心の距離や支援・援助の関係性から考える 受容的な関わり・応答的な関わり

### (1) 投射・同情、共感、無関心について

　受容的・応答的関わりにおいて、しばしば用いられる「あるがままに受け入れる」というのは、「子どもや保護者の感情や思考」と「保育者の感情や思考」を重ね合わせることではない。

　もし、子どもから「ママの新しい恋人に叩かれている」と聞いた保育者自身が「幼少期に義親から意地悪や虐待をされた経験」と重ね合わせ感情が高ぶってしまうと、冷静に話を聞いたり客観的に判断したりすることが非常にむずかしくなってしまう。このように、保育者自らの感情や思考の大部分を子どもや保護者に重ね合わせてしまうことを「投射（感情移入：projection）」という（図Ⅱ-1-4）。

　また、最近落ち込んだ表情をしている保護者を見て、保育者から「どうしたのですか」とたずねた際、「実は仕事でリストラに合ってしまい、経済的な先行きが不安なのです」と保護者に打ち明けられたとする。その状況に対して、保育者が保護者を憐れみ（上から目線・支配的感情）から「助けてあげたい」と考えたり、個人的関心や興味本位から「かわいそう」と同様の感情を抱いたりすることがある。相手の負（マイナス）の感情や思考の大部分に対して、自分自身の感情や思考を重ね合わせ、同様の感情をもつことで理解してあげようとする姿勢や態度を「同情（sympathy）」という（図Ⅱ-1-4）。

　もし、投射や同情をしてしまうと、適度な心の距離を保つことができず、冷静かつ客観的な視点や態度での援助や支援ができなくなってしまうのである。

　一方で、「投射や同情」の対置にあるのが「無関心（indifferent）」である。無関心とは、「相手に関心が無いこと」であり、いわば保育士が子どもや保護者に対して、「心を開かず気にもかけず、興味・関心も抱かない状況」である。子どもにとって、保育士や親に叱られたり友だちにいじめられたりすることは苦痛であるが、最も苦痛なことは「無視されること」であるといわれる。無視というのは、相手から関心をもたれな

図Ⅱ-1-4　投射・同情の構造　　図Ⅱ-1-5　無関心の構造

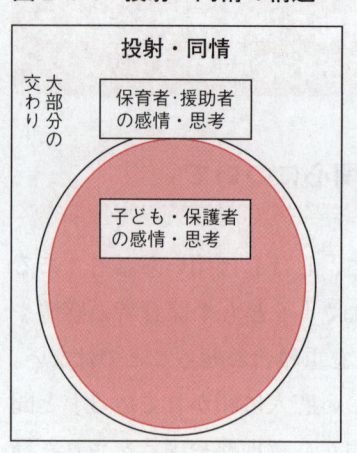

作図：立花

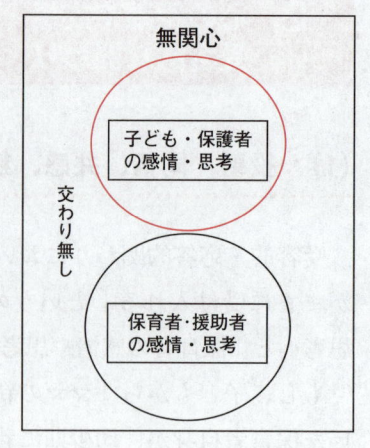

作図：立花

い「無関心・無交流の状態」である（図Ⅱ-1-5）。

　1979年にノーベル平和賞を受賞した**マザー・テレサ**は、インドの大都市カルカッタのスラム街で、不治の病にある人々や貧しい人々・身寄りのない子どもたちに対し、生涯をかけて援助を行ったが、「愛の反対は憎しみではなく無関心である」という名言を残している。マザー・テレサは、「愛の反対は憎しみではありません。それは、愛がないことです。無関心です。だれにも望まれていないと感じるとき、人はもっとも深く傷つきます」[*8]「愛の反対は憎悪ではない、無関心です。人間の最大の苦しみ、悲惨は、自分がすべての人に見棄てられている、自分はもうどうでもよい不要な存在なのだと感じさせられる、その絶望なのです。人間が他者に対して無関心になるとき、その人こそ最悪の貧の人に堕すのです」[*9]などとたとえている。

　マザー・テレサの教えを保育に置き換えて考えるならば、保育士や保護者が子どもに対して「無関心」を続けると、子どもは「愛着障害（他者との安定した親しい心のつながり、信頼関係を築くことができない）」を引き起こし、常に緊張と不安を抱き続けながら生活を強いられる高ストレス状態が続き、成長の過程で「発達障害」「自律神経失調症」「主体性の消失」「意欲の減退」「コミュニケーション障害」など、さまざまな問題が生じることにつながっていく。

　つまり、保育においては、感情や思考の大部分をオーバーラップ（姿を重ね合わせる）させるような過干渉な「投射」も支

図Ⅱ-1-6 共感の構造

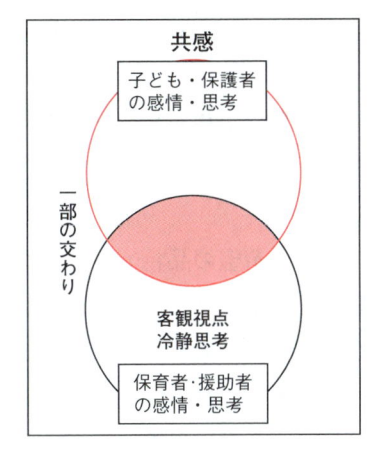

共感

子ども・保護者
の感情・思考

一部の交わり

客観視点
冷静思考

保育者・援助者
の感情・思考

作図：立花

配的な「同情」も、子どもや保護者に対して負の影響を与える
が、存在を認められない「無関心」は、子どもや保護者に対し
て最も大きな精神的・情緒的ダメージを与える行為であるとい
える。そのため、保育士は、子どもの状況や保護者からの相談
に対して、自らの感情を移入しすぎることなく、無視すること
なく、相手を尊重・信頼し対等関係で、保育士自身の感情や思
考を一部重ね合わせて支援や援助を行うことを「共感
（empathy）」という（図Ⅱ-1-6）。米国の心理学者である**オール
ポート**は、健康なパーソナリティの規準の一つとして「共感」
をあげ、「他人との暖かい人間関係の確立。家族や友人に対し
て、どれほど深い愛情を伴う親密さと、全ての人の人間的状態
に敬意を払い理解すること」[*10] と定義している。

> **オールポート**
> G. W. Allport
> （1897—1967）
> 　米国の心理学者で、人間のパーソナリティ特性の研究に貢献しただけでなく、偏見や差別を改善し阻止するための「交流・接触アプローチ」を提唱し、社会心理学における態度に関する研究の礎を築いた。

## （2）　児童福祉施設の実習指導者の訓話

　ある児童福祉施設の実習指導者の先生が、いつも実習生に対
して次のような話をしていた。

実習生の皆さんへ

　子どもと接する際に、必ず愛情と尊敬をもって接してく
ださい。

それは、皆さんの大切な人、例えば家族や愛する人と接するように、子どもたち一人ひとりと接するということです。

　皆さんは、大切な人の誕生日に、どのような方法でプレゼントを贈るでしょうか。

　仮に大切な人から「希望の品物」だけを聞き出し、皆さんの嗜好で色や柄を勝手に選んで購入し、商品をプレゼントすればどうでしょうか。大切な人は、希望の商品をもらい半分うれしいけれども、好みの色や柄でないために半分はうれしくないといった中途半端な喜びになるような気がしませんか。これが、同情（一方的な押し付け）ですよ。どうせプレゼントするなら、その人の好みの色や柄を確認する必要があるはずです……。

　もし、大切な人が高価なものをほしがっていれば、あなたは多額の借金をしてでも購入してプレゼントしますか。もし、そのプレゼントをもらったら、大切な人は心から喜ぶと思いますか。互いに対等な愛情ある関係であれば、大切な人は喜ぶよりもあなたのことを心配するはずです。このような状況が投射（感情移入：お節介）だといえます……同情も投射も、余計なお節介であり、行き過ぎた行為（依存・共依存）であるといわざるを得ません。大切な相手にとっても、心地のよい関係とはいえません。

　その人が望んでいるもののなかから、あなたができる可能な範囲のなかで、あたたかい思いを巡らせて選び、愛情を込めて書いたメッセージカードを添えて、プレゼントを渡せば、大切な人は心から喜んでくれると思いませんか。お互いに負担がなく、心地よい関係（共存）でいることができる状況が、共感だといえます。

　また、皆さんは、大切な人の誕生日に、その人の希望や思いも聞かずに、一方的に自分の思いだけで、品物を選んでプレゼントしますか。その人が飲み物をほしがっているのにパサパサした食べ物をプレゼントしたり、その人が

コートを欲しがっているのに水着をプレゼントしたりする
ようなものではないでしょうか……その人がプレゼントを
ほしがっているときに、無視するでしょうか……希望しな
いプレゼントを一方的に渡したり、プレゼントを希望して
いても何も渡したりしない状況は、完全に相手の立場や思
いを無視(異存)する「無関心・他人事」の状況といわざる
を得ません。

実は、子どもや保護者に接する保育の仕事も一緒なので
す。

皆さんの目の前にいる子どもたちや保護者を皆さんの大
切な家族や愛する人と同様に、相手の心に思いを馳せ、無
理のない範囲で最大限の愛情とエネルギーもって接してい
ただきたいのです。

つまり、投射(感情移入：お節介)や同情(一方的な押し付け)
は、自他ともに心的な負担の大きい距離(行き過ぎた関係：依
存・従属存)であるといえる。また、無関心(他人事)は、相手
の感情や思考を無視して、理解しようともしない状況であるた
め、互いの心は遠く交わることがない距離(薄い関係：無関
心・他人事)であるといえる。一方で、共感は、敬意や愛情を
もって相手の立場や状況の理解に努める際に、ほどよい心の距
離(心地よい関係＝共存)であるため、冷静かつ客観的な視点や
態度での援助や支援が可能になる。この「共感」の関係構造
が、受容的・応答的関わりといえるのである(図Ⅱ-1-7)。

図Ⅱ-1-7　保育士と子ども・保護者との関係性と心の距離

| 状況 | 依存・従属存 | | 共存 | | 異存 |
|---|---|---|---|---|---|
| 心の距離 | 行き過ぎた関係 | ⇔ | 心地いい関係 | ⇔ | 薄い関係 |
| 関係性 | 投射・同情 | | 共感 | | 無関心・他人事 |

作図：立花

## 3　保育における受容的な関わり・応答的な関わりとは何か

### (1)　保育指針における「受容的・応答的関わり」

　保育指針解説を見れば、各年齢段階(乳児保育・1歳以上3歳未満児の保育・3歳以上児の保育)の保育内容において、「受容的関わり」や「応答的関わり」についての記述や説明が何度も見られる(表Ⅱ-1-7)。それは、各発達(年齢)段階において、「受容的関わり」「応答的関わり」の重要性を説示しており、保育士の関わりによって、子どもの成長や発達の状況が異なってくることを示唆しているにほかならない。

　また、保育指針解説だけでなく幼稚園教育要領解説(以下、教育要領解説)や幼保連携型認定こども園教育・保育要領解説(以下、教育・保育要領解説)にも記述されている。教育要領解説では、「幼児期の特性」「発達指導」「言語活動の充実」および5領域の「言葉」「人間関係」「表現」において、「受容的関わり」や「応答的関わり」の重要性が説明されている。同様に、教育・保育要領解説においても、「乳幼児期の発育・発達」「教育及び保育の基本で重視する事項」「特に配慮すべき事項」「乳児期の園児の保育に関するねらい及び内容(身体的発達、社会的発達、精神的発達の全て)」「満1歳以上満3歳未満の園児の保育に関するねらい及び内容(健康・人間関係・言葉・表現)」「満3歳以上の園児の教育及び保育に関するねらい及び内容(人間関係・環境・言葉・表現)」「教育及び保育の実施に関する配慮事項」「子育て(保護者)の支援全般に関わる事項」において、「受容的・応答的関わり」の必要性が教示されている。

　これらを総合的に考えれば次のように整理できる。

　第一に乳児期においては、子ども一人ひとりの生理的欲求を満たす際に「受容的・応答的関わり」が関与しており、「愛着関係の構築」「自己認識概念の発達」「安心感による情緒安定」「成長・発達の助長」等につながっている。愛着や信頼関係の基礎を築く乳児期は、保護者とともに保育士や保育教諭等の関わり方が、これからの「身体的発達」「社会的発達」「精神的発達」に大きな影響を及ぼしているのである。

## 表Ⅱ-1-7　保育指針における「受容的・応答的関わり」について

**保育指針解説**

第2章　保育の内容
1　乳児保育に関わるねらい及び内容
　(2)　ねらい及び内容
　イ　社会的発達に関する視点「身近な人と気持ちが通じ合う」
　　受容的・応答的な関わりの下で、何かを伝えようとする意欲や身近な大人との信頼関係を育て、人と関わる力の基盤を培う。
　　(ア)　ねらい
　　　①　安心できる関係の下で、身近な人と共に過ごす喜びを感じる。
　　　②　体の動きや表情、発声等により、保育士等と気持ちを通わせようとする。
　　　③　身近な人と親しみ、関わりを深め、愛情や信頼感が芽生える。
　　(イ)　内容
　　　①　子どもからの働きかけを踏まえた、応答的な触れ合いや言葉がけによって、欲求が満たされ、安定感をもって過ごす。
　　　②　体の動きや表情、発声、喃なん語等を優しく受け止めてもらい、保育士等とのやり取りを楽しむ。
　　　③　生活や遊びの中で、自分の身近な人の存在に気付き、親しみの気持ちを表す。
　　　④　保育士等による語りかけや歌いかけ、発声や喃語等への応答を通じて、言葉の理解や発語の意欲が育つ。
　　　⑤　温かく、受容的な関わりを通じて、自分を肯定する気持ちが芽生える。
　　(ウ)　内容の取扱い
　　　①　保育士等との信頼関係に支えられて生活を確立していくことが人と関わる基盤となることを考慮して、子どもの多様な感情を受け止め、温かく受容的・応答的に関わり、一人一人に応じた適切な援助を行うようにすること。
　　　②　身近な人に親しみをもって接し、自分の感情などを表し、それに相手が応答する言葉を聞くことを通して、次第に言葉が獲得されていくことを考慮して、楽しい雰囲気の中での保育士等との関わり合いを大切にし、ゆっくりと優しく話しかけるなど、積極的に言葉のやり取りを楽しむことができるようにすること。

2　1歳以上3歳未満児の保育に関わるねらい及び内容
　(2)　ねらい及び内容
　イ　人との関わりに関する領域「人間関係」
　　他の人々と親しみ、支え合って生活するために、自立心を育て、人と関わる力を養う。
　　(ア)　ねらい
　　　①　保育所での生活を楽しみ、身近な人と関わる心地よさを感じる。
　　　②　周囲の子ども等への興味や関心が高まり、関わりをもとうとする。
　　　③　保育所の生活の仕方に慣れ、きまりの大切さに気付く。
　　(イ)　内容
　　　①　保育士等や周囲の子ども等との安定した関係の中で、共に過ごす心地よさを感じる。
　　　②　保育士等の受容的・応答的な関わりの中で、欲求を適切に満たし、安定感をもって過ごす。
　　(ウ)　内容の取扱い
　　　①　保育士等との信頼関係に支えられて生活を確立するとともに、自分で何かをしようとする気持ちが旺盛になる時期であることに鑑み、そのような子どもの気持ちを尊重し、温かく見守るとともに、愛情豊かに、応答的に関わり、適切な援助を行うようにすること。
　　　②　思い通りにいかない場合等の子どもの不安定な感情の表出については、保育士等が受容的に受け止めるとともに、そうした気持ちから立ち直る経験や感情をコントロールすることへの気付き等につなげていけるように援助すること。

オ　感性と表現に関する領域「表現」
　　感じたことや考えたことを自分なりに表現することを通して、豊かな感性や表現する力を養い、創造性を豊かにする。
（ウ）内容の取扱い
　③　様々な感情の表現等を通じて、子どもが自分の感情や気持ちに気付くようになる時期であることに鑑み、受容的な関わりの中で自信をもって表現をすることや、諦めずに続けた後の達成感等を感じられるような経験が蓄積されるようにすること。

3　3歳以上児の保育に関するねらい及び内容
（2）ねらい及び内容
イ　人との関わりに関する領域「人間関係」
　　他の人々と親しみ、支え合って生活するために、自立心を育て、人と関わる力を養う。
（ア）ねらい
　①　保育所の生活を楽しみ、自分の力で行動することの充実感を味わう。
　②　身近な人と親しみ、関わりを深め、工夫したり、協力したりして一緒に活動する楽しさを味わい、愛情や信頼感をもつ。
　③　社会生活における望ましい習慣や態度を身に付ける。
（イ）内容
　①　保育士等や友達と共に過ごすことの喜びを味わう。
　⑤　友達と積極的に関わりながら喜びや悲しみを共感し合う。
　⑥　自分の思ったことを相手に伝え、相手の思っていることに気付く。
　⑦　友達のよさに気付き、一緒に活動する楽しさを味わう。
　⑩　友達との関わりを深め、思いやりをもつ。
　⑬　高齢者をはじめ地域の人々などの自分の生活に関係の深いいろいろな人に親しみをもつ。
（ウ）内容の取扱い
　①　保育士等との信頼関係に支えられて自分自身の生活を確立していくことが人と関わる基盤となることを考慮し、子どもが自ら周囲に働き掛けることにより多様な感情を体験し、試行錯誤しながら諦めずにやり遂げることの達成感や、前向きな見通しをもって自分の力で行うことの充実感を味わうことができるよう、子どもの行動を見守りながら適切な援助を行うようにすること。
エ　言葉の獲得に関する領域「言葉」
　　経験したことや考えたことなどを自分なりの言葉で表現し、相手の話す言葉を聞こうとする意欲や態度を育て、言葉に対する感覚や言葉で表現する力を養う。
（ア）ねらい
　①　自分の気持ちを言葉で表現する楽しさを味わう。
　②　人の言葉や話などをよく聞き、自分の経験したことや考えたことを話し、伝え合う喜びを味わう。
　③　日常生活に必要な言葉が分かるようになるとともに、絵本や物語などに親しみ、言葉に対する感覚を豊かにし、保育士等や友達と心を通わせる。
（ウ）内容の取扱い
　①　言葉は、身近な人に親しみをもって接し、自分の感情や意志などを伝え、それに相手が応答し、その言葉を聞くことを通して次第に獲得されていくものであることを考慮して、子どもが保育士等や他の子どもと関わることにより心を動かされるような体験をし、言葉を交わす喜びを味わえるようにすること。

第4章　子育て支援
1　保育所における子育て支援に関する基本的事項
（1）保育所の特性を生かした子育て支援
　ア　保護者に対する子育て支援を行う際には、各地域や家庭の実態等を踏まえるとともに、保護者の気持ちを受け止め、相互の信頼関係を基本に、保護者の自己決定を尊重すること。

注：　　　線：受容的・応答的関わりの表現、　　　線：受容的・応答的関わりの効果

出典：厚生労働省「保育所保育指針解説」、2018年をもとに立花作成。

　第二に幼児前期（満1歳以上満3歳未満）においては、子ども
の自発的なサイン（発語・表現・感情表出・動作など）に対し
て、保育士や保育教諭等が「受容的・応答的関わり」をもつこ
とで、身体的発達・社会的発達・精神的発達に関連する「食事
の意欲」「人との信頼関係の構築」「絆の形成」「自発的コミュニ
ケーション」「感情の表現力」等に大きく結び付いていくので
ある。

　第三に幼児後期（満3歳以上）においては、子どもの自発的な
サイン（発語・表現・感情表出・動作など）に対して、保育士や
保育教諭等が「受容的・応答的関わり」をもつことで、生活や
遊びや学びのなかで、「他者との喜びや苦しさの共有」「他者の
嬉しさや悲しさの共感」「傾聴力」「伝達表現力」「感情のコント
ロール力」「自己肯定感」等をより高めていくことに連関して
いくのである。

　つまり、「受容的・応答的関わり」は、保育者が一人ひとり
の特性や発達の過程に応じて行われるもので、子どもの「人格
形成の基礎」を築き、「生きる力の基礎」を培い、「他者との信
頼関係」を育み、「自己肯定感」を高め「主体性」を養ってい
くために、「成長・発達の鍵」となるものであるといえる。

　それだけでなく、保育者による「受容的・応答的関わり」
は、保護者の「気持ち（うれしさ・苦しさ）や悩み」を受容し、
保護者との「コミュニケーション」を通じた「受容的・応答的
関わり」を実践することで、より深い「信頼関係」を構築で
き、保護者自身に養われる安心感や自己肯定感が「子育て」を
通じて、その子どもにも好影響を与えるという「子育ての好循
環システム」に役立つのである。

## (2) コミュニケーションにおける「応答的・受容的関わり」

　「受容的・応答的関わり」は、コミュニケーションを通じて行われるものであるが、コミュニケーションには、3種類の方法がある。第1番めは、話しことばや文字(手紙、メール、印刷物)などを媒介として行われる「言語による伝達表現」であり、「バーバル・コミュニケーション(言語的コミュニケーション)」と呼ばれ、第2番めは、ことばや文字を使用しない「聴覚的コミュニケーション表現(声の高低や話すスピード等)」を媒介として行われる「準言語による伝達表現」であり「パラリングイスティック・コミュニケーション(準言語的コミュニケーション)」と呼ばれ、第3番めは、ことばや文字を使用しない「身体表現や視覚的コミュニケーション表現(態度や表情等)」を媒介として行われる「非言語による伝達表現」であり「ノンバーバル・コミュニケーション(非言語的コミュニケーション)」と呼ばれている。

　米国の人類学者である**バードウィステル**は、「コミュニケーションでは、言葉によって伝えられるメッセージは、全体の35％に過ぎず、残りの65％は、話しぶり、動作、ジェスチャー、相手との間の取り方など、言葉以外の手段によって伝えられる」と指摘し、米国の心理学者である**メラビアン**は、「相手の印象や理解度が高まるのは、言語情報(言葉・文字)だけを用いるよりも、視覚情報(Visual Intelligence)、聴覚情報(Vocal Intelligence)等の『非言語的な要素』が同時に用いられる場合である」[*11]と結論付けた。

　例えば、人気のあるお笑いタレントは、「言語による伝達表現」のみならず、「準言語による伝達表現」「言語による伝達表現」を同時に活用することで、視聴者に対して、より伝わりやすいインパクトと理解のしやすさを提供している。

　つまり、子どもや保護者との「受容的・応答的なコミュニケーション」には、「言語による伝達表現」のみならず、「準言語による伝達表現」「言語による伝達表現」を同時に活用することが必要になるのである。

## 4　子どもの状況に応じた「受容的・応答的関わり」

### (1)　バーバル・コミュニケーション（言語的コミュニケーション）

**❶繰り返しの技法**

　相手（子どもや保護者）が発したことばの一部、または全部、最後の部分を、そのまま用いて返答することを「繰り返し技法」という。

　例えば、「とても痛い！　痛い！」と、クラスの子どもが転んで泣いているとき、「大丈夫！　大丈夫！　全然痛くないよ」と保育士が独善的に返答してしまうと、子どもはますます激しく泣く可能性がある。保育士が「とても痛いのね。でも、大丈夫だよ！」と返答するほうが、子どもは自身の気持ちを受け入れてもらえたという安心感から、泣き止む可能性が高まる。

　乳児が「うーうー」「あーあー」と言っている状況に対して、保育士が「うーうー」「あーあー」と繰り返すことで、乳児は誰かに「聞いてもらえた」「返信してもらえた」という安心感を抱くはずである。

**❷共感の技法**

　保育士が、正負両面から相手（子どもや保護者）の感情や思考を理解し共有することを「共感」という。

　例えば、5歳の子どもが「こんなキレイなお花をみつけたよぉ！」と喜び勇んで来たときに、忙しいなかで「キレイだね」と口先で返答しても、子どもの心に届かないだろう。心から「すごいねぇ、とってもキレイなお花だねぇ」と返答すれば、子どもは一緒に喜んでもらえたと感じ、ますます満面の笑みになるだろう。また、朝の登園時に、2歳の子どもが「ママ、行っちゃった……」と落ち込んでいる状態で、保育士が「夕方には迎えに来るよ」とそっけなく話しかけるよりも、「ママ、お仕事に行ったから、寂しいね。でも、夕方には必ず迎えに来てくれるから安心してね」と話しかけるほうが、子どもは本質的に共感してもらえたと感じて気持ちが落ち着くだろう。人は

誰しも、うれしさ・喜びや悩み・苦しさを誰かに理解し共有してもらいたい願望があり、保育士は子どもの話すことばや表情のなかから、感情や思考を正確に理解し返答することが「共感の技法」である。

## (2) パラリングイスティック・コミュニケーション（準言語的コミュニケーション）

### ❶話し方

子どもはさまざまなものに好奇心をもったり、周囲に気を取られたりするため、保育士の話を常にしっかり聞いているとは限らない。子どもと対話をする場合は、保育士自身が「話した内容」について「先生とお約束したことを言ってみてください」など、子どもたち全体に確認したり子どもを指名して聴いたりすることで、子どもの理解度を確認することができる。

もし、「子どもが大勢いたり会場が広かったりする場合は、子どもや保護者との距離を短くして説明をしたり、はっきりした口調でゆっくり話したりするなどの配慮をすることで、子どもたちの理解も促進できる」[*12]のである。

### ❷声の発し方

また、朝に子どもたちの出席を確認するため名前を呼んだときに、「はいっ！」とよい返事が返ってくると、今日も変わらず元気だということが理解できる。しかし、いつもよりも声が小さいと「何か辛いことがあったかもしれない」と気づき、いつもより元気過ぎる返事が返ってきたら「何かよいことがあったかもしれない」と気づくことができるかもしれない。つまり、点呼は単に「在または不在」を確認するだけでなく、子どもの体調や異変にも気づくことができる。

## (3) ノンバーバル・コミュニケーション（非言語的コミュニケーション）

### ❶アイコンタクト

アイコンタクト（瞬き・視線や目の輝きなど）は、さまざまな子ども・保護者にメッセージを伝えると同時に、子ども・保護

者のアイコンタクト（瞬き・視線や目の輝きなど）からメッセージを感じることができる。特にことばでのコミュニケーションがむずかしい乳幼児や障害のある子どもとは、さまざまな介助動作の前後に、子どもの目線や状態を常に確認することを意識してアイコンタクト（「視線を合わせてうなずく」「じっと見つめる」等）を行うことで、子どもに心の準備を促したり、安心感を高めたりすることにつながっていく。

しかし、自閉症等のために視線を合わすのが苦手な子どもがいるので、子どもの状態に応じて「アイコンタクトの有無」を使い分ける必要がある。

### ❷ボディランゲージ（手を握る、抱擁など）

ボディランゲージは、身体接触等を用いて感情や認知に関する情報を相互に伝達するコミュニケーション手段である。

例えば、保育士が、何かを真剣に伝えたいときや話す内容をしっかりと受け止めたいときに、保育士は子どもの「手を握る」ことがある。また、泣き止まない子どもに安心感を与えるためにやさしく抱きしめたりする場合もある。

ボディランゲージは非常に高い効果を生み出す場合もあるが、その快・不快や効果ついては非常に個別性がある。「児童虐待」を受けている子どもは、保育士との身体接触を異常に嫌がることもあり、同じボディランゲージで対応しても、子どもによって受け取り方が異なる場合がある。また、ボディランゲージを限定的な子ども・保護者だけに実施することで、嫉妬を生み出したりセクシャルハラスメントと受け取られたりすることもあるので、十分に留意しなければならない。

**1** 保育実習の目標や内容について、グループで話し合ってみる。

**2** 保育士と子どもの関わりについて考え、子どもにとって保育士等はどのような存在なのかをグループで話し合ってみる。

**3** 友だちと二人組になって「受容的・応答的なやりとり」をしてみる。

**引用文献:**
＊1. 立花直樹「ソーシャルワークを実践する前に」西尾祐吾監、立花直樹・安田誠人・波田埜英治編『保育者の協働性を高める子ども家庭支援・子育て支援』晃洋書房、2019年、30頁。
＊2. 坂口経「プラトン『テアイテトス』の知識論における「感覚」の役割」『龍谷大学大学院文学研究科紀要』第34巻、龍谷大学、2012年、87頁。
＊3. 今井知正「知識1.西洋【古代】」廣松渉・子安宣邦・三島憲一・宮本久雄・佐々木力・野家啓一・末木文美士編『哲学・思想事典』岩波書店、1998年、1059頁。
＊4. 笠原正雄「情報技術に向かう姿勢、その基本の基本」『信学技法』Vol.107, No.375, 電子情報通信学会、2007年、2頁。
＊5. 笠原正雄「特別寄稿:技術対テクノロジー」『Fundamental Review』Vol.1, No.4, 電子情報通信学会、2008年、5頁。
＊6. 立花直樹「相談援助や相談支援を実践する前に」西尾祐吾監、立花直樹・安田誠人・波田埜英治編『保育実践を深める相談援助・相談支援』晃洋書房、2017年、31頁。
＊7. さがの弥生、ポールガルドン絵『うさぎとかめ―イソップ童話』童話館出版、2012年。
＊8. 寮美千子『マザー・テレサへの旅―ボランティアってだれのため?』学習研究社、1997年、121頁。
＊9. 米田伸次・田渕五十生・田中義信・大津和子・藤原孝章『テキスト国際理解』国土社、1997年、57頁。
＊10. 高橋正臣監、秋山俊夫・鶴元春・上野徳美編『人間関係の心理と臨床』北大路書房、1995年、205頁。
＊11. 立花直樹「保育相談援助における面接技術」西尾祐吾監、立花直樹・安田誠人編『保育現場で役立つ相談援助・相談支援』、晃洋書房、2013年、55～56頁。
＊12. 立花直樹「相談援助者になるために」前田敏雄監、佐藤伸隆・中西遍彦ら編『演習・保育と相談援助　第2版』みらい、2011年、84頁。

**参考文献:**
13. 江津和也　「保育所保育の歴史的変遷の中で東京都立高等保母学院が果たした役割」『淑徳大学研究紀要』第50巻、総合福祉学部・コミュニティ

政策学部、2016年。

14. 立花直樹「ソーシャルワークを実践する前に」西尾祐吾、立花直樹・安田誠人・波田埜英治編『保育実践を深める相談援助・相談支援』晃洋書房、2017年。

15. T.L. Brink（2008）Psychology: A Student Friendly Approach. "Unit 7: Memory."

16. 武藤隆・汐見稔幸・砂上史子『ここがポイント！3法令ガイドブック』フレーベル館、2017年。

17. 西尾祐吾監、立花直樹・安田誠人・波田埜英治編『保育実践を深める相談援助・相談支援』晃洋書房、2017年。

18. 白石大介『対人援助技術の実際』創元社、1991年。

19. 西尾祐吾監、立花直樹・安田誠人・波田埜英治編『保育者の協働性を高める子ども家庭支援・子育て支援』晃洋書房、2019年。

20. 西尾祐吾監、立花直樹・安田誠人・波田埜英治編『保育実践を深める相談援助・相談支援』晃洋書房、2017年。

21. 前田敏雄監、佐藤伸隆・中西遍彦編『演習・保育と相談援助　第2版』みらい、2011年。

# II 保育実践 〈実習と事後の振り返り〉

## 第 2 章

## 保育所（認定こども園）における実習指導

**学習のポイント**

保育実習とは、実際の保育所（認定こども園）で、子どもの実態や保育士（保育教諭）の役割・職務内容、環境構成等を学ぶための機会である。保育実習の参加にあたっては、どのような事前準備や心構えが必要であるのか考えておく必要がある。例えば、実習前にはどのような準備が必要であるのか、実習中には実習生としてどのような取り組みが求められるのか、また、実習後にはどのような振り返りを行う必要があるのか等である。

実習は、保育現場（保育所・認定こども園）に一定期間身を置き、現場を知るということだけでなく、子どもの実態、環境構成、保護者との連携等、保育士（保育教諭）としてのさまざまな職務内容を知る必要がある。さらに実習生には、日々の記録（実習日誌）や指導案の作成が求められる。それと同時に自分自身に保育士（保育教諭）としての資質・能力が備わっているのかを確認し、さらに、保育者（保育教諭）としての知識・技能を身に付けることが求められている。

単に実習に参加するということではなく、子どもの発達に即した保育の実施や、保育士（保育教諭）としての知識・技能の習得など多岐にわたる内容が求められるのが実習である。

# 保育所（認定こども園）での実習

## 1　保育所（認定こども園）実習の意義

### （1）　保育所（認定こども園）実習の目的

　保育所で働くためには、保育士資格が必要である。保育士とは、児童福祉法第18条の18第1項の登録を受け、保育所の名称を用いて、専門的知識および技術をもって、児童の保育および児童の保護者に対する保育に関する指導を行うことを業とする者と定義されている。

　保育士資格を取得するためには、主に2つの方法がある。1つは、厚生労働大臣の指定する保育士を養成する学校その他の施設（以下、指定保育士養成施設）を卒業した者、もう1つは保育士試験に合格した者である。

　保育実習実施基準の「第1　保育実習の目的」では、下記のとおり保育実習の目的が示されている。

---

保育実習実施基準
第1　保育実習の目的
　保育実習は、その習得した教科全体の知識、技術を基礎とし、これらを総合的に実践する応用能力を養うため、児童に対する理解を通じて保育の理論と実践の関係について習熟させることを目的とする。

---

　このように保育実習は、指定保育士養成施設で学んだ理論や実践を実際の保育現場で体験をとおして学ぶ大変貴重な機会である。

　実際の保育現場に身を置くことで、指定保育士養成施設で学んだ内容がより具体的に、より内在化できるようになる貴重な学習の機会でもある。さらにこれまでに学習した理論や技術の

表Ⅱ-2-1　保育実習種別単位

| 実習種別 | 単位数 | おおむねの実習日数 |
|---|---|---|
| 保育実習Ⅰ（必須科目） | 4単位 | 20日間 |
| 保育実習Ⅱ（選択必修科目） | 2単位 | 10日間 |
| 保育実習Ⅲ（選択必修科目） | 2単位 | 10日間 |

出典：厚生労働省「保育実習実施基準　第2履修の方法」2015年より望月作成。

検証と習熟の場でもある。例えば、保育所（認定こども園）の役割、1日の流れ、子どもの発達段階、保育士（保育教諭）の役割・仕事内容等を実際に体験できるのである。さらに保育の実践力や技術力を磨く機会でもある。例えば、ピアノの弾き歌いや絵本の読み聞かせ等、指定保育士養成施設においても実践の機会はあるが、同年代の学生を前に演じた際に気づかなかった課題に気づくことができるのである。

## (2)　保育実習の概要

　保育実習の種別を見ると、必修科目として「保育実習Ⅰ（保育所実習・施設実習）」、選択必修科目として「保育実習Ⅱ（保育所）」、「保育実習Ⅲ（施設）」の実習が必要である。必修科目の保育実習Ⅰは保育所実習と施設実習が必要である（表Ⅱ-2-1）。

　保育実習Ⅰ（保育所実習）では、主に①保育所（認定こども園）の役割と機能、②子ども理解、③保育内容・保育環境、④保育の計画、観察、記録、⑤保育士（保育教諭）の役割と職業倫理等を学ぶことが主な実習内容となる。

　保育実習Ⅱ（保育所実習）では、保育実習Ⅰ（保育所実習）での経験をふまえ、さらに具体的な実践をとおして理解を深めることが求められる。例えば、観察に基づく保育理解、保育課程に基づく指導計画の作成・実践・省察・評価、保育計画に基づく保育実践と評価、保護者・家庭への支援、地域社会との連携等である。さらには自身の保育士（保育教諭）としての課題を明確化することが求められる。

　厚生労働省雇用均等・児童家庭局長より通知されている「指定保育士養成施設の指定及び運営の基準について」、別紙3「教科目の教授内容」に記載されている「保育実習Ⅰ（保育所実習）」と「保育実習Ⅱ（保育所実習）」の目標については、184頁の表Ⅱ-1-4を参照のこと。

## (3)　保育所(認定こども園)実習の段階

保育所(認定こども園)実習は、観察(見学)実習、参加実習、指導実習の3段階に分類することができる(図Ⅱ-2-1)。

実習初期の段階では、観察(見学)実習が主となる。観察(見学)実習の主な内容は、施設の配置、園の1日の流れ、子どものようす、保育士(保育教諭)の職務内容の理解などを観察(見学)することが主となる実習内容である。

実習中期の段階では、参加実習が主となる。参加実習は、観察(見学)実習での経験を元に実際の保育に参加することである。参加方法は各実習園により異なるが、子どもの遊びに参加し、子どもの実態や発達段階を学ぶ方法と保育士(保育教諭)の補助的な役割として保育に参加する方法の2種類がある。

実習後期の段階では、指導実習が主となる。指導実習は、部分実習と責任実習の2種類が考えられる。

部分実習は、これまでの観察(見学)実習、参加実習の経験をふまえて、担当クラスの保育士(保育教諭)に代わり1日の保育の一部分を任され、保育を実践する実習内容のことである。例えば、朝の活動場面、昼食の場面、絵本の読み聞かせ、手遊びの実践、ピアノの弾き歌い、降園の場面等の保育の一部分を担当することである。部分実習を実践する際には各実習園により異なるが、指導案の作成を求められる場合もある。その際には、実習担当保育士(保育教諭)あるいは担当クラスの保育士(保育教諭)に確認を取りながら進めていく必要がある。部分実習はその後の責任実習につながる実習であるため、計画的に取り組んでいく必要がある。

責任実習は、観察(見学)実習、参加実習、指導実習(部分実習)の経験をふまえて、担当クラスの保育士(保育教諭)に代わり、登園から降園までの1日の保育を実習生が実践する実習のことである。責任実習の名称については各実習園によって異なるが、「責任実習」、「全日実習」、「1日実習」、「総合実習」、「実証実習」(以下、責任実習)である。責任実習は、子どもの発達の実情、環境構成を踏まえ、登園から降園までの指導案を作成し、実践を行うことである。

このように、実習には段階があるが、明確に何日間ずつ各実習を行うという決まりはない。観察(見学)実習の実習日もあれ

図Ⅱ-2-1　実習の段階

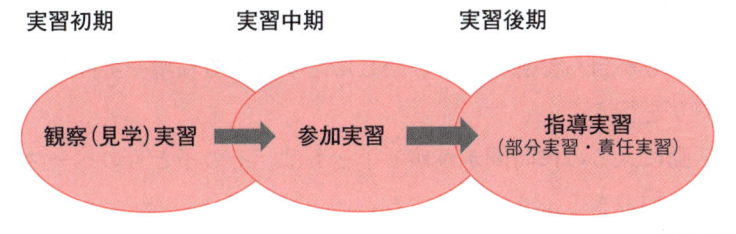

実習初期　　　　　実習中期　　　　　実習後期

観察（見学）実習　→　参加実習　→　指導実習
（部分実習・責任実習）

作図：望月

ば、参加実習、指導実習（部分実習・責任実習）の実習日等、実習の流れのなかで実施されるケースが多い。ただし、責任実習については、実習生が1日保育士（保育教諭）の代わりに保育実践を行うため、指導案の作成および指導案に基づく保育実践が含まれるため、事前に指定された実習日に実施するのが通常である。

## 2　保育所（認定こども園）の1日の流れ

　保育所（認定こども園）の1日の流れは各保育所（認定こども園）によりさまざまである。ある保育所（認定こども園）の1日の保育の流れの例を示す（図Ⅱ-2-2）。
　次頁からは保育所（認定こども園）の1日の流れに沿い、保育士（保育教諭）の保育を行ううえでの配慮事項の一例を示していく。

### 登園時の配慮事項
　笑顔で元気よく「おはようございます」とあいさつをする。その際に、子どもの顔色や表情、声のようす、反応等から健康状態を観察する。また、保護者に前日から変わったようすがないか（体調不良、けがの有無、睡眠の状態、精神状態）等の確認を行う。

### 朝の活動の配慮事項
〈3歳未満児〉
・家庭環境等を考慮し、一人ひとりの特性に留意する。
・個々の体調や気持ちの状態を把握する。
・活動に時間のかかる子どもには無理に参加させるのではな

く、見守り、個々のペースを尊重する。

〈3歳以上児〉

・子どもが自ら参加したり、楽しんだりできる環境や雰囲気づくりを行う。

・活動に入るのに時間がかかる子どもは、その子どものペースで参加できるように援助する。

**自由遊びの配慮事項**

〈3歳未満児〉

・未満児が遊ぶ環境に配慮されているか確認を行い、誤飲等の危険がないか確認を行う。

〈3歳以上児〉

・子どもたちが主体的に遊べるような環境を設定する。

・子どもたちの遊びを観察し、危険な箇所がないか点検する。

・好きな遊びを選べるように、子どもたちの選択の幅が広くも

図Ⅱ-2-2　保育所（認定こども園）の１日の保育の流れ

| ～3歳未満児～ | | ～3歳以上児～ | |
|---|---|---|---|
| 7:00～ | 登園 | 7:00～ | 登園 |
| 9:00～ | 受け入れ 自由遊び | 9:00～ | 自由遊び |
| 9:30～ | 朝の活動 | 9:30～ | 朝の活動 |
| 10:00～ | おやつ | 10:00～ | 主活動 |
| 10:15～ | 主活動 | 12:00～ | 昼食 |
| 11:00～ | 昼食 | 13:00～ | 午後の活動 （3歳児は午睡） |
| 11:50～ | 午睡 | 15:00～ | おやつ |
| 14:40～ | 起床 | 15:20～ | 降園準備 帰りの活動 |
| 15:00～ | おやつ | 15:30～ | 順次降園 |
| 15:20～ | 帰りの活動 | 16:30～ | 延長保育 |
| 15:30～ | 順次降園 | | |
| 16:00～ | 延長保育 | | |

作図：望月

てるよう準備する。

## 排泄の配慮事項
〈3歳未満児〉
・応答的に声をかけながら、心地よさを感じられるようにする。
・尿や排便の状態を観察し、日常と比較して変化がないか確認をする。
・感染予防として、シート等を消毒する。
・転落がないように目を離さない。

〈3歳以上児〉
・個人差が大きいので、個々の発達に応じた排泄ができるようにする。
・清潔な環境をつくり、自分でしたいという気持ちを大切にする。
・排便も自分で拭ききれるように後始末の方法を伝える。
・順番を守り、スリッパを並べられるように見守りと声かけを行う。

## 主活動の配慮事項
〈3歳未満児〉
・子どもの姿や保育のねらいに合った環境設定を行う。
・子どもの興味や発達に合った活動を取り入れる。
・月齢に合った無理のない活動内容を考慮し、一人ひとりがのびのびと遊べるようにする。

〈3歳以上児〉
・子どもたちが主体的に活動できる場、空間、適切な物、時間を考える。
・天候や時間配分を考え、活動にメリハリをつけていけるように進める。
・事前に約束事やルールを伝えておく。
・活動中の子どもの姿を観察し、柔軟に対応して活動していく。

## 昼食の配慮事項
〈3歳未満児〉
・個々の食べられる量を調整し、「食べられた」の満足感・達成感が得られるようにする。
・食べたくない物は無理強いしない。

・アレルギー食など保育士(保育教諭)・職員が共通理解をし、誤食が起こらないようにする。

〈3歳以上児〉

・献立を伝え、メニュー名で何が入っているかなど想像を膨らませ、調理してくださった人に感謝の気持ちをもつ。

・自分で食べる量を調整できるようにする。

・いすの座り方、配膳(食器の位置)、マナーを意識できるように声をかける。

・季節の食材など、子どもたちが興味をもてるようにし、食育につなげる。

### おやつの配慮事項

〈3歳未満児〉

・おやつの形状、種類、アレルギー食など保育士(保育教諭)・職員が共通理解をし、誤食が起こらないようにする。

・「おいしいね」などの声かけを行いながら楽しい雰囲気で食事を行う。

〈3歳以上児〉

・友だちや保育士(保育教諭)と楽しい雰囲気のなかで食事ができるようにし、そのなかでマナーを守れるような声かけを行っていく。

・アレルギー食など個々の状態を把握し、保育士(保育教諭)・職員が共通理解をし、誤食を防ぐ。

### 午睡の配慮事項

〈3歳未満児〉

・温度や室内の明るさが適切になるように環境を整える。

・安心して入眠できるように落ち着いた雰囲気づくりをする。

・睡眠中の事故防止のため、うつ伏せになっている子どもは仰向けにし、ブレスチェックを行う。

〈3歳以上児〉

・寝ない子もゆっくり体を休めていけるような時間を取る。

・子どもの発達の状況や個人差があるので、家庭と密に連絡をとりながら個々に合った睡眠時間を考慮する。

### 帰りの活動の配慮事項

〈3歳未満児〉

・検温を行い、体温を把握する。

・一人ひとりよく観察し、けがなどがないか確認を行う。

・次の登園を楽しみにできるようにことばをかける。

〈3歳以上児〉

・身支度の整理を促す。

・ロッカー等に忘れ物がないか確認を行う。

・次の登園を楽しみにできるようにことばをかける。

### 降園時の配慮事項

・保護者との連携のため、その日の園でのようすや子どもの体調、遊びのようすなどを伝える。必要に応じて、家庭に電話連絡を行う。

### 延長保育時の配慮事項

・合同保育になるので、人数に応じた遊びを考慮し、危険のないようにする。

・保育士(保育教諭)同士、子どものようすを確認し合い、共通理解を図る。

・朝から長い時間、園で過ごしている子どもが多いため、絵本の読み聞かせや保育士(保育教諭)の話し方等、ゆったりと聞く時間を設ける。

・延長保育時の補食では、アレルギーに対応できるようアレルギー表を参考にする。

## 3 保育所(認定こども園)実習の内容

### (1) 実習生の担当クラス配属例

　保育実習Ⅰ(保育所実習)は、保育所(認定こども園)の役割や機能の理解、子どもへの理解を深めることが主となる実習であるため、保育所(認定こども園)の全体を観察(見学)することが求められる。そのため、実習生が配属されるクラスは図Ⅱ-2-3のようなパターンが考えられる。

年齢順にクラスに配属される例では、実習期間中にすべての年齢のクラスに入り実習を行うことで、子どもの発達段階や保育士(保育教諭)の援助方法、ことばのかけ方等、年齢に応じた対応を理解することができる。

　固定クラスに配属される例では、じっくりと時間をかけて同一の子ども・保育士(保育教諭)の日常のようすを把握することができる。配属形態は実習園によって異なる。

　保育実習Ⅱ(保育所実習)では、保育実習Ⅰ(保育所実習)と同じ保育所(認定こども園)で実習を行う場合と、異なる保育所(認定こども園)で実習を行う場合によって違いもあるが、多くは保育実習Ⅰ(保育所実習)での経験をふまえて、指導実習(責

**図Ⅱ-2-3　保育実習Ⅰ（保育所実習）　実習生配属例**

①年齢順にクラス配属される例

| 1日目 | 2日目 | 3日目 | 4日目 | 5日目 | 6日目 | 7日目 | 8日目 | 9日目 | 10日目 |
|---|---|---|---|---|---|---|---|---|---|
| 0歳児 | 1歳児 | 2歳児 | 2歳児 | 3歳児 | 3歳児 | 4歳児 | 4歳児 | 5歳児 | 5歳児 |
| 5歳児 | 4歳児 | 3歳児 | 2歳児 | 2歳児 | 1歳児 | 1歳児 | 0歳児 | 0歳児 | 0歳児 |

年齢順に実習を行う　※各年齢に入る日数は定められていないため、各実習園により異なる

②年齢順にクラス入り、さらに固定クラスに配属される例

| 1日目 | 2日目 | 3日目 | 4日目 | 5日目 | 6日目 | 7日目 | 8日目 | 9日目 | 10日目 |
|---|---|---|---|---|---|---|---|---|---|
| 0歳児 | 1歳児 | 2歳児 | 3歳児 | 4歳児 | 5歳児 | 3歳児 | 3歳児 | 3歳児 | 3歳児 |

全年齢のクラスで実習を行う　　　　　　固定クラスで実習を行う

③3歳未満児と3歳以上児、半分ずつ配属される例

| 1日目 | 2日目 | 3日目 | 4日目 | 5日目 | 6日目 | 7日目 | 8日目 | 9日目 | 10日目 |
|---|---|---|---|---|---|---|---|---|---|
| 0.1.2歳児クラス | | | | | 3.4.5歳児クラス | | | | |

3歳未満児クラスで実習を行う　　　　　3歳以上児クラスで実習を行う

④異年齢に配属される例

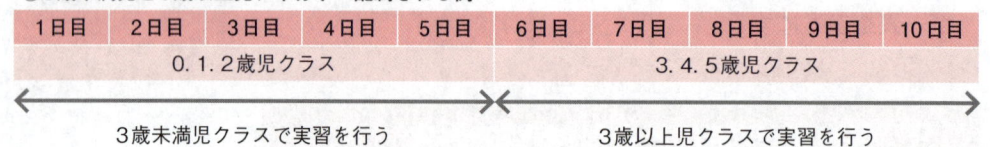

| 1日目 | 2日目 | 3日目 | 4日目 | 5日目 | 6日目 | 7日目 | 8日目 | 9日目 | 10日目 |
|---|---|---|---|---|---|---|---|---|---|
| 異年齢クラスに配属 | | | | | | | | | |

⑤固定クラスに配属される例

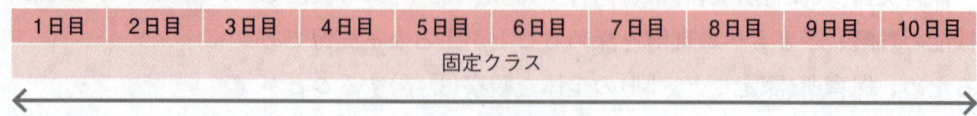

| 1日目 | 2日目 | 3日目 | 4日目 | 5日目 | 6日目 | 7日目 | 8日目 | 9日目 | 10日目 |
|---|---|---|---|---|---|---|---|---|---|
| 固定クラス | | | | | | | | | |

固定クラスで実習を行う

作図：望月

## 図Ⅱ-2-4　保育実習Ⅱ（保育所実習）　実習生配属例

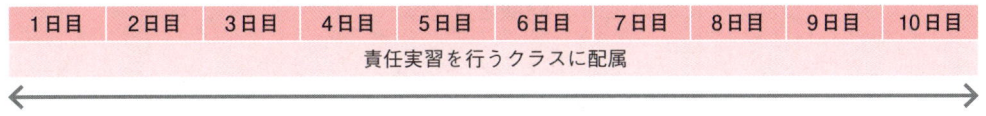

**①年齢順にクラスに配属＋責任実習を実施するクラスに配属される例**

| 1日目 | 2日目 | 3日目 | 4日目 | 5日目 | 6日目 | 7日目 | 8日目 | 9日目 | 10日目 |
|---|---|---|---|---|---|---|---|---|---|
| 0歳児 | 1歳児 | 2歳児 | 3歳児 | 4歳児 | 5歳児 | 責任実習を行うクラスに配属 | | | |
| 5歳児 | 4歳児 | 3歳児 | 2歳児 | 1歳児 | 0歳児 | 責任実習を行うクラスに配属 | | | |

←――――――――――――全年齢のクラスで実習を行う――――――――――――→　　←―――――固定クラスで実習を行う―――――→

**②責任実習を実施するクラスに配属される例**

| 1日目 | 2日目 | 3日目 | 4日目 | 5日目 | 6日目 | 7日目 | 8日目 | 9日目 | 10日目 |
|---|---|---|---|---|---|---|---|---|---|
| 責任実習を行うクラスに配属 | | | | | | | | | |

←――――――――――――固定クラスで実習を行う――――――――――――→

**③3歳未満児と3歳以上児、半分ずつ配属される例**

| 1日目 | 2日目 | 3日目 | 4日目 | 5日目 | 6日目 | 7日目 | 8日目 | 9日目 | 10日目 |
|---|---|---|---|---|---|---|---|---|---|
| 0.1.2歳児クラス | | | | | 3.4.5歳児クラス | | | | |

←―――――3歳未満児クラスで実習を行う―――――→　　←―――――3歳以上児クラスで実習を行う―――――→

**④異年齢に配属される例**

| 1日目 | 2日目 | 3日目 | 4日目 | 5日目 | 6日目 | 7日目 | 8日目 | 9日目 | 10日目 |
|---|---|---|---|---|---|---|---|---|---|
| 異年齢クラスに配属 | | | | | | | | | |

作図：望月

任実習）に主軸を置いた配属クラスが考えられる。例えば、指導実習（責任実習）を行うクラスで10日間固定で実習を行うことである。その他、保育実習Ⅰ（保育所実習）の振り返りを込めて、各年齢のクラスで実習を行った後、指導実習（責任実習）を行うクラスに固定で実習を行う等である。

　実習生が配属されるクラスは実習園によって異なるが、図Ⅱ-2-4のようなパターンが考えられる。

## (2)　実習時の留意事項

　保育所（認定こども園）は、通所している子どものみならず、子どもを取り巻く保護者、家族等、家庭に触れる機会が多くある。そのため、家庭内の情報等を含め、多くの情報に触れる機会がある。保育士（保育教諭）には子どもおよび家族等のプライバシーの保護とその情報を守るための守秘義務が課せられている。

秘密保持義務については、児童福祉法第18条の22、第61条の2に定められている。

> 児童福祉法
> 第18条の22
> 　保育士は、正当な理由がなく、その業務に関して知り得た人の秘密を漏らしてはならない。保育士でなくなつた後においても、同様とする。
>
> 第61条の2
> 　第18条の22の規定に違反した者は、1年以下の懲役又は50万円以下の罰金に処する。

　全国保育士会倫理綱領においても8つの項目がまとめられており、そのうちの1つに「プライバシーの保護」があり、下記のとおり守秘義務について触れられている。

> 全国保育士会倫理綱領
> （プライバシーの保護）
> 　私たちは、一人ひとりのプライバシーを保護するため、保育を通して知り得た個人の情報や秘密を守ります。

　このように実習生であったとしても保育士（保育教諭）と同様、秘密保持義務が発生することを忘れてはならない。そのため、実習中に知り得た情報は家族、友人等の外部に決して漏らしてはならない。さらに昨今、SNS上での情報漏洩も問題となっているため、SNSに実習に関する情報を載せてはならないため、実習生は細心の注意を払う必要がある。

　実習中、毎日記録する実習日誌についても同様のことがいえる。実習の振り返りや感想部分にエピソード等を記入する際に実名は記載せず、イニシャルを使用するなどの配慮も必要である（子どもの名前の記載方法については、各実習園により異なるため、事前に実習園に確認を取っておくとよい）。

## (3) 実習生としての心構え

実習生が実習に参加するうえで、心得ておかなければならない行動や基本的な取り組みの姿勢内容は下記のとおりである。あくまでも一例であるため、その他、臨機応変な対応や、気配り・心配りを忘れてはならない。

〈実習の心構え〉
・学ばせていただくという気持ちを忘れず、積極的かつ謙虚に指導・助言を受ける。
・保育士(保育教諭)としての専門的知識・技術を習得する場でもあるので、真剣に取り組む。
・実習生であっても現場の一員の「先生」である自覚をもつ。
・社会人としてふさわしい礼儀を心がける。
・時刻に適したあいさつを行う。
・提出物の期限を守る(実習日誌、指導案、出勤簿等)。
・保育現場に適した身だしなみを心がける(服装、髪型)。
・健康管理をしっかりと行う。
・些細なできごとについても保育士(保育教諭)等に報告・連絡・相談を行う。
・プライバシーの保護の観点から守秘義務を守る(実習終了後も含む)。
・与えられた職務に責任をもつ。
・出勤・退勤の時間を守る。
・日々、自己課題をもち、実習に取り組む。
・子どもたちに積極的に関わる。
・保育士(保育教諭)としてふさわしいことば遣いを心がける。
・保育の妨げにならないように、最小の妨げで最大の効果が出せる工夫を行う。
・要点を押さえた観察を行い、記録をとる。
・自己判断はせずに必ず保育士(保育教諭)の許可を得る。

## 4 実習の計画と記録

### (1) 実習における観察、記録および評価

　保育現場での保育実践は保育士（保育教諭）の思いつきなどで行っているのではなく、事前に計画された保育課程に基づき、日々の子どもの実態に即した指導計画を作成し、保育を実践している。

　保育所保育指針（以下、保育指針）では、「第1章　総則」の「3　保育の計画及び評価」のなかで下記のように示されている。

保育所保育指針　第1章　総則

3　保育の計画及び評価

⑴　全体的な計画の作成

ア　保育所は、1の⑵に示した保育の目標を達成するために、各保育所の保育の方針や目標に基づき、子どもの発達過程を踏まえて、保育の内容が組織的・計画的に構成され、保育所の生活の全体を通して、総合的に展開されるよう、全体的な計画を作成しなければならない。

イ　全体的な計画は、子どもや家庭の状況、地域の実態、保育時間などを考慮し、子どもの育ちに関する長期的見通しをもって適切に作成されなければならない。

ウ　全体的な計画は、保育所保育の全体像を包括的に示すものとし、これに基づく指導計画、保健計画、食育計画等を通じて、各保育所が創意工夫して保育できるよう、作成しなければならない。

　このように保育の計画は、保育所（認定こども園）の全体をとおして作成されている。実習生は、このような現状をふまえ、実習先の保育所（認定こども園）がどのような計画のなかで保育を実践しているのか理解したうえで実習に臨む必要がある。そのためには、実習1か月前程度から実施されるオリエンテーション時や実習初日に実習園の保育課程や配属予定クラスの指導計画、デイリープログラム等の説明を受け、可能であれば資

料に目をとおさせてもらって、計画に基づき、どのように保育が展開され、実践されているのか把握したうえで実習に臨む必要がある。

　保育課程、指導計画、デイリープログラムについては、保育士(保育教諭)の予想に基づいて作成された計画である。あくまでも仮設であるため、実際の保育の場面において子どもの実態に即して変更される等、柔軟な対応が求められることを忘れてはならない。その場合、どのような理由で計画が変更されたのか、理解しておく必要がある。

## (2)　実習日誌の記入方法

　実習生は実習に参加するだけでなく、実習終了後に実習日誌をまとめる。実習日誌は、実習で経験したことや考えたこと、感じたこと等を日々まとめていくものである。実習日誌は毎日、実習園に提出するものであるので、詳細に記録するように心がける必要がある。

　次に実習日誌に含まれる主な内容を紹介する。

---

〈実習日誌の内容例〉
・表紙(園名、住所、学生氏名、実習期間等)
・実習要項(実習方法、実習の目的・目標、心構え等)
・実習園の概要(設置主体、保育方針、職員構成、在園児概要等)
・実習施設周辺地図
・実習園の配置図(室内・園庭)
・保育計画等
・1日の流れ(デイリープログラム)
・実習記録(日々の実習日誌)
・指導案
・実習全体の振り返り、今後の課題
・実習園からの総評、今後の課題

---

　実習日誌は、指定保育士養成施設側で用意されることが多く、それぞれの指定保育士養成施設で異なる。また、少数ではあるが、実習園から指定された実習日誌に記入するように求め

られる場合もあるので、その場合は実習園の実習日誌を活用する。

　主な実習日誌の項目は下記のとおりである。

---

〈日々の実習日誌の主な項目〉
・実習日（日付）、天気
・配属クラス、年齢
・人数
・活動のねらい、実習生のねらい、内容
・時間
・環境構成
・子どもの活動
・保育士（保育教諭）の援助と配慮
・実習生の援助と気づき等

---

　次に、実習日誌を記入する際のまとめ方と基本的な注意点について説明していく。実習日誌のまとめ方については、1日の流れに添うかたちでまとめるとわかりやすい。

---

〈実習日誌のまとめ方〉
・登園時
・自由遊び、思い思いの遊び
・遊びや活動内容
・昼食時　　※アレルギーの子どもへの配慮等
・降園時

---

〈日誌を記入する際の基本的な注意点〉
・事前に記入できる事項はていねいに記入しておく。
・読みやすい字で記入する。
・口語体は使用しない。
・誤字や脱字に気をつける、（辞書を持参）。
・記入箇所はすべて記入する。
・振り返りの部分は主語を明確にする。

---

- 子どもや保育士（保育教諭）の名前はイニシャル等で記入する。
- 紙面が不足する場合には実習園に相談し、必要であれば用紙を足す。
- シャーペンで下書きし、ボールペンで清書する。
- 修正等がある場合には、訂正印もしくは白い紙を上から貼る。

実習生はこのような点に注意をし、日々の実習日誌をまとめていく必要がある。実習日誌の提出方法は、各実習園により異なるが、毎日の保育終了後に記入して提出していく場合と、翌日の朝一番に提出する場合が考えられる。

その日のうちに提出する場合は、記入時間が短いため、要点を押さえた記録が必要となる。翌日、提出の場合は、自宅に持ち帰りまとめるかたちとなるため、下書き等を行ったうえで清書する。

提出方法については、担当の保育士（保育教諭）がいつでも確認できるように、朝一番に提出する必要がある。

次頁に実習生が記入した実習日誌の一例を示す（表Ⅱ-2-2）。

## 5　指導案の作成と保育実践

### （1）　指導案の作成

先述したとおり、実習は大きく分けて、観察（見学）実習→参加実習→指導実習（部分実習・責任実習）の3つの段階が考えられる。

実習の中期から後期にかけては指導実習が行われる。指導実習は、「部分実習」と「責任実習」の2つの内容に分けることができる。詳細は図Ⅱ-2-5の指導実習内容の一例のとおりである。

部分実習は、「朝の活動」、「昼食」、「午睡」、「降園」、「登園から昼食まで」、「昼食から降園まで」等の保育の一部分を実習生が配属クラスの保育士（保育教諭）に代わり、保育を実践することである。主な内容としては、活動に入る前の手遊びやパネルシアター・エプロンシアター等の実践、朝の活動や帰りの活

表Ⅱ-2-2　実習日誌（例）

実習（ 3 ）日目

学籍番号123-000　氏名　〇〇　〇〇〇

| 平成30年6月12日（火） | 天候 | 曇り | クラス<br>　　　ひまわり組 | 年齢<br>3歳児 | 出席　10名<br>欠席　2名 |
|---|---|---|---|---|---|

主な活動とねらい（クラスの指導計画）
・保育士や異年齢の友だちと遊ぶ楽しさを味わい、室内遊びの決まりを知る。
・土の感触を手で感じ、ジャガイモの収穫を喜ぶ。

実習のねらい（実習生の自己課題）
・保育士のことばがけのタイミングや援助の仕方について学ぶ。

| 時間 | 環境構成 | 子どもの活動 | 保育士（保育教諭）の援助と配慮 | 実習生の援助と気づき |
|---|---|---|---|---|
| 7:00 | ・子どもが1日安全に過ごすことができるよう環境設定をする。<br><br>・子どもが所持品の後始末ができるよう、前のテーブルにお便りの籠、シールの籠を用意する。<br><br>　籠　　籠 | ○順次登園<br>・登園して来た子から、所持品の始末をする。<br>・鞄、帽子、手提げをロッカーにかける。<br>・タオル、コップをかける。<br>・シールノートを出してシールを貼る。 | ○受け入れ<br>・笑顔であたたかく受け入れる。<br>・子ども一人ひとりにあいさつをする。<br>・必要に応じ、所持品の始末の援助をする。<br>・子どもが準備に取り組みやすいようなことばがけを行う。 | ・笑顔で子ども一人ひとりにあいさつをし、受け入れを行う。<br>・子どもがスムーズに保育室に向かえるようなことばがけを行う。 |
| 10:15 | | ○室内遊び<br>雨のため、室内で思い思いの遊びをする。 | ・子どもがけがをしないように安全に配慮する。 | ・子どもと一緒に室内で遊ぶ。 |
| ・・・・・・・・・・・・・・・・・・・・・省略・・・・・・・・・・・・・・・・・・・・・ | | | | |
| | | | | |

本日の実習の振り返りと今後の課題

　雨でジャガイモ掘りが延期になってしまいました。朝、「ジャガイモ掘りできるかな？」と少し悲しそうな顔をしている子がいました。このようすを見て、子どもは保育所での活動に毎日期待して登園しているのだと感じました。……略……

指導担当の先生からの一言：担任名（　〇〇　〇〇〇印　）
　子どもたちはあらかじめ活動を話しておくことと、そうでないことではわくわくする期待感は大分違います。「どんなことをするのだろう」と思うだけでも、子どもの取り組む意識や態度も変わってきます。……略……

作図：望月

**図Ⅱ-2-5　指導実習内容の一例**

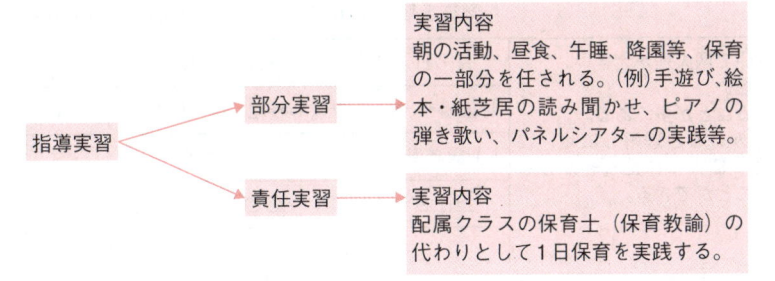

部分実習 → 実習内容
朝の活動、昼食、午睡、降園等、保育の一部分を任される。(例)手遊び、絵本・紙芝居の読み聞かせ、ピアノの弾き歌い、パネルシアターの実践等。

責任実習 → 実習内容
配属クラスの保育士（保育教諭）の代わりとして1日保育を実践する。

作図：望月

動でのピアノの弾き歌い、絵本・紙芝居の読み聞かせ等である。これらの内容については主に保育実習Ⅰ（保育所実習）・保育実習Ⅱ（保育所実習）の両方で実践されることが想定される。

　責任実習は、実習生が配属クラスの保育士（保育教諭）の代わりとして、登園から降園までの丸1日担当クラスで保育を実践することである。これらの内容については、主に保育実習Ⅱ（保育所実習）で実践されることが想定される。

　この実習については、指導案の作成が必要となる。部分実習においては実習園により異なるが、責任実習については、全実習園で指導案の作成が求められる。

　指導実習時の指導案の作成方法については、指導実習を行うクラスの子どもたちの発達の実情（クラスの実態、子ども一人ひとりの実態）を理解することからはじまる。

　詳細は、下記の指導案作成の手順、指導のサイクル（図Ⅱ-2-6）、指導案（例）（表Ⅱ-2-3）に示すとおりである。

---

〈指導案作成の手順〉

①子どもの姿・発達の実情を理解する。

　（クラスの状況、子ども一人ひとりの状況を把握）

②ねらい・内容の設定

③環境の構成について考える（準備・使用するもの、机の配置等）。

④活動の展開（導入→展開→まとめ）、時間配分を考える。

⑤予想される子どもの活動、子どもの反応等を考える。

⑥予想される活動の展開に対しての実習生（保育士・保育教諭）の必要な援助方法、ことばがけ、留意点を考える。

---

**表Ⅱ-2-3　指導案（例）**

学籍番号　000-123　　　　　氏名○○　○○○

| 子どもの姿 | ・生活の全般において個人差が大きい。<br>・遊びの持続性が短い。<br>・援助を必要とすることが多くある。<br>・全体ではたらきかけると理解しにくいことでも、少人数や個人にはたらきかけることで理解することができる。 | 月・日 | 6月　14日　（木） |
| | | 対象組・人数 | ひまわり組　男　5名　女　7名 |
| | | 対象年齢 | 3歳児 |
| | | 担任名 | ○○　○○○先生 |
| | | ねらい | ・花紙の紙質を知り、素材を楽しむ。<br>・体いっぱい使って表現する。<br>・友だちや実習生と遊びを共有して楽しむ。 |
| | | 内　容 | ・花紙をちぎったり、丸めたりして思い思いの遊びをする。<br>・花紙をポリ袋に詰めて、ボールに見立てて遊ぶ。 |

| 時間 | 環境構成 | 予想される乳幼児の活動・姿 | 実習生の動きと援助内容 |
| --- | --- | --- | --- |
| ・・・・・・・・・・・・・・・・省略・・・・・・・・・・・・・・・・ | | | |
| 10:15 | 〈準備する物〉<br>・お花紙（1人5色×2枚）<br>・お花紙を飛ばす布<br>・ポリ袋（1人1枚名前記入）<br>・イチゴパック<br>・段ボール<br>・大きいたらい1つ<br>・お花（見本）<br>〈事前に準備しておく事〉<br>・お花紙を数えて用意する。<br>・イチゴパックに入れてすぐに配れるようにする。<br>・ポリ袋に名前を記入する。 | ○主活動<br>・実習生の前に集まる<br>・集まらないで遊んでいる子もいる。<br>・実習生の話を聞く。<br>・実習生と対話をしながら、主活動の内容について理解を深める。<br>・折り紙、新聞紙、お花紙の紙質について考える。<br>・イチゴパックの中に入っているお花紙を受け取る。<br>・お花紙をちぎったり、丸めたりする。<br>・紙吹雪にして、思い思いに遊ぶ。<br>・たらいの中にお花紙を集めてふわふわお風呂をつくる。 | 〜花紙で遊ぶ〜<br>・実習生の前に集まるように呼びかける。<br>・遊んでいる子に対して個別に対応する。<br>〈導入〉<br>・お花紙を見せて、お花ができることを説明する。<br>・折り紙、新聞紙、お花紙の紙質の違いについて、子どもと対話する。<br>・注意事項を伝える。<br>①お花紙をちぎる。<br>②紙吹雪にして遊ぶ。<br>③ちぎったお花紙を大きなたらいの中に入れて、ふわふわお風呂をつくる。<br>④シフォン布を用意して、ちぎったお花紙を集めて飛ばす。 |
| ・・・・・・・・・・・・・・・・省略・・・・・・・・・・・・・・・・ | | | |

実習生の振り返り

　責任実習を実践してみて、指導計画を立案し、それを実践することのむずかしさを強く感じました。活動のなかで子どもの望ましい成長や発達をめざして意図的で計画的な関わり方をしていくことはとても大切です。しかし、実際は自分の頭でイメージしていたことと異なることがたくさん起きました。そこで大切なのが事前準備であると実感しました。……中略……

　保育士は活動そのものに趣をおくのではなく、子どもが体験して得た感情を共感することが大切であると感じました。

指導担当の先生から一言（担任名：○○　○○○　印）

　見通しを立てていても計画どおりにいかず何が起こるかわからないこと、それが保育です。そこでどうするかが私たち保育士の役目の一つだと思っています。「楽しかった」、「早く保育所に行きたいな」と子どもの思いがつながる保育をめざしています。

作図：望月

図Ⅱ-2-6 指導のサイクル

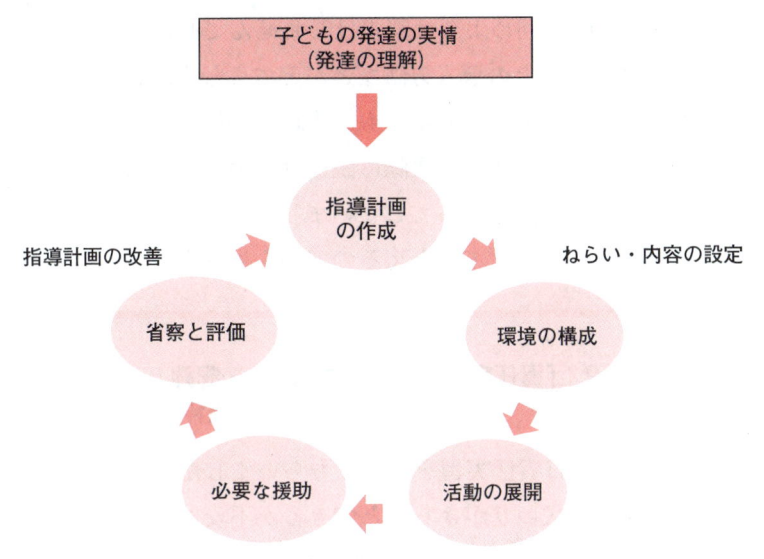

出典：厚生労働省「保育所保育指針」をもとに望月作図。

## 6　実習における省察と評価

　指導実習終了後は、指導の過程や手順についての省察と評価を行い、常に改善を図る必要がある。評価の内容としては、①子どもの発達に即していたか、②ねらい・内容が適していたか、③子どもの興味や欲求に応じた環境が準備されていたか、④活動の展開が子どもの生活の流れに即していたか、⑤保育の展開に応じ、保育士（保育教諭）の役割が果たせていたか、等の省察と評価を行う必要がある。

　次に、実習生の指導実習および実習の全体の反省や振り返りを記した内容を事例（一部抜粋）として示す。

### 事例1：「部分実習」の実習生の反省・記録　（一部抜粋）

　今日は朝の活動の際にピアノを弾かせてもらいました。ピアノを弾くことだけに頭がいってしまい、子どもたちのようすが全然見られませんでした。これからはもっとたくさん練習して、常に子どもたちのようすが見られるようにしたいと思いました。そして、ピアノのテンポにも十分気をつけて皆で楽しく歌をうたえるようにしたいと思いました。また、昼食後には手遊

びと絵本の読み聞かせをさせてもらいました。2回め
だったので1回めよりは緊張はしませんでしたが、手
遊びに入るときの導入方法などがとてもむずかしかっ
たです。絵本の読み聞かせも「声色をつけよう」と心
がけていたのですが、実際に読みはじめると余裕がな
くなり、棒読みになってしまいました。明日はお帰り
の部分を担当させてもらえるのでがんばります。

### 事例2：「責任実習」の実習生の反省・記録 （一部抜粋）

　本日は1日責任実習をさせてもらいました。昨夜か
らＦ先生の代わりがきちんとできるか不安になり、緊
張しながら登園してきました。朝の自由遊びの際にＳ
組の子どもたちに「今日は先生と新聞紙で遊ぼうね。」
と声をかけると「うん、私、先生と新聞紙で遊ぶ。
とっても楽しそう。」と答えてくれたことばがとても
励みになり、不安と緊張が取り除けました。そして、
新聞遊びがはじまると皆とても楽しそうに遊んでくれ
ましたが、私一人がとても焦ってしまい、次々に子ど
もたちに自分の考えてきた活動を押し付けるような形
になってしまいました。次回の責任実習の際には、
もっとゆとりをもち、子どもたちのようすをよく見ら
れるようにしたいと思いました。そして保育士主体の
活動ではなく、子ども主体の活動になるように心がけ
たいです。

### 事例3：実習全体の振り返り（一部抜粋）

　私はこの実習期間で本当にたくさんのことを学びま
した。子どもたちを見守ってあげることの大切さ、抱
きしめてあげることの大切さ、時には叱ってあげるこ
との大切さ。いつでも笑顔を絶やさず先生方が子ども
たちを大切にしている姿。保育士としての知識を得た
だけでなく、人間性についても学ぶことができ、何も
かもが私にとって勉強になりました。

> 　実際に指導案で計画を立てていてもいざ自分一人で保育を実践してみると頭の中が真っ白になってしまい、自分の頭の中で考えていたことは全然できませんでした。
>
> 　今回の実習では、学校では学べないことをたくさん学ばせていただきました。このことをしっかりと頭の中に入れ、これから学校に戻って勉強をがんばり、立派な保育士をめざしたいと思います。

　このように、実習日誌の振り返りの項目については、①具体的なエピソード、②保育士（保育教諭）からの助言・対応、③実習生の考察、④次への取り組み方法・抱負等でまとめると具体的な場面が想定でき、後で振り返りやすい内容になる。

# 第2節　乳幼児教育を行う保育者としての役割

## 1　保育者の役割

　乳幼児教育を行う保育者としての役割は、子どもの保育を行うとともに、子どもの保護者、さらは地域や地域の関係機関と連携を行う等、多岐にわたる役割が求められる。ここでは主に保育所（認定こども園）に勤務する保育士（保育教諭）の役割について考えていく。

　保育指針の「第1章　総則」の「1　保育所保育に関する基本原則」では、下記のとおり示されている。

---

⑴　保育所の役割

エ　保育所における保育士は、児童福祉法第18条の4の規定を踏まえ、保育所の役割及び機能が適切に発揮されるように、倫理観に裏付けられた専門的知識、技術及び判断をもって、子どもを保育するとともに、子どもの保

護者に対する保育に関する指導を行うものであり、その職責を遂行するための専門性の向上に絶えず努めなければならない。

また、「第5章 職員の資質向上」の「1 職員の資質向上に関する基本的事項」では下記のとおり示されている。

(1) 保育所職員に求められる専門性

子どもの最善の利益を考慮し、人権に配慮した保育を行うためには、職員一人一人の倫理観、人間性並びに保育所職員としての職務及び責任の理解と自覚が基盤となる。

各職員は、自己評価に基づく課題等を踏まえ、保育所内外の研修等を通じて、保育士・看護師・調理員・栄養士等、それぞれの職務内容に応じた専門性を高めるため、必要な知識及び技術の修得、維持及び向上に努めなければならない。

このように、保育士(保育教諭)は子どもの保育を行うだけではなく、専門的知識・技術のほかに、保育士(保育教諭)自身の人間性や倫理観、職務を遂行するための責任感等が必要とされる職業である。

## 2 保育士(保育教諭)の配置や職員体制

保育所(認定こども園)で働く職員は保育士(保育教諭)の職種のほかに、看護師・調理員・栄養士・事務員・用務員などさまざまな職種の人によって成り立っている。そのため、各職員がそれぞれの専門性に特化した知識や技術、対応力、判断力を生かし、連携や協力しながら保育を行っているのである。

職員体制においては、保育所(認定こども園)で働く保育士(保育教諭)を例にとると、早番・普通番・遅番等の交替制をとっている。保育士(保育教諭)は交替制であっても、保育を行う子どもは同一の子どもである。登園から降園までの一貫した保育を行い、質を維持するためには、保育士(保育教諭)間での連携や引き継ぎが必要となってくる。連携や引き継ぎ方法については、次のような内容が考えられる。

必要事項はメモをとり、各クラス担任に報告（口頭および書面）する。例えば、遅番の保育士（保育教諭）が次の日の早番の保育士（保育教諭）に引き継ぎたい場合は、申し送りノートに記入する。

申し送りノートとは各園によって名称は異なるが、その日のスケジュールや変更内容が書かれているノートで、全職員が必ず朝、目をとおす予定となっているものである。重要事項が引き継がれることもあるので、見落としがないように確認後には印鑑を押す。また、引き継ぐ際には口頭でも報告を行う。

毎日クラスのリーダーが集まる昼礼等を活用し、報告会を行い、リーダーが自分のクラスの保育士（保育教諭）に伝達内容を報告し、共通認識を図る等の取り組み内容である。

ここで大切なことは、申し送り内容等については、口頭のみではなく、書面でも残し、いつでも確認できるように文字化しておくことが重要である。

## 3　保育士（保育教諭）の職業倫理

保育士（保育教諭）の職業において、その役割や責任を果たすために必要となる基準や規則等を示すものが職業倫理である。保育士については、社会福祉法人全国社会福祉協議会・全国保育協議会・全国保育士会が「全国保育士会倫理綱領」を定めている（16〜17頁）。内容を見ていくと、①子どもに関すること、②保護者に関すること、③保育士に関すること、④子育て支援、を主軸としてまとめている。

## 4　子育て支援

保育所においては、子どもの保育のみならず、保育所を利用している保護者に対する子育て支援および地域の保護者に対する子育て支援も実施している。保育所を利用している保護者に対する支援は、①保護者との相互理解、②保護者の状況に配慮した個別の支援、③不適切な養育等が疑われる家庭への支援が主となる。地域の保護者に対する子育て支援は、①地域に開かれた子育て支援、②地域の関係機関等との連携が主となる。

どちらの子育て支援においても、子どもの生活の連続性を考

慮しながら、状況に応じ、保育所（認定こども園）保育の専門性を生かし、柔軟に対応する支援が求められる。

# 保育所（認定こども園）実習における保育の振り返り、評価

## 1 事前指導から事後指導までの主な流れ

保育所（認定こども園）実習に対する事前指導から事後指導の主な流れについては、図Ⅱ-2-7に示すとおりである。

### 実習前

実習前は保育所（認定こども園）実習に関する内容を、多岐にわたり学ぶ必要がある。例えば、保育所（認定こども園）実習の事前事後指導以外にも日々、学んでいるすべての科目が重要である。表現系の授業では、音楽表現・造形表現・身体表現・言語表現などが考えられる。例えば、音楽系の科目では、実習時のピアノの弾き歌い等に関係してくる。また、言語表現では、ペープサートやパネルシアターなどの作成が考えられるが、これらの保育教材は実習時にも教材として活用できる。

指定保育士養成施設の事前準備だけでなく、実習園とも実習に向けて実習前に調整を行う必要がある。実習開始日の約1か月前程度から、実習に関する打ち合わせを行うオリエンテーションを実施する必要がある。

### 実習中

実習中は保育現場に身を置きながら、日々保育に参加し、実際の保育の現場を体験しながら、子どもの発達状況や保育所（認定こども園）の役割、保育士（保育教諭）の業務内容、記録をまとめる等の取り組みが主となる。限られた実習期間であるため、積極的に取り組むことが求められる。

## 図Ⅱ-2-7　事前指導から事後指導までの主な流れ

**実習前**
保育所（認定こども園）実習に関する事前指導の受講
保育所（認定こども園）実習に向けての準備
保育所（認定こども園）実習で使用する保育教材の準備
保育所（認定こども園）実習における自己課題の設定

実習園でオリエンテーションを受ける
（実習開始1か月前から1週間前程度までに）

**実習**
実習に参加する
日々の保育を経験する
記録をとる→実習日誌を記入する
反省会等に参加する

**実習後**
お礼状の発送（1週間以内に実習園に届くように）
保育所（認定こども園）実習の振り返り、自己評価を行う
実習報告会等に参加する（授業内、クラス内、ゼミ内等）
事後指導を受講する

実習園からの評価票に基づく事後指導（個別面談）
※実習担当者から個別に指導を受ける

保育士（保育教諭）に対する自己の適性について考える
今後の課題設定

保育実習Ⅰ終了後→保育実習Ⅱにつながる課題設定を行う
保育実習Ⅱ終了後→社会人（保育士・保育教諭）につながる課題設定を行う

作図：望月

### 実習後

　実習後はまず実習生として、1週間以内に実習園に届くようにお礼状を送付することが重要である。

　指定保育士養成施設では、実習の総括と評価を含めて振り返りを行い、自分なりに実習がどうであったか自己評価を行う必要がある。自己評価の項目については、表Ⅱ-2-4の保育実習Ⅰ（保育所実習）自己評価票（例）、表Ⅱ-2-5の保育実習Ⅱ自己評価票（例）に示すとおりである。

　その後、保育実習指導の授業の場において、実習報告会等に参加し、同じ保育士（保育教諭）をめざす学生等と意見交換を行う必要がある。実習報告会に参加することで、自分が経験できなかった実習体験や、自分では気づくことのできなかった反省点や課題に気づくことができるからである。

## 表Ⅱ-2-4　保育実習Ⅰ（保育所等）　自己評価票（例）

| 実習施設名 | | 施設長名 | | 実習指導担当保育士名 | |
|---|---|---|---|---|---|
| | | | ㊞ | | ㊞ |
| 実習生 | | 学年<br>クラス | 学籍番号 | 氏名 | |
| 実習期間 | | 年　　　月　　　日（　　）　〜　　　年　　　月　　　日（　　） | | | |
| 勤務状況 | 出勤日 | 日 | 欠勤日数　　　　日 | 遅刻数　　　　回 | 早退数　　　　回 |

| 項目 | 評価の内容 | 評価上の観点 | 評価<br>（該当するものの□にチェック） | | | |
|---|---|---|---|---|---|---|
| | | | A | B | C | D |
| 態度 | 意欲・積極性 | ・指導担当者からの指示を待つばかりではなく、自分から行動できた<br>・積極的に子どもとかかわれた | □ | □ | □ | □ |
| | 責任感 | ・十分な時間的余裕を持って勤務開始ができた<br>・報告・連絡・相談を必要に応じて適切にできた | □ | □ | □ | □ |
| | 探求心 | ・日々の取り組みの中で、適切な援助方法を理解できた<br>・日々の取り組みの中で、自己課題を持って実習に臨めた | □ | □ | □ | □ |
| | 協調性 | ・自分勝手な判断にならないように努められたか<br>・判断に迷った際に、指導担当者に助言が求められた | □ | □ | □ | □ |
| 知識・技術 | 保育所等の役割と機能 | ・保育所等における子どもの生活と保育士の援助や関わりについて理解できた | □ | □ | □ | □ |
| | | ・保育所保育指針に基づく保育の展開が理解できた | □ | □ | □ | □ |
| | 子どもの理解 | ・子どもとの関わりを通した観察と記録作成による具体的な子ども理解ができた | □ | □ | □ | □ |
| | | ・子どもの発達過程について具体的な理解ができた | □ | □ | □ | □ |
| | | ・子どもへの積極的な関わりや具体的な援助ができた | □ | □ | □ | □ |
| | 保育内容・保育環境 | ・保育の計画に基づいた保育内容の実際について理解できた | □ | □ | □ | □ |
| | | ・子どもの発達過程に応じた保育内容の実際について理解できた | □ | □ | □ | □ |
| | | ・子どもの生活や遊びと実際の保育環境の関連性について理解できた | □ | □ | □ | □ |
| | | ・実際の子どもの健康管理や安全対策について理解できた | □ | □ | □ | □ |
| | 保育の計画、観察、記録 | ・全体的な計画を指導計画及び評価の関連について理解できた | □ | □ | □ | □ |
| | | ・記録に基づく省察と自己評価ができる | □ | □ | □ | □ |
| | 専門職としての保育士の役割と職業倫理 | ・専門職としての保育士の業務内容について具体的に理解できた | □ | □ | □ | □ |
| | | ・職員間の役割分担や連携・協働について具体的に理解できた | □ | □ | □ | □ |
| | | ・専門職としての保育士の役割と力業倫理について具体的に理解できた | □ | □ | □ | □ |
| 全体の感想 | （実習を通しての全体的な感想・反省、今後の課題） | | | | | |

記入要綱
評価基準は以下の通りです
A：とても良くできた　　B：できた　　C：できなかった　　D：全くできなかった

出典：一般社団法人　全国保育士養成協議会『保育実習指導のミニマムスタンダードVer.2 「協働」する保育士養成』140頁、「保育実習Ⅰ（保育所等）評価票（例）」をもとに望月作成。

## 表Ⅱ-2-5　保育実習Ⅱ　自己評価票（例）

| 実習施設名 | | | 施設長名 | | | 実習指導担当保育士名 | | |
|---|---|---|---|---|---|---|---|---|
| | | | | | ㊞ | | | ㊞ |
| 実習生 | | 学年<br>クラス | 学籍番号 | | | 氏名 | | |
| 実習期間 | | 年　　月　　日（　　） | | ～ | 年　　月　　日（　　） | | | |
| 勤務状況 | 出勤日 | | 日 | 欠勤日数 | 日 | 遅刻数 | 回 | 早退数　　　回 |

| 項目 | 評価の内容 | 評価上の観点 | 評価（該当するものの□にチェック） | | | |
|---|---|---|---|---|---|---|
| | | | A | B | C | D |
| 態度 | 意欲・積極性 | ・指導担当者からの指示を待つばかりではなく、自分から行動できた<br>・積極的に子どもとかかわれた | □ | □ | □ | □ |
| | 責任感 | ・十分な時間的余裕を持って勤務開始ができた<br>・報告・連絡・相談を必要に応じて適切にできた | □ | □ | □ | □ |
| | 探求心 | ・日々の取り組みの中で、適切な援助方法を理解できた<br>・日々の取り組みの中で、自己課題を持って実習に臨めた | □ | □ | □ | □ |
| | 協調性 | ・自分勝手な判断にならないように努められたか<br>・判断に迷った際に、指導担当者に助言が求められた | □ | □ | □ | □ |
| 知識・技術 | 保育所等の役割と機能の具体的展開 | ・養護と教育が一体となって行われる実際の保育について理解できた | □ | □ | □ | □ |
| | | ・保育所等の社会的役割と責任について具体的実践を通した理解ができた | □ | □ | □ | □ |
| | 観察に基づく保育の理解 | ・実際の子どもとのかかわりを通して子どもの心身の状態や活動に対する観察ができた | □ | □ | □ | □ |
| | | ・保育士の援助や関わりに対する観察ができている | □ | □ | □ | □ |
| | | ・実際の保育所等の生活の流れや展開について把握できた | □ | □ | □ | □ |
| | 子どもの保育および保護者・家庭への支援と地域社会との連携 | ・環境を通して行う保育、生活や遊びを通して総合的に行う保育について理解できた | □ | □ | □ | □ |
| | | ・保護者支援および地域の子育て家庭への支援の実態について理解できた | □ | □ | □ | □ |
| | | ・関係機関との連携の実際について理解できた | □ | □ | □ | □ |
| | | ・地域社会との連携の実際について理解できた | □ | □ | □ | □ |
| | 指導計画の作成、実践、観察、記録、評価 | ・全体的な指導に基づく指導計画の作成・実践・省察・評価と実際の保育の過程の展開について理解できた | □ | □ | □ | □ |
| | | ・作成した指導計画に基づく保育実践の評価ができた | □ | □ | □ | □ |
| | 保育士の業務と職業倫理 | ・多様な保育の展開と保育士の業務内容の関連性について理解できた | □ | □ | □ | □ |
| | | ・保育士の職業倫理について具体的な実践に結びつけて理解できた | □ | □ | □ | □ |
| | 自己課題の明確化 | ・保育士を目指す者としての自己の課題を明確にすることができた | □ | □ | □ | □ |
| 全体の感想 | （実習を通しての全体的な感想・反省、今後の課題） | | | | | |

記入要綱
評価基準は以下の通りです
A：とても良くできた　　B：できた　　C：できなかった　　D：全くできなかった

出典：一般社団法人　全国保育士養成協議会『保育実習指導のミニマムスタンダードVer.2「協働」する保育士養成』142頁、「保育実習Ⅱ評価票（例）」をもとに望月作成。

表Ⅱ-2-6 保育実習Ⅰ（保育所等）評価票（例）

| 実 習 施 設 名 | | 施 設 長 名 | 実習指導担当保育士名 |
|---|---|---|---|
| | | ㊞ | ㊞ |

| 実習生 | 学年　　クラス | 学籍番号 | 氏　名 | |
|---|---|---|---|---|

| 実習期間 | 　年　　月　　日（　）　～　　年　　月　　日（　） | | | |
|---|---|---|---|---|
| 勤務状況 | 出勤日　　　　日 | 欠勤日数　　　　日 | 遅刻数　　　　回 | 早退数　　　　回 |

| 項目 | 評価の内容 | 評価上の観点 | 評価（該当するものの□にチェック） | | | |
|---|---|---|---|---|---|---|
| | | | A | B | C | D |
| 態度 | 意欲・積極性 | ・指導担当者からの指示を待つばかりでなく、自分から行動している。<br>・積極的に子どもとかかわろうとしている。　など | □ | □ | □ | □ |
| | 責任感 | ・十分な時間的余裕を持って勤務開始できるようにしている。<br>・報告・連絡・相談を必要に応じて適切に行っている。　など | □ | □ | □ | □ |
| | 探求心 | ・日々の取り組みの中で、適切な援助の方法を理解しようとしている。<br>・日々の取り組みの中で、自己課題を持って実習に臨んでいる。　など | □ | □ | □ | □ |
| | 協調性 | ・自分勝手な判断に陥らないように努めている。<br>・判断に迷うときには、指導担当者に助言を求めている。　など | □ | □ | □ | □ |
| 知識・技術 | 保育所等の役割と機能 | ・保育所等における子どもの生活と保育士の援助や関わりについて理解できている。 | □ | □ | □ | □ |
| | | ・保育所保育指針に基づく保育の展開について理解できている。 | □ | □ | □ | □ |
| | 子どもの理解 | ・子どもとの関わりを通した観察と記録作成による具体的な子ども理解ができている。 | □ | □ | □ | □ |
| | | ・子どもの発達過程について具体的な理解ができている。 | □ | □ | □ | □ |
| | | ・子どもへの積極的な関わりや具体的な援助ができている。 | □ | □ | □ | □ |
| | 保育内容・保育環境 | ・保育の計画に基づいた保育内容の実際について理解できている。 | □ | □ | □ | □ |
| | | ・子どもの発達過程に応じた保育内容の実際について理解できている。 | □ | □ | □ | □ |
| | | ・子どもの生活や遊びと実際の保育環境の関連性について理解できている。 | □ | □ | □ | □ |
| | | ・実際の子どもの健康管理や安全対策について理解できている。 | □ | □ | □ | □ |
| | 保育の計画、観察、記録 | ・全体的な計画と指導計画及び評価の関連について理解できている。 | □ | □ | □ | □ |
| | | ・記録に基づく省察と自己評価ができている。 | □ | □ | □ | □ |
| | 専門職としての保育士の役割と職業倫理 | ・専門職としての保育士の業務内容について具体的に理解できている。 | □ | □ | □ | □ |
| | | ・職員間の役割分担や連携・協働について具体的に理解できている。 | □ | □ | □ | □ |
| | | ・専門職としての保育士の役割と職業倫理について具体的に理解できている。 | □ | □ | □ | □ |

| 総合所見 | （できていたこと、今後課題になること） | 総合評価<br>（該当するものに○） | 実習生として<br>A：非常に優れている<br>B：優れている<br>C：適切である<br>D：努力を要する |
|---|---|---|---|
| | | | ※大学側評価欄<br>実習指導者氏名　　　　　㊞ |

記入要綱
1. 評価基準は以下の通りです
A：実習生として非常に優れている　B：実習生として優れている　C：実習生として適切である
D：実習生として努力を要する
総合所見では、実習を通して学生ができていた点、今後の課題となる点などを記入してください。

出典：一般社団法人　全国保育士養成協議会『保育実習指導のミニマムスタンダードVer.2 「協働」する保育士養成』140頁、「保育実習Ⅰ（保育所等）評価票（例）」。

## 表Ⅱ-2-7　保育実習Ⅱ　評価票（例）

| 実　習　施　設　名 | 施　設　長　名 | 実習指導担当保育士名 |
|---|---|---|
| | ㊞ | ㊞ |

| 実習生 | 学年　　クラス | 学籍番号 | | 氏　名 | |
|---|---|---|---|---|---|

| 実習期間 | 年　　月　　日（　）　〜　　年　　月　　日（　） | | | | |
|---|---|---|---|---|---|
| 勤務状況 | 出勤日　　　日 | 欠勤日数　　　日 | 遅刻数　　　回 | 早退数　　　回 | |

| 項目 | 評価の内容 | 評価上の観点 | 評価（該当するものの□にチェック） A | B | C | D |
|---|---|---|---|---|---|---|
| 態度 | 意欲・積極性 | ・指導担当者からの指示を待つばかりでなく、自分から行動している。<br>・積極的に子どもとかかわろうとしている。　など | □ | □ | □ | □ |
| | 責任感 | ・十分な時間的余裕を持って勤務開始できるようにしている。<br>・報告・連絡・相談を必要に応じて適切に行っている。　など | □ | □ | □ | □ |
| | 探求心 | ・日々の取り組みの中で、適切な援助の方法を理解しようとしている。<br>・日々の取り組みの中で、自己課題を持って実習に臨んでいる。など | □ | □ | □ | □ |
| | 協調性 | ・自分勝手な判断に陥らないように努めている。<br>・判断に迷うときには、指導担当者に助言を求めている。　など | □ | □ | □ | □ |
| 知識・技術 | 保育所等の役割と機能の具体的展開 | ・養護と教育が一体となって行われる実際の保育について理解できている。 | □ | □ | □ | □ |
| | | ・保育所等の社会的役割と責任について具体的実践を通した理解ができている。 | □ | □ | □ | □ |
| | 観察に基づく保育の理解 | ・実際の子どもとのかかわりを通して子どもの心身の状態や活動に対する観察ができている。 | □ | □ | □ | □ |
| | | ・保育士の援助や関わりに対する観察ができている | □ | □ | □ | □ |
| | | ・実際の保育所等の生活の流れや展開について把握できている。 | □ | □ | □ | □ |
| | 子どもの保育および保護者・家庭への支援と地域社会との連携 | ・環境を通して行う保育、生活や遊びを通して総合的に行う保育について理解できている。 | □ | □ | □ | □ |
| | | ・保護者支援および地域の子育て家庭への支援の実態について理解できている。 | □ | □ | □ | □ |
| | | ・関係機関との連携の実際について理解できている。 | □ | □ | □ | □ |
| | | ・地域社会との連携の実際について理解できている。 | □ | □ | □ | □ |
| | 指導計画の作成、実践、観察、記録、評価 | ・全体的な計画に基づく指導計画の作成・実践・省察・評価と実際の保育の過程の展開について理解できている。 | □ | □ | □ | □ |
| | | ・作成した指導計画に基づく保育実践の評価ができている。 | □ | □ | □ | □ |
| | 保育士の業務と職業倫理 | ・多様な保育の展開と保育士の業務内容の関連性について理解できている。 | □ | □ | □ | □ |
| | | ・保育士の職業倫理について具体的な実践に結びつけて理解できている。 | □ | □ | □ | □ |
| | 自己課題の明確化 | ・保育士を目指す者としての自己の課題を明確にすることができている。 | □ | □ | □ | □ |

| 総合所見 | （できていたこと、今後課題になること） | 総合評価（該当するものに○） | 実習生として<br>A：非常に優れている<br>B：優れている<br>C：適切である<br>D：努力を要する |
|---|---|---|---|
| | | | ※大学側評価欄<br><br>実習指導者氏名　　　　　㊞ |

記入要綱
1．評価基準は以下の通りです
A：実習生として非常に優れている　B：実習生として優れている　C：実習生として適切である
D：実習生として努力を要する
総合所見では、実習を通して学生ができていた点、今後の課題となる点などを記入してください。

出典：一般社団法人　全国保育士養成協議会『保育実習指導のミニマムスタンダードVer.2
「協働」する保育士養成』142頁、「保育実習Ⅱ評価票（例）」。

また、実習園から評価票（保育実習Ⅰ（保育所等）評価票（例）〔表Ⅱ-2-6〕、保育実習Ⅱ評価票（例）〔表Ⅱ-2-7〕）が届いた後は、自己評価票（表Ⅱ-2-4、表Ⅱ-2-5）と照らし合わせながら、実習園からの評価を確認する必要がある。実習生としてよかった点、あるいは改善すべき点などと向き合い、保育士（保育教諭）をめざすうえでの自己の適性について考えられる機会でもあるため、指摘事項については、真摯に受け止め、今後の課題としていく必要があることを忘れてはならない。

## 学習のふりかえり

**1** 保育所（認定こども園）実習の意義と目的について理解を深める。

**2** 保育所（認定こども園）で、実習を行ううえでの実習生としての心構え、配慮事項、実習日誌の記入方法について理解を深める。

**3** 乳幼児保育を行ううえでの保育士（保育教諭）としての役割について理解を深める。

**4** 実習における指導計画の立案方法と実践および省察・評価の流れについて理解を深める。

**参考文献**
1. 新 保育士養成講座編纂委員会編『新 保育士養成講座　第9巻　保育実習』全国社会福祉協議会、2015年。
2. 一般社団法人全国保育士養成協議会『保育実習指導のミニマムスタンダードVer.2「協働」する保育士養成』中央法規出版、2018年。
3. 福本俊『幼稚園教諭・保育士のための実習ガイドブック』大学図書出版、2016年。

# II 保育実践〈実習と事後の振り返り〉

## 第3章

# 居住型児童福祉施設等における実習指導

**学習のポイント**

　保育士は子どものケアワーカーとして幅広く児童福祉施設等で働いているが、一体どのような仕事をしているのだろうか。

　保育士の資格を得るためには、これらさまざまな施設での子どもたちとの関わりや生活環境の整備、生活支援の内容を学ぶ実習を体験する必要がある。乳幼児期のみならず、さまざまな年齢や状況にある子どもたちの育成を図ることができること、それが保育士に求められる役割となる。

　ここでは、そのような施設において保育実習生として適切に実習に取り組むために必要な心構えや知識について学んでいく。

# 児童福祉施設等での実習

## 1　児童福祉施設等における実習の心構え

　児童福祉施設等での実習に際しては、保育士の社会福祉専門職としての位置づけや社会福祉援助とは何かといったことの理解、また守るべき責務としての倫理について理解し、専門職としての姿勢や態度を身につけている必要がある。特に子どもの福祉施設等で働くうえで、近年非常に重要視されている子どもの権利擁護について意識をもち、具体的な場面で検討し、態度や実践する力を身につけておく必要がある。実習生であっても、これらをしっかりと基盤において実習に望んでほしい。

　さて、実習に行くということは、専門職が働く職場に立ち入り、利用している子どもたちの前に立つということである。社会人としてもつべき姿勢や態度についても十分に留意してほしい。決められた時間や書類の作成、提出期限を守ること、相談・連絡・報告をしっかりとすること、時や場所、目的に応じた適切な服装や髪型などの配慮、食事のとり方やことば遣いなど、子どもたちの前に立つおとなのモデルとなるように心がける必要がある。

　また、実習先では実習指導者のスーパービジョンを受けることになる。スーパービジョンとは、スーパーバイザーが部下の教育訓練、業務管理、心理的支援などを担うが、スーパービジョンを受ける側（スーパーバイジー）も、受け身の態度ではなく、何を求めているのか、何がわからないのかなどを自身で考えるという姿勢が必要である。そのような姿勢と考える力が、学習をさらに深めることにつながる。

　さて、私たちは、図Ⅱ-3-1のようにさまざまな知識や体験を「読む－書く」、「聞く－話す」、「観る－行動する」という入力（インプット）と出力（アウトプット）という方法によって学んでいる。その中心には「考える」というものがある。そして、実習などの現場での学びでは、これらの総合的な力が求められ

**図Ⅱ-3-1　学びの方法**

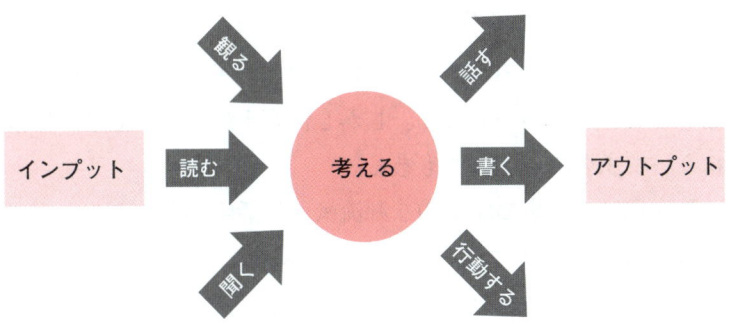

作図：農野

る。実習前指導のなかで、また日ごろの自身の学習のなかで、これらのインプットとアウトプットの力をしっかりと高めておいてほしい。

　児童福祉施設等における実習は、結構大変な実習である。粘り強く、子どもや利用者に接する根気強さをもち、おおらかな気持ちで細かいことにくよくよしないこと。健康に留意し元気であることが必要である。子どもたちは、自分に構ってくれ、心を和らげてくれる人が大好きである。これらを心がけながら自身が楽しんで実習をしてほしい。

## 2　児童福祉施設等と保育士

　この項では、保育所や認定こども園以外の児童福祉施設等で実習を行うときにもっておくべき知識や身につけておいてほしいことを説明する。特に、児童福祉施設では、子どもの養育を代替する役割と家族を支援する役割、さらに子どもが家族を頼らずに社会的に自立していくことを支援する役割など多様な役割を担うため、社会福祉援助専門職としての役割や現在の子どもを取り巻く社会状況や福祉制度に広い知見をもつことが必要である。そして、親や家庭を離れて暮らす子どもたちであるため職業倫理や人権擁護といった重要な知見と態度をしっかり身につけてほしい。保育士の施設実習では、障害者施設での実習も想定されている。広く社会福祉の営みを見つめられる目を養ってほしい。

## （1） 社会福祉援助専門職としての保育士

　一般的な保育士のイメージは、就学前の子どもたちの保育に携わるというものであろう。しかし保育士は、社会福祉の仕事にとって主要な専門職でもある。

　社会福祉の仕事の歴史的な源流は、生活困難を抱える人たちを施設で保護して生活そのものを提供するケアワーカーと、日々の暮らしに課題をもつ家庭への相談支援を行う、リッチモンド（Richmond,Mary E.）らによって専門職として育てられたソーシャルワーカーの実践からはじまった。これらは共に生活に困りごとを抱える人たちを護り育てる仕事として引き継がれていく。

　さて、施設保護が必要な人たちとは、当初は生活困窮という問題であったが、日々の糧を得る術をもたない子どもたちは、当然に保護の対象として考えられた。日本では、明治時代に石井十次の岡山孤児院で子どもたちの世話をする仕事に「保姆」が活躍していた。やがて戦後、昭和22(1947)年の児童福祉法制定により各種の児童福祉施設が規定され、さらに翌年の児童福祉法施行令により「保母」は、「児童福祉施設において、児童の保育に従事する女子」と示された。このように当初から就学前児童だけでなく、幅広い年代の子どもたちを保護し、生活支援をするさまざまな児童福祉施設で働くことが期待されていた。また、日本におけるケアワーカーとして「保母」は有力な資格であったため、かつては高齢者施設や障害者施設におけるケアワークも「保母」の資格で採用されることが多かった。

　やがて理学療法士や作業療法士、言語聴覚士、介護福祉士など、個別の専門分野におけるワーカーが生まれてきたなかで、平成11(1999)年には、性差を問わない「保育士」と名称変更され、平成15(2003)年には、国家資格となった。このような歴史的な経緯のなかで児童福祉施設等の幅広い現場で子どもや利用者の生活を提供し、育成し、支援する重要な役割が保育士に期待されている。また児童福祉施設等での家族支援では、幅広い福祉の知識が求められることもある。社会福祉援助専門職としての自覚と知識の研鑽は、保育士にも必要である。

## （2）　専門職としての倫理

　「児童福祉施設の設備及び運営に関する基準」の第7条では、「児童福祉施設に入所している者の保護に従事する職員は、健全な心身を有し、豊かな人間性と倫理観を備え、児童福祉事業に熱意のある者」とされている。人は生まれてから以降、何をどのように観るか、どのように判断するか、どのように行動するか、そしてその結果がどうであったかという体験を経て社会化されていく。豊かな人間性とは、これら自身の生活体験を内省しながら培われた豊かな感性や心情をもとに醸し出されるものであろう。児童福祉施設等で働く職員は、さまざまな状況にある子どもたちを受け止め、個々の子どもたちを理解しようと努力するなかで、さらに豊かな人間性が磨かれていく。そのような保育士たちの姿が、子どもたちが育ち、人間性を形成するうえでのモデルともなる。児童福祉施設等の職員は、子どもたちとともに暮らし、接する時間も期間も長く、その内容も深い。施設で暮らす子どもたちのなかには、家庭で親と暮らした期間よりも施設生活のほうが長いという高年齢の子どもたちもいる。職員が施設で働く姿、日々暮らす姿が、子どもたちの精神を培い人格を形成することに大きな影響を与えている。

　さて、倫理とは「するべきこと、してはいけないこと」の判断の基準となるものである。私たちが専門職に求めるものには、「私にとって悪いことはしない」というものがあろう。これはあまりにも自明すぎて明確に意識することが少ないかもしれない。しかし、倫理観をしっかりともつことは、専門職としての大前提といえる。職業倫理については、例えば、平成22（2010）年5月17日に制定された全国児童養護施設協議会による「倫理綱領」が示されているが、自らの実践を常に内省し、研鑽していく姿勢が求められる。

---

全国児童養護施設協議会 倫理綱領

社会福祉法人　全国社会福祉協議会<br>
全国児童養護施設協議会

原　則

児童養護施設に携わるすべての役員・職員（以下、『私たち』という。）は、日本国憲法、世界人権宣言、国連・子どもの権利に関する条約、児童憲章、児童福祉法、児童虐待の防止等に関する法律、児童福祉施設最低基準にかかげられた理念と定めを遵守します。

　　すべての子どもを、人種、性別、年齢、身体的精神的状況、宗教的文化的背景、保護者の社会的地位、経済状況等の違いにかかわらず、かけがえのない存在として尊重します。

## 使　命

　　私たちは、入所してきた子どもたちが、安全に安心した生活を営むことができるよう、子どもの生命と人権を守り、育む責務があります。

　　私たちは、子どもの意思を尊重しつつ、子どもの成長と発達を育み、自己実現と自立のために継続的な援助を保障する養育をおこない、子どもの最善の利益の実現をめざします。

## 倫理綱領

1. 私たちは、子どもの利益を最優先した養育をおこないます
2. 私たちは、子どもの理解と受容、信頼関係を大切にします
3. 私たちは、子どもの自己決定と主体性の尊重につとめます
4. 私たちは、子どもと家族との関係を大切にした支援をおこないます
5. 私たちは、子どものプライバシーの尊重と秘密を保持します
6. 私たちは、子どもへの差別・虐待を許さず、権利侵害の防止につとめます
7. 私たちは、最良の養育実践を行うために専門性の向上をはかります
8. 私たちは、関係機関や地域と連携し、子どもを育みます
9. 私たちは、地域福祉への積極的な参加と協働につとめます
10. 私たちは、常に施設環境および運営の改善向上につとめます

2010年5月17日　制定

## （3）　子どもの権利擁護への取り組み

　　児童の権利に関する条約では、子どもを権利の主体とし、子どもの最善の利益を確保すると示された。まずは親が子どもの福祉を考え、国はその親を支援すること、そしてそれがむずかしい場合には、社会が子どもたちの代替的養育の仕組みと内実

を整え保障する必要がある。しかし、子どもの生活を施設で提供するということは、親子を家庭から分離するということになる。親そして家庭は、子どもにとって自身と分かちがたい存在である。特に小さい子どもにとって、親から見捨てられるという感覚は、自分の存在を脅かすものとなる。しかも親の都合で子どもが施設に預けられるため、子どもの思いをきちんと理解し、年齢に応じた情報提供や説明をする必要がある。

1990年代の中ごろから2000年代以降、各都道府県で制作された『子どもの権利ノート』の取り組みでは、子どもが児童養護施設への入所や里親に委託される時点で、子どもの思いをていねいに拾い上げながら、これからはじまる施設での生活を子どもたちに説明するようになった。また同時に子どもの施設入所から退所を「アドミッションケア（施設入所前のケア）」、「インケア（施設入所中のケア）」、「リービングケア（施設を去るためのケア）」、「アフターケア（施設退所後のケア）」という一連の流れでとらえて、施設入所が家庭や社会と断絶されることなく継ぎ目のないケアを展開していくこと、そして児童相談所との協働のもと、家庭とも連携したケアを進めていくために、平成9（1997）年の児童福祉法改正により、児童福祉法第26条の児童相談所長のとるべき措置の第2項で、子どもや保護者の意向を聴取する規定が置かれ、平成10（1998）年の「児童養護施設等における入所者の自立支援計画について」および「児童相談所運営指針の改正について」などの国の通知や児童福祉施設最低基準の改正によって、施設入所措置をとる際の子どもや保護者の意向聴取が行われ、児童相談所の「援助計画」に基づいて、子どもや保護者の意向が十分に尊重される施設の「自立支援計画」の策定が義務付けられた。

しかし、子どもを施設に預ける理由は、さまざまであるため個別の事情をふまえた家庭支援の実践が求められる。そのため児童養護施設等に家庭支援専門相談員（ファミリーソーシャルワーカー）が配置されるようになり、個々の家庭への支援が行われている。子どもは施設で暮らしていても、親や家庭との絆は切れていないのである。より一日も早く家庭状況が改善されて、子どもたちが家庭に復帰できるように支援していくことも重要な施設の役割となる。

さて、児童福祉施設等の営みは、暮らしを提供するという生

存権の保障そのものであり、それは子どもの権利を保障する最後の砦といわれてきた。児童養護施設等が社会福祉法で規定される第一種社会福祉事業であるのは、人権上重大な配慮が必要であることによる。しかし、そのような子どもたちの施設での人権侵害の事案も実際に起きてきた。家庭で親から虐待を受けてきた子どもたちが、施設のなかで再度の虐待を受けることがあってはならないことである。そのような事態に対して、国は平成20(2008)年に児童福祉法を改正し、「被措置児童等虐待」という概念を置き、発見した者に対する通告の義務を置くなど対応の仕組みをつくった。また施設間の支援内容を標準化するために、各施設種別の施設運営指針を策定し、社会福祉サービスの第三者評価についても、平成24(2012)年からは社会的養護に関わる施設は、3年に1回の受審義務化を行う取り組みなどを行ってきている。生活型の児童福祉施設等で実習を行うとき、子どもたちの暮らしへの気配りや子どもたちの言動への対応のなかで、子どもの人権を護り配慮する姿勢は、実習生としても身につけておく必要がある。

## (4) プライバシーの保護と守秘義務

　子どもたちにとって施設は、暮らしの場であり個々のプライバシーが護られる生活の場である。実習生は、子どもたちにとって非常に大切な生活場所に立ち入るということを十分に認識し、子どもたちに失礼のないように留意する必要がある。

　施設で生活する子どもたちのなかには、実習生に自分の生い立ちや個人的なことを話す子どもたちがいる。何度も繰り返し誰かに話すことで、さまざまな体験を自分の心の中にまとめ上げようとしていることもあれば、施設生活の不満を聞いてもらいたいという思いもあるだろう。実習生が実習期間中に聞いた子どもの話を友人と通勤途中に話すことや、通信機器を通じて発信するなどは守秘義務を考えるうえで、絶対に避けるべき行為となる。児童福祉法第18条の22では、「保育士は、正当な理由がなく、その業務に関して知り得た人の秘密を漏らしてはならない。保育士でなくなった後においても同様とする」とあるので、実習に入る前に、子どもたちからの話を聞いた場合における対応を養成機関の実習指導教員や現場の実習指導者と確

認しておく必要がある。児童福祉施設の設備及び運営の基準第5条「児童福祉施設の一般原則」では、「児童福祉施設は入所している者の人権に十分配慮するとともに、一人ひとりの人格を尊重して、その運営を行わなければならない」と示されている。実習生は、学ぶ者であると同時に、施設の運営の一端に携わる者でもあるという自覚が求められる。

## 3 児童福祉施設等の役割や機能

児童福祉施設等における保育士実習では、衣服の管理や食事の世話、施設内の美化清掃や保健衛生をはじめとする子どもの生活環境の配慮と遊びや学習支援といった対人援助などで構成されるが、実習の実務を通じて児童福祉施設等の役割や機能を理解することも大切な実習の目的となる。

この項では、そのような児童福祉施設等の機能や役割について説明する。

### (1) ケアワークとソーシャルワークの連携

子どもの生活そのものを引き受けることが児童福祉施設等の基本的な役割となるため、まずは子どもたちにとって安心・安全な生活の保障が求められる。衣食住を基盤とする安定した生活のなかで生活リズムを獲得し、社会化や発達を実現することが子どもの生きる力となっていく。

しかし、子どもの生きる力を引き出すうえで、親の存在は大きい。子どもへの虐待が社会問題として顕在化し、親や家庭から子どもを保護するための法制度の整備が進められたが、小さな年齢の子どもが、施設で保護されるということを理解するのは、相当困難である。子どもたちは、たとえ親から虐待を受けていたとしても、最後まで親の存在を自分にとって重要なものとしてとらえ「しがみつく（cling）」のである。そして「なぜ自分は親から愛してもらえなかったのか」「なぜ、自分だけこのような目にあうのか」といった問いを繰り返し問い続けていく。やがて煮詰まると施設で不適応となり、入所施設を替えること(措置変更)や、さらに社会のなかで「漂流（drift）」してしまう。施設のケアにおいて、親を乗り越える力を引き出すこと

が、子どもが社会的自立を果たすためには必要である。

　児童養護施設等では、子どもの生い立ちを自分の心の中にまとめるため「ライフストーリーワーク」という支援方法に取り組んでいるところもある。また、子どもの生い立ちの記録として、保育士が一人ひとりの写真アルバムをつくり子どもに語りかけるなど、個々の子どものアイデンティティの確立に向けて、ていねいに取り組んでいるところもある。

　しかし、子どもたちは親の家庭で暮らすことを夢に見ている。そのために児童福祉施設等では、生活支援だけでなく、家族再統合に向けたファミリーソーシャルワークも施設では重要な任務となる。図Ⅱ-3-2は、このような施設におけるケアワークとソーシャルワークの関係を示したものである。

　児童福祉法において保育士は、子どもの保育とともに「保護者に対する保育に関する指導を行う」ものと定義されている。子どもや利用者への生活支援であるケアワークを中心に、まわりを取り巻くようにソーシャルワークが包んでいる。子どもや利用者にとって、施設外や事業所外の諸資源との関係が、施設入所時やサービスを利用する時点、その後の施設生活やサービス利用中の暮らし、そして施設を退所した後などの生活の質に大きく関わってくる。そのため施設内だけではなく、外に働きかけて社会資源を活用し、個々の環境を調整するソーシャルワークがケアワークと連動しあう取り組みが求められている。そして、これら全体の営みを貫いているものが自立支援というテーマである。

　平成28（2016）年に改正された児童福祉法第3条の2では、「国及び地方公共団体は、児童が家庭において心身ともに健やかに養育されるよう、児童の保護者を支援しなければならない」とされ、続いて策定された「新しい社会的養育ビジョン」では、「家庭養育優先原則」の徹底という方向性が出された。さらに平成30（2018）年7月6日の厚生労働省子ども家庭局の「『都道府県社会的養育推進計画』の策定について」では、基本的考え方のなかに、児童相談所の在宅指導措置下において、市区町村が委託を受けて集中的に支援を行うなど在宅での社会的養育としての支援を構築し、子どもへの直接的サービスや親子入所機能創設などのメニューも充実させて親子を分離しないケアの充実を図るなど、確実に在宅の子どもに対して支援を届け

図Ⅱ-3-2　施設職員の仕事／ケアワークとソーシャルワークとの関係図

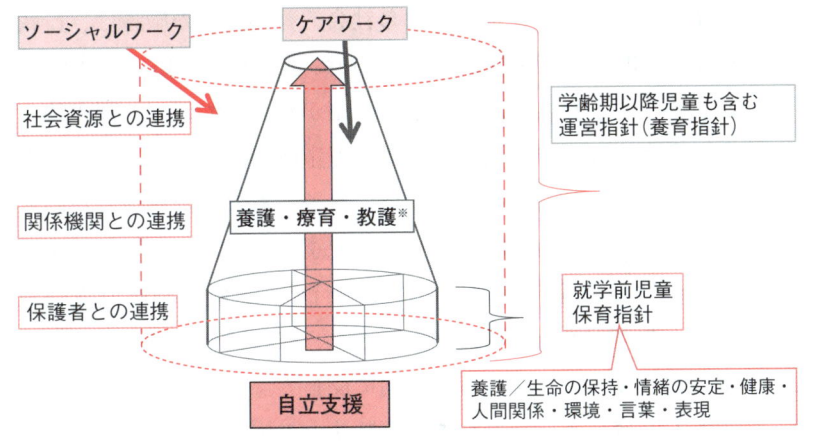

※子どもが育まれる場所で行われる行為について、さまざまなことばが用いられているが、不良行為をなし、またはなすおそれのある児童の教育・保護の取り組みを「教護」という時代があった。もとは明治時代の篤志家の取り組みから「感化」ということばが用いられて明治33(1900)年に感化法が制定、感化院が設置された。昭和8(1933)年には、少年教護法に改正され少年教護院となる。後に昭和22(1947)年の児童福祉法制定時に教護院となった後、平成9(1997)年の児童福祉法改正において児童自立支援施設となり、子どもの自立支援と家庭環境からの問題に対処するために通所の機能も併せ持つ施設となって現在に至っている。

作図：農野

ることが求められるとされた。今後ますます児童福祉施設等では、地域の子育て支援の拠点として、家族や関係機関等との協働によるソーシャルワークを展開していく必要がある。

## (2)　保育士実習における各種施設の設置目的

　保育士養成における実習施設として認められているのは、次の施設等である。乳児院、母子生活支援施設、児童養護施設、児童心理治療施設、児童自立支援施設、児童相談所一時保護所といった社会的養護関係の施設と障害児入所施設、児童発達支援センター、さらに障害者支援施設、指定障害福祉サービス事業所(生活介護、自立訓練、就労移行支援又は就労継続支援を行うものに限る)、独立行政法人国立重度知的障害者総合施設のぞみの園などの障害児・者関係の施設等、そして地域における子どもの健全育成のための児童厚生施設である。表Ⅱ-3-1は、このような施設等の目的について示したものである。

### ❶社会的養護関係施設

　乳児院、母子生活支援施設、児童養護施設、児童心理治療施

設、児童自立支援施設などが社会的養護関係の施設となるが、母子生活支援施設を除くこれら社会的養護関係の施設は、行政による判断という措置制度によって運営されている。実際には、さまざまな入所理由による利用がなされていて、基本的には親権者の同意が必要であるが、児童虐待の場合など、保護者が子どもとの分離を拒否していても子どもの福祉を護るために施設入所が必要と判断した場合、児童相談所長が児童福祉法第28条による家事審判の申し立てを行い、家庭裁判所の審判で子どもの施設入所の可否が検討され、家庭裁判所が施設入所を承認することで、保護者の意向に反しても、子どもを施設に措置する場合もある。また児童福祉法上の規定では、これらの施設群には退所したものに対する相談支援も求めている。

### ❷障害児・者関係施設

戦後の児童福祉法制定時に、各種の児童福祉施設が規定されたが、やがて後に障害児施設については、重症心身障害児施設など障害に応じた専門的支援が行える施設に分化していった。

1960年代後半には、医療、福祉、教育の総合的な支援とともに一生涯安心して暮らし、全人格的な生活を営むための地域社会であり、生活共同体でもある国立心身障害者コロニーの取り組みなどが行われた。しかしやがて、どのような障害があっても、共に暮らし慣れた地域で生活を営むことが求められるようになり、細分化された施設は、統合化される方向になった。

障害者自立支援法から障害者総合支援法と続く制度のもとで、障害に着目するのではなく、その人の生活に視点を置き、当事者が必要とするサービスを当事者の意思によって活用する制度とされた。また地域で身近な施設を利用するためには、施設で提供されるサービスそのものが多様なニーズに対応できるものとならなければならない。その結果、児童福祉法のなかでも、児童発達支援センターという通園施設と障害児入所施設という生活施設に大きく分け、それぞれに医療法に規定する医療設備が必要な医療型と必要のない福祉型とに区分するというかたちになった。障害児施設には、さまざまなニーズをもつ子どもたちを地域で受け入れるための体制づくりが求められているが、それぞれの施設の歴史や成り立ち、整備されている施設設備等を考慮して、知的障害や自閉症、視覚聴覚障害、肢体不自

## 表Ⅱ-3-1　施設の目的

| 施設名称 | 児童福祉法の規定による施設の設置目的 |
|---|---|
| 乳児院 | 乳児（保健上、安定した生活環境の確保その他の理由により特に必要のある場合には、幼児を含む。）を入院させて、これを養育し、あわせて退院した者について相談その他の援助を行うことを目的とする。 |
| 母子生活支援施設 | 配偶者のない女子又はこれに準ずる事情にある女子及びその者の監護すべき児童を入所させて、これらの者を保護するとともに、これらの者の自立の促進のためにその生活を支援し、あわせて退所した者について相談その他の援助を行うことを目的とする。 |
| 児童養護施設 | 保護者のない児童（乳児を除く。ただし、安定した生活環境の確保その他の理由により特に必要のある場合には、乳児を含む。以下この条において同じ。）、虐待されている児童その他環境上養護を要する児童を入所させて、これを養護し、あわせて退所した者に対する相談その他の自立のための援助を行うことを目的とする。 |
| 障害児入所施設 | 次の各号に掲げる区分に応じ、障害児を入所させて、以下の各号に定める支援を行うことを目的とする。<br>一　福祉型障害児入所施設　保護、日常生活の指導及び独立自活に必要な知識技能の付与<br>二　医療型障害児入所施設　保護、日常生活の指導、独立自活に必要な知識技能の付与及び治療 |
| 児童発達支援センター | 次の各号に掲げる区分に応じ、障害児を日々保護者の下から通わせて、以下の各号に定める支援を提供することを目的とする。<br>一　福祉型児童発達支援センター　日常生活における基本的動作の指導、独立自活に必要な知識技能の付与又は集団生活への適応のための訓練<br>二　医療型児童発達支援センター　日常生活における基本的動作の指導、独立自活に必要な知識技能の付与又は集団生活への適応のための訓練及び治療 |
| 児童心理治療施設 | 家庭環境、学校における交友関係その他の環境上の理由により社会生活への適応が困難となった児童を、短期間、入所させ、又は保護者の下から通わせて、社会生活に適応するために必要な心理に関する治療及び生活指導を主として行い、あわせて退所した者について相談その他の援助を行うことを目的とする。 |
| 児童自立支援施設 | 不良行為をなし、又はなすおそれのある児童及び家庭環境その他の環境上の理由により生活指導等を要する児童を入所させ、又は保護者の下から通わせて、個々の児童の状況に応じて必要な指導を行い、その自立を支援し、あわせて退所した者について相談その他の援助を行うことを目的とする。 |
| 児童厚生施設 | 児童遊園、児童館等児童に健全な遊びを与えて、その健康を増進し、又は情操をゆたかにすることを目的とする。 |
| 施設・事業者名称 | 障害者の日常生活及び社会生活を総合的に支援するための法律の規定による施設、事業者の設置目的 |
| 指定障害者支援施設 | 障害者への施設入所支援を行うとともに、施設入所支援以外の施設障害福祉サービス（主として昼間の生活介護、短期入所、自立訓練／生活訓練・機能訓練など）を行うことを目的とする。厚生労働省令で定めるところにより、設置者の申請により、都道府県が施設障害福祉サービスの種類及び当該障害者支援施設の入所定員を定めて指定される。 |
| 指定障害福祉サービス事業者 | 障害福祉サービス（居宅介護、行動援護、同行援護、相談支援など）を行うことを目的とする。厚生労働省令で定めるところにより、事業を行う者の申請により、都道府県が障害の種類及び障害福祉サービス事業を行う事業所ごとに指定される。 |
| 施設名称 | 独立行政法人国立重度知的障害者総合施設のぞみの園法の規定による設置目的 |
| のぞみの園 | 重度の知的障害者に対する自立のための先導的かつ総合的な支援の提供、知的障害者の支援に関する調査及び研究等を行うことにより、知的障害者の福祉の向上を図ることを目的とする。 |

出展：児童福祉法、障害者の日常生活及び社会生活を総合的に支援するための法律、独立行政法人国立重度知的障害者総合施設のぞみの園法をもとに農野作成。

由、重症心身障害など、各施設で中心的に受け入れている子どもたちを設定している。

さらに、保育士の実習先として規定されている施設には、指定障害者支援施設、指定障害福祉サービス事業所といった障害者総合支援法に規定された成人の施設も含まれている。指定障害者支援施設は、利用者の生活介護や自立支援などを行っている。また指定障害福祉サービス事業所では、在宅福祉サービスなどを提供しているが、保育士養成にかかる実習先としては、生活介護、自立訓練、就労移行支援、または就労継続支援を行うものに限るとされている。これら成人の施設や事業所では、保育士の配置規定は置かれていないが、保育士は、養成教育における社会福祉科目の学習や対人支援の学び、そして、福祉の心をもつ専門職として評価されてきたため、生活支援や作業支援を行うスタッフとして多くの保育士が実際に働いている。

## (3)　施設における子どもたちの暮らし

実習生が実習前に抱く疑問としては、児童福祉施設等で暮らす子どもたちやその生活は、どのようなものなのかというものであろう。ここでは、児童養護施設での子どもたちの生活や入所してくる子どもたちの現状について説明する。

ノーマライゼーションの8つの原理を提唱したベンクト・ニィリェ(B.Nirje)は、1日の、1年のノーマルな生活リズムと施設の物理的設置基準は、一般市民と同様のものであるべきとしている。大規模施設で多くの子どもたちが生活している時代には、食事や入浴など全員が一斉に動くことや、参加する行事も全員が参加するものが多かった。しかし現在、大規模施設で多くの子どもたちが暮らすことから、より家庭に近い環境を子どもに提供しようとする方向に大きく改革が行われている。

児童福祉施設等で働く保育士の重要な仕事は、暮らしにおける環境構成である。特に居住型の施設では、暮らしそのものをつくることが求められる。食事や睡眠、入浴、排泄といった基本的生理ニーズを適切に満たすための安心・安全な環境づくりや学習、余暇といった子どもたちや利用者の自己拡張のための環境づくりなどである。また、これらの環境づくりは、子どもたちの適切な発達とパーソナリティの形成を図るための取り組

みでもある。そのために施設では、1日の生活パターンを形成するためのプログラムや1年間を通じた行事等を設定している。また、親からの虐待を受けて入所してくる子どもたちが増え、個々の子どもにしっかりと寄り添い、心の支援をする職員が求められている。さらに、施設の子どもたちの世話だけでなく、子どもの家族への支援や地域の子育ての拠点としての役割も求められ、施設の仕事には、多様な専門職の協働によるチームアプローチが必要となっている。

### ❶生活の形態・家庭的養育への取り組み

　家庭と施設とは人的・物的な環境面での相違がある。いわば一つ屋根の下に集う他人の集まりといえる居住型施設では、これら2つの課題は、児童福祉施設の歴史のなかで常に意識され、よりよい支援に向けて試行錯誤されてきた。20世紀初頭1909年のアメリカにおける第1回ホワイトハウス会議では、子どもは家庭生活から引き離されてはならないとされ、やがて子どもが大規模の施設で育つことの弊害が指摘されるようになる。

　スピッツ(Spitz,R.A.)の提唱した「ホスピタリズム」やボウルビー(Bowlbe,J.M.)による「母性的養育の剥奪」の指摘により、子どもの愛着形成と養育環境をめぐって、日本でも里親を推進する家庭養護の立場と、子どもたちの生活集団に対して教育的かつ福祉的な取り組みを図ることで、家庭ではできない子どもの育ちを実現しようとする集団的養護の立場での論争が起きたが、やがてどちらの養育環境がその子どもにとって必要なのかを見極めるというかたちで収束していった。

　その後、子ども虐待が社会問題として顕在化することや発達障害の子どもたちの手厚いケアなどの課題が生まれ、一人ひとりの子どもたちを家庭同様の人的・物的養育環境のもとで育てるために、生活型施設における子どもの集団養育を見直す必要性から、再度の家庭的な養育のあり方が模索されるようになる。そして、平成12(2000)年には、地域小規模型児童養護施設(グループホーム)の創設、平成16(2004)年には、小規模グループケア(ユニットケア)、平成21(2009)年には、小規模住居型児童養育事業(ファミリーホーム)と大規模な養育体制から、地域に根差した家庭的な養育体制の仕組みがつくられていった(表Ⅱ-3-2)。

表Ⅱ-3-2　大舎・中舎・小舎の現状、小規模ケアの現状

| | | 寮舎の形態 | | | 小規模ケアの形態 | | |
| --- | --- | --- | --- | --- | --- | --- | --- |
| | | 大舎 | 中舎 | 小舎 | 小規模グループケア | 地域小規模児童養護施設 | その他グループホーム |
| 保有施設<br>（N＝561）<br>（平成24年3月） | 施設数 | 283 | 153 | 231 | 323 | 143 | 34 |
| | ％ | 50.4 | 27.3 | 41.2 | 57.6 | 25.5 | 6.1 |
| 保有施設<br>（N＝489）<br>（平成20年3月） | 施設数 | 370 | 95 | 114 | 212 | 111 | 55 |
| | ％ | 75.8 | 19.5 | 23.4 | 43.4 | 22.7 | 11.3 |

注1：社会的養護の施設整備状況調査、調査回答施設数561（平成24年3月1日現在）、調査回答施設数489（平成20年3月1日現在）。
注2：「大舎」：1養育単位当たり定員数が20人以上、「中舎」：同13〜19人、「小舎」：同12人以下、「小規模グループケア」：6人程度
　　　　出典：厚生労働省「社会的養護の現状について」（参考資料）、平成29年12月。

　かつて施設では、多人数が一堂に会した食事や入浴、居室といった生活構造が施設特有のものとして存在していた。しかし現在、家庭的養育の推進が図られて、生活単位の小規模ケア化が進み、食堂や入浴、居室に関して家庭とほぼ同様の生活構造がつくられつつある。現在では、子どもたち20人以上の生活単位を大舎制、13人から19人を中舎制、12人以下を小舎制、6人程度をグループホームとしている。さらに「新しい社会的養育ビジョン」においては、より家庭的な里親委託の推進や、より安定した養育環境のもとに置く養子縁組の推進が考えられている。現在では、まだまだ大舎や中舎で運営されている施設もあるが、どのようにすれば家庭に近い生活環境を提供できるか各施設が工夫と努力をしている状況にある。

### ❷施設における1日の生活

　1日の生活は、起床から始まる。以前は、6時ごろに起床して全員で施設内外の清掃、体操などをしていた。現在では、遠方に通学する高校生やお弁当の必要な中学生などは、少し早く起きて、お弁当づくりを手伝うこともあるが、7時ごろの起床のところが多いようである。洗面や身繕いをして朝食を摂り、学齢ごとの登校となる。施設に残っている幼児たちは、自由保育や設定保育がはじまる。やがて午後から夕方にかけて小学校や中学校の子どもたちが帰ってくる。

　中学生になると洗濯は自分ですることになるが、小学生は、体操服などの洗い物を保育士に托して、おやつを食べ、宿題な

どの学習をし、明日の学校の用意をする。その後は、施設のなかで遊ぶなどして夕食を待つ。中学生は学校でのクラブ活動を、高校生はアルバイトをしている子どもたちもいるので、各自の事情で帰宅してくる。門限を設定しているところも多いが、近年では子どもたちと相談しながら帰宅時間を設定しているところもある。

　夕食は、おおむね18時ごろに摂るが、子どもたちは配膳などを手伝う。その後は、小さい子どもから入浴をする。中学生は夜に宿題などの学習をするが、近年では、塾に通う費用も確保されているので、地域の学習塾に出かけることもある。また施設に学習ボランティアとして大学生などが来て教えてもらうこともある。その後は、小さい子どもから就寝をしていくが、中高生は22時ごろの就寝としているところが多いようである。

　このような1日の生活であるが、施設が小規模化されていくにつれて、施設職員との距離も縮まり、時々の子どものようすや子どもと職員との話し合いなどにより、1日のプログラムの自由度は高くなるようである。しかし、施設という場所は、ある意味「管理」が求められる場でもある。例えば、門限や暮らしのうえでのルールなどを通じて子どもの教育をすることになる。障害児施設等では医療上の管理も重要であるし、場合によっては生命に関わるものとなることがある。

　制度上の管理とは、他者の親権のもとにある子どもを代替的に預かるという制度から、子どもが施設から外出した場合に記録を残す必要もある。また1日24時間、年間を通じて生活を支えるために配置される職員の数や多様な業務といったものが子どもたちの管理に関係するということもある。子どもたちが早く寝てくれれば、事務仕事をする時間が確保できる。

　しかし現在、施設の管理が妥当であるかが問われる時代となっている。おとなの勝手な都合で、子どもを恣意的に管理していないかということや、施設の運営やルールについて妥当な説明が求められる。そして、これらの「管理」に対抗するものが子どもの「主体」の尊重であり、具体的には、意見表明と自己決定ということになる。そのためには、おとながていねいに子どもたちに情報を提供し、子どもが意見を形成し、自己決定をするための支援が求められる。

### ❸施設における年間行事

子どもたちの育ちでは、1年を通じた取り組みも求められる。生活に変化を持たせ、季節を感じ、文化を体験するために、施設では、年間行事を設定している。これらの行事には、施設で独自に立案し実施するもの、外部からの招待によるもの、施設連盟など複数の施設で立案し実施するものなどがある。

施設独自に実施するものとしては、節分やひなまつり、お花見、端午の節句や七夕、ハロウィン、クリスマス会といったものや、誕生会や卒業を祝う会、退所した子どもも帰ってくる新年会といったものがある。また地域に開かれた祭りを催し、保護者にも参加を呼びかけることもしている。また学校の運動会や発表会といった行事も保護者に知らせて参加を促すこともある。施設の連盟等が実施するものとしては、施設対抗のソフトボールやフットサルなどのスポーツ大会を開催していることがある。外部からの行事としては、さまざまな社会貢献団体が観劇会やスポーツ観戦、テーマパークなどに招待してくれることがある。

さまざまな行事を通じてたくさんの人たちが、子どもたちに関わってくれることで、施設で暮らす子どもたちのことが地域社会に理解され、また何よりも子どもたちの心が支えられる機会となる。

### ❹児童養護施設に入所してくる子どもたち

児童養護施設は、棄児や親を亡くした子どもたち、そして親が生活困窮などの事由で養育することができない家族の子どもを保護してきた養育院や孤児院、第二次世界大戦後には、戦災孤児や浮浪児の保護施設として、また戦争中に空襲の恐れのある都会から疎開したが終戦後に親や身寄りを失った子どもたちを引き続き保護する施設として、さらには施設で義務教育を終えても社会的に自立することが困難な子どもたちを再度施設で預かり自立に向けての生活や職業訓練などをするアフターケア（施設退所後の後指導）施設など、さまざまな歴史をふまえて現在に至っている。これらの保護施設の実践に共通しているのは、親が家庭で育てられない養護問題が背景にある。

終戦直後は、戦災孤児の保護に明け暮れていたということであるが、昭和27（1952）年の厚生省児童局全国要保護児童調査

では、当時全国500か所の養護施設に入所している約2万8000人の児童のうち、孤児は36.3%、父親または母親のいる児童は56.3%と、すでに孤児よりも親のいる子どもたちのほうが多い状況になっていた。

　現在、児童養護施設に入所してくる子どもたちの措置理由としては、さまざまな事情が背景にあるが、近年では、子ども虐待による入所が増えてきている。表Ⅱ-3-3は、社会的養護に関わる施設等の入所理由である。さまざまな家庭の事情で子どもが入所してきていることがわかる。また母親の問題が子どもの

表Ⅱ-3-3　社会的養護関係施設等における子どもの入所理由

| | 児 童 数 | | | | | | | 構成割合（%） | | | | | | |
|---|---|---|---|---|---|---|---|---|---|---|---|---|---|---|
| | 里親委託児 | 養護施設児 | 情緒障害児 | 自立施設児 | 乳児院児 | ファミリーホーム児 | 援助ホーム児 | 里親委託児 | 養護施設児 | 情緒障害児 | 自立施設児 | 乳児院児 | ファミリーホーム児 | 援助ホーム児 |
| 総　数 | 4,534 | 29,979 | 1,235 | 1,670 | 3,147 | 829 | 376 | 100.0 | 100.0 | 100.0 | 100.0 | 100.0 | 100.0 | 100.0 |
| 父の死亡 | 113 | 142 | 6 | 14 | 2 | 8 | 2 | 2.5 | 0.5 | 0.5 | 0.8 | 0.1 | 1.0 | 0.5 |
| 母の死亡 | 403 | 521 | 13 | 17 | 24 | 22 | 8 | 8.9 | 1.7 | 1.1 | 1.0 | 0.8 | 2.7 | 2.1 |
| 父の行方不明 | 99 | 141 | 1 | 6 | 4 | 6 | 1 | 2.2 | 0.5 | 0.1 | 0.4 | 0.1 | 0.7 | 0.3 |
| 母の行方不明 | 388 | 1,138 | 10 | 17 | 79 | 36 | 9 | 8.6 | 3.8 | 0.8 | 1.0 | 2.5 | 4.3 | 2.4 |
| 父母の離婚 | 97 | 872 | 33 | 133 | 56 | 50 | 18 | 2.1 | 2.9 | 2.7 | 8.0 | 1.8 | 6.0 | 4.8 |
| 両親の未婚 | * | * | * | * | 195 | * | * | * | * | * | * | 6.2 | * | * |
| 父母の不和 | 18 | 233 | 18 | 30 | 41 | 8 | 2 | 0.4 | 0.8 | 1.5 | 1.8 | 1.3 | 1.0 | 0.5 |
| 父の拘禁 | 47 | 419 | 4 | 9 | 18 | 8 | 3 | 1.0 | 1.4 | 0.3 | 0.5 | 0.6 | 1.0 | 0.8 |
| 母の拘禁 | 130 | 1,037 | 14 | 26 | 121 | 31 | 2 | 2.9 | 3.5 | 1.1 | 1.6 | 3.8 | 3.7 | 0.5 |
| 父の入院 | 27 | 180 | - | 2 | 7 | 7 | 1 | 0.6 | 0.6 | - | 0.1 | 0.2 | 0.8 | 0.3 |
| 母の入院 | 131 | 1,124 | 9 | 9 | 96 | 32 | 3 | 2.9 | 3.7 | 0.7 | 0.5 | 3.1 | 3.9 | 0.8 |
| 家族の疾病の付添 | * | * | * | * | 11 | * | * | * | * | * | * | 0.3 | * | * |
| 次子出産 | * | * | * | * | 19 | * | * | * | * | * | * | 0.6 | * | * |
| 父の就労 | 44 | 963 | 11 | 22 | 11 | 10 | 1 | 1.0 | 3.2 | 0.9 | 1.3 | 0.3 | 1.2 | 0.3 |
| 母の就労 | 109 | 767 | 12 | 65 | 123 | 16 | - | 2.4 | 2.6 | 1.0 | 3.9 | 3.9 | 1.9 | - |
| 父の精神疾患等 | 16 | 178 | 9 | 17 | 13 | - | 2 | 0.4 | 0.6 | 0.7 | 1.0 | 0.4 | - | 0.5 |
| 母の精神疾患等 | 356 | 3,519 | 179 | 127 | 686 | 94 | 33 | 7.9 | 11.7 | 14.5 | 7.6 | 21.8 | 11.3 | 8.8 |
| 父の放任・怠だ | 46 | 537 | 27 | 77 | 9 | 13 | 8 | 1.0 | 1.8 | 2.2 | 4.6 | 0.3 | 1.6 | 2.1 |
| 母の放任・怠だ | 431 | 3,878 | 133 | 268 | 340 | 84 | 17 | 9.5 | 12.9 | 10.8 | 16.0 | 10.8 | 10.1 | 4.5 |
| 父の虐待・酷使 | 124 | 2,183 | 161 | 152 | 82 | 58 | 45 | 2.7 | 7.3 | 13.0 | 9.1 | 2.6 | 7.0 | 12.0 |
| 母の虐待・酷使 | 249 | 3,228 | 214 | 129 | 186 | 73 | 35 | 5.5 | 10.8 | 17.3 | 7.7 | 5.9 | 8.8 | 9.3 |
| 棄児 | 94 | 124 | 5 | 6 | 18 | 19 | 1 | 2.1 | 0.4 | 0.4 | 0.4 | 0.6 | 2.3 | 0.3 |
| 養育拒否 | 750 | 1,427 | 78 | 65 | 217 | 71 | 28 | 16.5 | 4.8 | 6.3 | 3.9 | 6.9 | 8.6 | 7.4 |
| 破産等の経済的理由 | 249 | 1,762 | 12 | 13 | 146 | 28 | 10 | 5.5 | 5.9 | 1.0 | 0.8 | 4.6 | 3.4 | 2.7 |
| 児童の問題による監護困難 | 69 | 1,130 | * | * | 19 | 33 | 74 | 1.5 | 3.8 | * | * | 0.6 | 4.0 | 19.7 |
| その他 | 392 | 3,619 | 156 | 172 | 547 | 60 | 57 | 8.6 | 12.1 | 12.6 | 10.3 | 17.4 | 7.2 | 15.2 |
| 特になし | * | * | 91 | 202 | * | * | * | * | * | 7.4 | 12.1 | * | * | * |
| 不　詳 | 152 | 857 | 39 | 92 | 77 | 62 | 16 | 3.4 | 2.9 | 3.2 | 5.5 | 2.4 | 7.5 | 4.3 |

注：＊は、調査項目としていない。

出典：厚生労働省雇用均等・児童家庭局「児童養護施設入所児童等調査結果」（平成25年2月1日現在）、平成27年1月。

養育に影響を及ぼしているようすがみえる。父親の子育てへの参加が叫ばれているが、依然と子どもたちの養育は、母親に委ねられているのであろう。

### ❺虐待を受けた子どもたちのようすと支援の取り組み

注1 ......................
平成24（2012）年3月29日、厚生労働省雇用均等・児童家庭局長通知。

　児童養護施設運営指針[注1]では、子どもたちの養育・支援の基本が次のように示されている。「子どもの存在そのものを認め、子どもが表出する感情や言動をしっかり受け止め、子どもを理解する」、「基本的欲求の充足が、子どもと共に日常生活を構築することを通してなされるよう養育・支援する」、「子どもの力を信じて見守るという姿勢を大切にし、子どもが自ら判断し行動することを保障する」、「発達段階に応じた学びや遊びの場を保障する」、「秩序ある生活を通して、基本的生活習慣を確立するとともに、社会常識及び社会規範、様々な生活技術が習得できるように養育・支援する」。どれも大切な基本である。

　しかし、親から虐待を受けてきた子どもたちは、まず自身の存在を認めてもらう体験という点で、非常に不利益を負っている。結果、自尊心を大きく傷つけられ、他者に威圧的・攻撃的であったり、おとなを試す行動をとったりすることがある。また自身の情緒的な不安定さをコントロールすることができず、器物損壊、自傷・他害をともなうパニック行動を示すこともある。

　これらの行動化（acting out）は、施設職員だけでなく、子ども間における加害被害といった影響も起きてくる。現在では、児童養護施設等にも心理療法担当職員が配置され、施設内で子どもの心のケアにも取り組んでいる。また、**CAPやセカンドステップ**、性教育プログラムなどを実施している施設もある。

　子どもの存在をまるごと受け止め、子どもの感情や言動をしっかりと受け止める態度や実践は、基本的であり、心にさまざまな傷を負っている子どもにとっては、重要な取り組みとなる。児童の権利に関する条約の第12条の意見表明権の保障とは、子どもの年齢に応じて表出される思いというメッセージを、おとなが的確に読み取って対応するという趣旨である。子どもの思いは、ことばで表現されるだけではない。子どもの態度や表情、行動にもその思いが込められている。たとえパニック行動であっても、そこには感情や思いのメッセージが込めら

**CAP**
　子ども自身が暴力から身を護る力をつけるための「子どもへの暴力防止プログラム／Child Assault Prevention」で、NPO法人　CAPセンタージャパンが平成7（1995）年から取り組んでいる。

**セカンドステップ**
　暴力に訴えることなく対応できる力を子どもが身につけるためにアメリカで開発されたプログラムで、平成13（2001）年からは、NPO法人日本こどものための委員会が普及に取り組んでいる。

れている。

そのような行動化する子どもたちに必要なのは、粘り強く関わってくれ、自分の思いを受け止めてくれる人の存在である。そして、ことばで表現できるように意見形成の支援が必要な子どもたちなのである。「いま、ここで」の気持ちを言語化できるために、子どもが示す感情というメッセージを、行動ではなく言語に置き換える体験を積み上げていく必要がある。私たちの思いには、「気持ち」「考え」「不満」「希望」などのさまざまなものが含まれる。子どもの言動から、それらのメッセージを読み取り適切に対応するおとなが必要なのである。

### ❻障害のある子どもたちへの支援

厚生労働省の調査によると表Ⅱ-3-4のように、子どもたちの心身の状況で、何らかの障害のある子どもたちが2割ほどいる。児童心理治療施設や児童自立支援施設では、さらに多い。そして、さまざまな障害のなかでも、ADHDや広汎性発達障害、知的障害の子どもたちが散見されている。

また、保育士養成にかかる実習施設には、障害児・者の施設もある。保育士には、子どもの発達や障がいの状況に応じたことばがけや情報の提示方法、生活刺激の低減など、これらの障害を理解し、子どもの個性や特性にあわせた関わり方が求められる。さらに社会的養護関係の施設では、幼少期に親から離れたことや、親との愛着関係形成に課題があった子どもたちがいる。愛着形成のプロセスや反応性愛着障害の子どもたちがよく示す症状や見通しを立てることの苦手さ、衝動コントロールの未熟さから引き起こされる生活のしづらさなどを理解して関わる必要がある。

実習のなかでは、これらの気になる子どもについて、現場の実習指導者や心理治療担当職員に相談し、助言を求め、指導のもとで関わることが求められる。

表Ⅱ-3-4　心身の状況別児童数

| | 総　数 | 障害等あり | 障害等あり内訳（重複回答） | | | | | | | | | |
|---|---|---|---|---|---|---|---|---|---|---|---|---|
| | | | 身体虚弱 | 肢体不自由 | 視聴覚障害 | 言語障害 | 知的障害 | てんかん | ADHD | LD | 広汎性発達障害 | その他の障害等 |
| 里親委託児 | 4,534 | 933 | 76 | 27 | 35 | 33 | 359 | 46 | 149 | 35 | 200 | 224 |
| | 100.0% | 20.6% | 1.7% | 0.6% | 0.8% | 0.7% | 7.9% | 1.0% | 3.3% | 0.8% | 4.4% | 4.9% |
| 養護施設児 | 29,979 | 8,558 | 584 | 101 | 221 | 298 | 3,685 | 369 | 1,384 | 352 | 1,576 | 2,319 |
| | 100.0% | 28.5% | 1.9% | 0.3% | 0.7% | 1.0% | 12.3% | 1.2% | 4.6% | 1.2% | 5.3% | 7.7% |
| 情緒障害児 | 1,235 | 900 | 7 | 3 | 3 | 6 | 173 | 17 | 243 | 23 | 367 | 442 |
| | 100.0% | 72.9% | 0.6% | 0.2% | 0.2% | 0.5% | 14.0% | 1.4% | 19.7% | 1.9% | 29.7% | 35.8% |
| 自立施設児 | 1,670 | 780 | 16 | 2 | 4 | 2 | 225 | 12 | 255 | 36 | 246 | 230 |
| | 100.0% | 46.7% | 1.0% | 0.1% | 0.2% | 0.1% | 13.5% | 0.7% | 15.3% | 2.2% | 14.7% | 13.8% |
| 乳児院児 | 3,147 | 889 | 526 | 90 | 87 | 83 | 182 | 67 | 5 | 1 | 41 | 235 |
| | 100.0% | 28.2% | 16.7% | 2.9% | 2.8% | 2.6% | 5.8% | 2.1% | 0.2% | 0.0% | 1.3% | 7.5% |
| 母子施設児 | 6,006 | 1,056 | 116 | 20 | 24 | 65 | 268 | 38 | 123 | 65 | 225 | 364 |
| | 100.0% | 17.6% | 1.9% | 0.3% | 0.4% | 1.1% | 4.5% | 0.6% | 2.0% | 1.1% | 3.7% | 6.1% |
| ファミリーホーム児 | 829 | 314 | 24 | 7 | 11 | 17 | 114 | 11 | 59 | 34 | 85 | 119 |
| | 100.0% | 37.9% | 2.9% | 0.8% | 1.3% | 2.1% | 13.8% | 1.3% | 7.1% | 4.1% | 10.3% | 14.4% |
| 援助ホーム児 | 376 | 139 | 8 | - | 1 | - | 37 | 3 | 24 | 5 | 24 | 69 |
| | 100.0% | 37.0% | 2.1% | - | 0.3% | - | 9.8% | 0.8% | 6.4% | 1.3% | 6.4% | 18.4% |

出典：厚生労働省雇用均等・児童家庭局「児童養護施設入所児童等調査（平成25年2月1日付）」平成27年1月。

## 第2節　生活支援、対人援助職としての施設保育士の役割

　児童福祉施設等における具体的な子どもたちへの支援について、児童養護施設運営指針では、社会的養護の原理として、①家庭的養護と個別化、②発達の保障と自立支援、③回復をめざした支援、④家族との連携・協働、⑤継続的支援と連携アプローチ、⑥ライフサイクルを見通した支援、とある。

　この節では、実習のプロセスに添って、日ごろの保育士が行う生活支援を見ていくことにする。

### 1　実習の準備期から開始期へ

　養成機関の実習指導教員から指導を受けながら学習し、自身の実習の目的を定め、実習施設が決まったら必要な書類等を点

検して準備する。また実習が近づいた時期に、事前に施設に出向きあいさつとオリエンテーションを受け、さらに実習に備えていく。そして実習の初日を迎えることになる。ここでは、実習初日から終えるまでの流れをたどりながら、実習生の仕事について説明していく。

　実習初日は、午前中に施設に出勤し、実習に必要な書類の提出や実習について再度の説明を受けるなどして実習場所に入る。ここでは実習担当者だけでなく、当日に勤務している職員へのあいさつなども、明るくしっかりとすることが必要である。

　施設実習では、子どもたちとの関わりが大きな部分を占めるが、平日の午前中は、小学生以上の子どもたちは、地域の学校に通っている。病気や調子の悪い子どもたちか幼児（近隣の幼稚園に通園している幼児もいる）が施設にいる程度で、子どもたちは、ほとんど施設にいない。そのため施設内外の掃除や小学生らの衣服の洗濯など子どもたちの生活環境の整備のための業務に携わるか、あるいは施設で暮らしている幼児に関わり保育を行うことになる。

## (1) 施設の環境整備

　児童養護施設運営指針では、住生活について、居室等施設全体がきれいに整美され、子どもの取り巻く住環境から、そこで暮らす子どもが大切にされているというメッセージを感じられるようにすること、子ども一人ひとりの居場所が確保され、安全、安心を感じる場所となるようにすること、を求めている。

　福祉サービス第三者評価の基準にも、居室等施設全体がきれいに整備され、安全、安心を感じる場所となるように子ども一人ひとりの居場所を確保していることを評価基準としている。

　近年の施設では、子どもの居室を個室にすることや子どものプライバシーを護るために、職員であっても子どもの部屋に入る場合には、子どもの了解を得てから入室するようにしている。実習生が子どもの居室に立ち入るときには、必ず職員に相談し、子どもの了解も得る必要がある。そのため玄関やリビング、ダイニングなどの共有スペースの整備や小学生の洗濯などに取り組むことになる。このような掃除や洗濯といった子ども

の生活の世話は、作業に入る前の段取りが重要であるとともに、仕事ができあがったイメージをもっていることも求められる。例えば、くつ箱の掃除を上の段からしていくように「掃除は上から下へ」という言い伝えがある。洗濯なども何をどのような順番で洗うのか、どのようにして干すのか、たたむのかなど、暮らしの知恵や知識、経験から培った方法がある。実習生自身が自分の家庭で手伝いをして、生活環境の整備を体験しておくことも必要である。

また施設で作業の指示があった場合、わからないことは必ず聞くという姿勢が必要であるとともに、現場の保育士がしていることをよく観察することも求められる。

さて、居住型の施設では、職員は早番、日勤、遅番、夜勤宿直などの交代制勤務体制や、そこで断続的勤務（休憩の時間を勤務時間から除外する）体制などをとりながら、職員同士引き継ぎをし、1日24時間、年間365日の子どもたちの世話をしている。そのため施設の実習指導者は、いつも実習生の傍らにいるということでもない。交替して勤務してくる職員等にもあいさつをするなど、コミュニケーションを十分に図っておく必要がある。

午前中が終わり昼食を摂った後は、休憩に入ることがある。断続的勤務という体制で勤務する場合は、少し長い休憩時間が確保される。この時間に実習日誌を書くためのメモをまとめることや施設の外に出かけられることもある。実習施設の近隣地域のようすを感じてみることや子どもが通う学校まで歩いてみるといったことも学びになる。午後になると幼稚園に通っている子どもや小学生などが帰宅してくるので、おやつの用意や帰宅後の子どもたちを迎える準備をする。そして子どもたちが帰ってくると、ここではじめて子どもたちと出会うことになるので、明るくあいさつし、自己紹介をすることになる。子どもの手洗いや汚れた衣服などの回収、おやつ、宿題や明日の学校の準備など、子どもたちが帰ってくると施設の雰囲気が急に活気を帯びてくる。

## (2) 子どもに関わる場面で必要な引き出しを開ける

子どもたちが学校などから帰ってくると、施設のなかが子ど

もたちの活力にあふれ、急に職員は多忙になる。実習生は、しっかりと職員の補助をしながら学んでいく姿勢が求められる。

児童養護施設運営指針では、健康と安全に関して、発達段階に応じ、身体の健康（清潔、病気、事故等）について自己管理ができるよう支援することや、医療機関と連携して一人ひとりの子どもに対する心身の健康を管理するとともに、異常がある場合は適切に対応する（これは、社会福祉サービス第三者評価基準にも掲げられている）、と示されているため、帰宅してきた子どもたちの健康のようすを観察することも大切である。また、帰宅後の手洗い・うがいといったことの励行を習慣づけることが自身の健康に留意する意識を培う。

さらに職員は、帰宅してくる子どもの心理的な面についても留意している。「ただいま」という子どもの声のトーンから、今日学校で何かあったのかなど気を配りながら、声をかけるなど、子どものようすを見ながら個々の子どもに対応している。

帰宅後、小学生などの子どもたちは、おやつを食べ、漢字や算数のドリル、国語の本読みなどの宿題をする。実習生が子どもたちの宿題などの学習指導をすることもよくある。なかなか落ち着いて勉強をする習慣づけのなかった子どもたちも散見されているため、答えだけを求めたり、すぐに気が散ったりと、学習指導も手強い仕事になる。市販の学習プログラムの導入や通塾、ボランティアによる学習支援をしている施設もある。学習が終わった子どもたちは、実習生に遊びを誘いに来ることや、実習生の仕事として、午前中に干した洗濯物を取り入れて、一人ひとりの子どもたちのタンスに仕舞うこと、夕食やお風呂の準備をするということもあり、子どもたちとの関わりが一気にはじまる。

このように日々子どもの生活場面が施設において展開されるが、そのようすや状況から、子どもを理解し、適切に対応するための必要な知識や方法の引き出しを開けることができるのがベテランの保育士である。

## (3) 夕食の準備と食事

子どもたちのほとんどが帰宅する夕刻になると、子どもたち楽しみの夕食の時間になる。高校生などは、部活やアルバイト

などで帰宅時刻が遅くなることもあるが、多くの施設では「門限」の時間を設けていて、極力一緒に夕食をとるようにしている。実習生が夕食をつくる手伝いをすることもあるので、多くの施設では実習の必要書類として細菌検査の提出を課している。

　施設での食事は、基本は厨房で調理師がつくることになる。大舎制の時代には、厨房でつくった料理をたくさんの子どもたちで一斉に食事をとるかたちであったが、近年では、生活単位のユニット化や小規模化が図られているので、厨房で下ごしらえした食材を各ユニット等に持ち込み、職員が仕上げの調理をするというところもあるし、職員がまったく食材から調理をする場合もある。子どもたちが食事をつくるところを間近に見ることができ、また職員がつくっているのを子どもたちが手伝うことで、生活技術を得ることもできる。実習生も調理や後片付けなどを手伝う場合がある。

　児童養護施設運営指針では、食生活について、食事は、団らんの場でもあり、職員と子ども、そして子ども同士のコミュニケーションの場として機能するなど、楽しみながら食事ができるような工夫や、クラブ活動等で遅く帰ってくるなど子どもの事情に応じて、あたたかいものはあたたかく食べられるなど、配慮された食事環境とするとしている。また、食材の買い出しや食後の後片付けまで、食生活を営むのに必要な体験を通じて知識や技能を習得するなどの食育の推進も求めている。

　実習生も食事を子どもたちと一緒にとるので、子どもたちの話を聴き会話するなど、楽しい食事場面となるように留意する。また食材や栄養の知識や基礎的な調理技術を身につけておくことも大切である。

## (4)　翌日からの実習に向けて

　夕食が終わると、中学生の子どもたちには、学習時間が設定されていることがある。中学生の学習については、近隣の塾に通う子どもたちもいるし、学生等のボランティアが訪問してきて学習の指導を行うこともある。子どもたちが学力を身につけて高等教育を受けることが、子どもたちの自立につながる。近年、大学へ進学をする子どもたちも増えているが、一般の18

歳の進学率からみると、まだまだ低い。国も施設で生活する子どもたちに大学等進学が叶うための方策を取りはじめたが、まず子どもたちの学力を高める取り組みが重要である。

その後、子どもたちは、ゆったりとした時間を過ごしながら入浴、就寝に向けて準備する。

このようにして初日の実習は終わる。実習時間が終了すると職員へのあいさつをして帰宅するか、あるいは施設で用意された部屋に戻り、明日の実習に向けて1日のできごとや反省と感想を実習日誌に書く。

## 2　実習の展開期・実習目標や課題に取り組む

実習の展開期では、1日の施設生活の流れに慣れ、次に取り組むべき仕事の段取りも少しわかり、子どもたちの名前や個性なども少しわかってきた段階となる。この時期には、自身が立てた実習の目標や課題に取り組むことになる。

施設で生活している子どもの生活環境への配慮や、そこでの子どもへの関わり方など、具体的な実習の目標や課題の達成に向かって、しっかりと意識をもって日々の業務に取り組むことが必要である。

キャリアのある保育士は、子どもの生活のようすや言動から、それをいまこの場面で取り上げるか否か、取り上げるとしたらどのような観点から取り上げるのか、そして、どのような方法で対応するのかを瞬時に判断する。そのためには、自身がたくさんの引き出しをもっている必要があるが、それらの引き出しは、保育所保育指針や児童養護施設運営指針に示されている。実習では、これらの指針をもとにして、実際の現場の具体的な場面から学び、理解を深め、自身の引き出しをより豊かにしていくことになる。

### (1)　子どもの健康と安全管理

子どもの健康や安全についての配慮は、日ごろの支援のなかでも重要な事項となる。朝夕の子どものようすから、子どもの健康状態を把握することや、幼児では食事の摂取状況、睡眠、排泄の把握、学童以上では、手洗いやうがい、洗髪や歯磨きな

どの身だしなみの自己管理、健康上配慮が必要な子どもの観察、感染症のまん延予防の取り組みなどを通じて、子どもの心身の健康に留意する。また、けがや事故の予防と起きたときの早急な対処も十分に認識する必要がある。

施設では、事故に至る寸前の事例や手順に沿っていないで行われた行為などについて、記録を残し、予防に向けて検討していく「ヒヤリハット」に取り組んでいるところもある。

## (2) 子どもの個別的支援

児童養護施設運営指針では、社会的養護の原理として、家庭的養護と個別化が示され、適切な養育環境のもと、安心して自分をゆだねられる養育者によって、個別的な状況が十分に考慮されながら養育されるべきとしている。また虐待体験や親との分離体験をしてきた子どもの癒しや回復をめざした支援が示され、安心感をもてる場所で、大切にされる体験を積み重ね、信頼関係や自己肯定感(自尊心)を取り戻していけるようにしていくことが必要であるとしている。

保育士養成にかかる施設では、年間多くの実習生を受け入れている。子どもたちにとって、実習生は、わずかな出会いに過ぎないおとなであっても、しっかりと自分に関わってくれることを期待している。岡山孤児院の実践を行った石井十次は、保姆に対して日ごろから、「子どもは雨に濡らすな」、「下駄の緒を立ててやれ(当時、下駄を履いて生活していた子どもが、外に出ようとしているときに、鼻緒を立ててやる)」と、具体的なことばで示して積極的な養育を促し、ことばより行動を示して子どもを導くという「実行主義」を岡山孤児院12則に掲げた。

子どもたちの言動のなかには、「認めてほしい」、「構ってほしい」、「わかってほしい」というメッセージが込められることがある。一人ひとりの子どもにていねいに関わり、子どもの言動のなかにあるメッセージをしっかりと読み取り、それをことばや行動で示すことで、子どもが大切にされているという感覚がもてるように支援していく。

## （3） 実習の目標や課題を広げ、深める

　個々の子どもの支援と同時に、子どもたちの集団のようすや課題、さらに施設の役割や機能について大局的な観点からの理解を深めることも重要である。

　平成17(2005)年8月10日の厚生労働省雇用均等・児童家庭局家庭福祉課長通知「児童養護施設等における入所者の自立支援計画について」や児童福祉施設最低基準の改正などにより、各施設の長に「自立支援計画」策定の義務が置かれ、子どもたち個々の家族背景や発達課題などをふまえた自立支援計画による養育が行われている（図Ⅱ-3-3）。実習生が子どもたちと生活を共にし、個々の子どもたちを観察し、理解しようとする関わりのなかで、実習指導者のもとで意図的で計画的な養育の関わりを学ぶ体験も積極的に積み上げられると、より充実した実習となる。また、施設における子どもたちの生活ルールの意味や食事などの生活プログラムのなかに込められた養育の意図などを考えていくことで、より施設の理解が深まっていく。

　さらに地域に対して、施設がどのような貢献をし、地域の諸資源と連携を図っているのかといったことや、子どもたちの家族との関わりや支援がどのように展開されているのかなども問題意識としてもってほしい。児童養護施設等には、個別対応職員や心理療法担当職員、家庭支援専門相談員や里親支援専門相談員といった個別の専門職が配置されている。また障害児施設等には、児童発達支援管理責任者、機能訓練担当職員、理学療法士や作業療法士などが、指定障害福祉サービス事業所には、サービス管理責任者などが配置され、さまざまな機関と連携を図りながら、入所している利用者への支援を展開している。どのような専門職が、どのような業務を行い、個々の子どもや利用者に支援をしているのかという全体像を理解することも重要である。なお、これらの施設には、表Ⅱ-3-5に示すような専門職が配置されている。

　平成28(2016)年の児童福祉法改正では、第3条の2で子どもが家庭において心身ともに養育されるよう、国および地方公共団体の親を支援する役割が明記され、家庭養育が困難であり、または適当ではない場合には、家庭の養育環境と同様の養育環境で継続的に養育されるか、または家庭的環境で養育されるよ

## 図Ⅱ-3-3　児童養護施設等の自立支援計画の様式

### 自立支援計画票

施設名　　　　　　　　　　　　　　　　作成者名

| フリガナ<br>子ども氏名 | | 性別 | 男<br>女 | 生年月日 | 年　　月　　日<br>（　　　　歳） |
|---|---|---|---|---|---|
| 保護者氏名 | | 続柄 | | 作成年月日 | 年　　月　　日 |
| 主たる問題 | | | | | |

| 本　人　の　意　向 | |
|---|---|
| 保　護　者　の　意　向 | |
| 市町村・保育所・学校・職<br>場　な　ど　の　意　見 | |
| 児童相談所との協議内容 | |

【支援方針】

| 第○回　支援計画の策定及び評価 | 次期検討時期：　　年　　　　月 |
|---|---|

子ども本人

【長期目標】

| 【短期目標（優先的重点的課題）】 | 支援上の課題 | 支援目標 | 支援内容・方法 | 評価（内容・期日） |
|---|---|---|---|---|
| | | | | 年　　月　　日 |
| | | | | 年　　月　　日 |
| | | | | 年　　月　　日 |
| | | | | 年　　月　　日 |

| 家庭（養育者・家族） | | | |
| --- | --- | --- | --- |
| 【長期目標】 | | | |
| 支援上の課題 | 支援目標 | 支援内容・方法 | 評価（内容・期日） |
| 【短期目標（優先的重点的課題）】 | | | 年　　月　　日<br><br>年　　月　　日<br><br>年　　月　　日 |

| 地域（保育所・学校等） | | | |
| --- | --- | --- | --- |
| 【長期目標】 | | | |
| 支援上の課題 | 支援目標 | 支援内容・方法 | 評価（内容・期日） |
| 【短期目標】 | | | 年　　月　　日<br><br>年　　月　　日 |

| 総　　合 | | | |
| --- | --- | --- | --- |
| 【長期目標】 | | | |
| 支援上の課題 | 支援目標 | 支援内容・方法 | 評価（内容・期日） |
| 【短期目標】 | | | 年　　月　　日<br><br>年　　月　　日 |
| 【特記事項】 | | | |

出典：社会福祉法人恩賜財団母子愛育会日本子ども家庭総合研究所編
『子どもの虐待対応の手引き　平成17年3月25日改定版』有斐
閣、2005年、228〜229頁。

### 表Ⅱ-3-5　施設に配置される専門職

| | |
|---|---|
| 保育士 | 具体的な日常生活の支援や心の支援、子どもたちの自立や家庭復帰に向けた計画的支援などを担う。 |
| 児童指導員 | 児童に対して安定した生活環境を整える。生活指導、学習指導、職業指導および家庭環境の調整などを通じて、児童の心身の健やかな成長とその自立を支援する。 |
| 個別対応職員 | 配偶者からの暴力や被虐待児等の個別の対応が必要な児童への個別対応、保護者への援助等を行う。 |
| 家庭支援専門相談員 | 虐待等の家庭環境上の理由により入所している児童の保護者等に対し、児童相談所との密接な連携をもとに電話、面接等により児童の早期家庭復帰、里親委託等を可能とするための相談援助等の支援を行う。 |
| 心理療法担当職員 | 虐待等による心的外傷等のため心理療法を必要とする児童等に遊戯療法、カウンセリング等の心理療法を実施し、安心感・安全感の再形成および人間関係の修正等を図る。 |
| 里親支援専門相談員 | 児童相談所の里親担当職員、里親委託等推進員、里親会と連携して、(a)所属施設の入所児童の里親委託の推進、(b)退所児童のアフターケアとしての里親支援、(c)所属施設からの退所児童以外を含めた地域支援としての里親支援を行う。 |
| 職業指導員 | 勤労の基礎的な能力および態度を育て、児童がその適性、能力等に応じた職業選択を行うことができるよう、適切な相談、助言、情報の提供、実習、講習等の支援により職業指導を行う。 |
| 児童自立支援専門員 | 児童自立支援施設において、生活指導、学習指導、職業指導および家庭環境の調整などを通じて児童の自立支援を行う。 |
| 児童生活支援員 | 児童自立支援施設において、生活指導、学習指導、職業指導および家庭環境の調整などを通じて児童の生活支援を行う。 |
| 児童発達支援管理責任者 | 障害児通所支援または障害児入所支援の提供の管理を行う。 |
| サービス管理責任者 | 障害者支援施設で利用者等と面談し、保健医療サービスや他の福祉サービス等との連携を図り、療養介護計画を策定し、その進捗状況の把握を行うなど、施設障害福祉サービスの提供に係るサービスの管理を行う。 |
| 機能訓練担当職員 | 障害児施設等において日常生活を営むのに必要な機能訓練を担当する。 |
| 理学療法士 | けがや高齢、障害などで運動機能が低下した状態にある人に、運動機能の維持・改善を目的に運動、温熱、電気、水、光線などの物理的手段を用いて運動機能の改善を行う。 |
| 作業療法士 | 食事や入浴といった日常生活行動の動作訓練や手芸、園芸といった作業活動を通じて、身体機能的、心理的なリハビリテーションを行う。 |
| サービス提供責任者 | 利用者等と面談し個別支援の計画を策定する。また計画の進捗状況を見守り、他の事業者等とも連絡などを取りながら必要な支援の管理を行う。 |
| 看護師 | 医療的ケア（継続的な服薬管理、日常生活上の観察や体調把握、緊急時の対応等）などを行う。乳児院では日常の乳児の世話にも携わる。 |

　このほかに、子どもや利用者の食事を提供している場合、調理員や栄養士が置かれている。また、医療型の障害児施設では医師を置いている場合があるが、他の児童福祉施設等では嘱託医師に委託し、子どもや利用者の医療的管理をしている。

　また、児童養護施設等から退所する子どもたちの自立支援に向けて取り組むことを専門として、自立支援担当職員を施設に置くこともはじまっているが、今後は外部の支援コーディネーターとともに生活や就労相談を協働して行う仕組みが置かれていくであろう。

出典：「児童福祉施設の設備及び運営の基準」「障害者の日常生活及び社会生活を総合的に支援するための法律に基づく指定障害福祉サービスの事業等の人員、設備及び運営に関する基準」「障害者の日常生活及び社会生活を総合的に支援するための法律に基づく指定障害者支援施設等の人員、設備及び運営に関する基準」「新たな社会的養護の在り方に関する検討会（平成29年2月24日「社会的養護における自立支援に関する資料・参考資料1）」などを参考に農野作成。

う必要な措置を講ずる責務を明確にした。さらに平成29（2017）年に示された「新しい社会的養育ビジョン」では、各都道府県において具体的な里親委託をはじめとする家庭養育推進のための計画と目標値を定めることが求められた。児童養護施設等では、里親支援を担う職員が置かれていることがあり、また地域におけるさまざまな家庭の養育支援を展開する拠点としての役割も求められている。

## 3 実習の後期から終結に向けて

　実習の後期からは、これまでの自分の実習を振り返り、残された課題や目標に向けて取り組んでいく時期となる。さらに、終結期では、子どもや利用者たちとの別れが待っている。施設で生活する子どもたちや利用者たちは、年間に多数の実習生が訪れては帰っていくことに慣れていて、一過性の人たちであることはわかっている。しかし、子どもたちのなかには、とてもよい関わりをしてくれた実習生のことをよく覚えていることもあるし、なかには「もう帰るの？」と言ってくれる子どもや利用者もいるだろう。実習生のなかには、自身の実習体験から施設で働く保育士をめざす者もいる。わずかな期間ではあるが、子どもや利用者たちの心に、実習生としてどのように映っていたのか、どのような影響を与えたのかも振り返ってほしい。

　特に、児童養護施設等の社会的養護関係の施設では、家庭にさまざまな生活の事情があり入所してきている。わずかな期間であってもモデルとなるおとなに出会う経験、いろいろな個性のあるおとなと出会う機会は、子どもの人間性を豊かなものにするだろう。施設で暮らす子どもたちは思春期に入っていることが多い。多感な時期に、いろいろなおとなと出会うことの意味は小さくない。

# 児童養護施設における
# 実践の自己評価

　全国児童養護施設協議会の倫理綱領では、最良の養育実践を行うために専門性の向上を図ると述べられている。実習生も自身の実習を通じて、自己の実践を自己評価することは大切である。実践の自己評価を振り返るためには、自身がつける実習日誌の記録は重要な証拠となる。

　ここでは、記録の取り方、子どものようすの観察、計画的支援の取り組みや自己評価等について説明することにする。

## 1　記録の書き方

　保育士は、専門職として自らの実践を振り返り、学び続ける姿勢が求められる。実習生にとって、それを確保するための大事な取り組みが実習日誌への記録である。実習前の段階で自身が立てた実習の目的をしっかりと念頭に置き、それを具体的な目標にして日々の実習に向かわなければならないが、この取り組みのなかで、日々のできごとや子どもとの関わりのようすを文章にしていく。

　記録の書き方は、実習の事前指導のなかで行われるが、文章体や書き込む内容と倫理的な配慮をしっかりと考えて書くことが大切である。ここでは、まず記録の文体について説明する。

### (1) 記録の文体

　記録を取るときの文章は、時間の経過に添って起きたできごとの事実を極力客観的に書く叙述体と、事実に対する記録者の解釈や見解を加える説明体という文体に分かれる。さらに、叙述体には、時間経過のなかで起きている相互作用を詳細に記録する過程叙述体と、要点を絞って記述する圧縮叙述体がある。説明体で記録を取るときには、主観的情報と客観的情報とを区別することや、説明や解釈についての根拠も示すようにする。

また、要約体と呼ばれる文体では、事実や解釈などの要点を整理して記述するが、問題の要点を明確にして情報を集めることで事態の理解に努めるときや、事実を正確に描くことで客観的な資料とする場合などに用いられることがある。さらに逐語体では、登場人物の発言内容などもありのまま記述する文体で、相当の文章力と労力が必要であるが、できごとなどをいきいきと描き出してくれる記録となる。

　各文体について例示したものを掲げておく。

## ❶逐語体

　Aが「それちょうだい」とBの玩具をほしがったが、Bは「いや」と言った。それでもAは、また「貸して」と言うが、Bは「どっか行け」と言った。それでAは、Bの玩具を引っ張り、奪い合いながら取り上げた。取り上げられたBは、Aの左頬を右手で1回叩いた。叩かれたAは、「わあーん」と大声で泣き出した。

➡ この文体は、あるエピソードについていきいきと描くことができる。ただし記録化のための時間と労力が必要と思われるため、特に重要なエピソードについての記録など、限定的に使うことをお勧めする。

## ❷過程叙述体

　AがBの玩具をほしがり、Bに交渉するがBは、それを拒否した。それでAとBは玩具の奪い合いをはじめ、取り上げられたBは、Aの頬を叩きAを泣かせた。

## ❸圧縮叙述体

　AがBの玩具をほしがり奪い合いになる。取り上げられたBは、Aの頬を叩きAを泣かせた。

➡ ❷❸の文体は、時間経過のなかで起きたことを記述していくが、おそらく一般的な記録文体と思われる。

## ❹要約体

Aの他児とのトラブルについて

○月○日○時　部屋遊びの時間にBと玩具の取り合いをして泣かされる。

□月□日□時　夕食をとっているときに、Cにちょっかいを

かけて泣かされる。

Aのようすについて

△月△日△時　熱39.8℃　解熱剤を投与する。

△月△日○時　熱37.2℃　おかゆを茶碗1杯と梅干を1個食べる。

➡ 要約体は、重要な事項を簡潔に記録するもので、例示のように、何かテーマを絞って検討するときや、あるいは最低限の必要な事実を書き込むものとなる。

### ❺説明体

子どもたち数人のグループで遊んでいるなか、なかなか子どもたちの集団に入れず保育室をウロウロしていて不安定だったAは、いつものようにBが玩具でひとり遊びをしているのを見て、近づき玩具がほしいと訴えた。しかし、Bは強い口調で拒否したため玩具の奪い合いになった。他の子どもたちのグループで遊びに加わって、このようすを見ていた私は、けんかを止めに入ろうとしたが間に合わず、玩具を取り上げられたBは、Aの頬を叩きAは大声で泣き出してしまった。

➡ この文体では、記録者の解釈や見解も書き込まれる。保育の現場で、子どもたちとの関わりのなかで、保育者が感じたことや考えたことなどを描くエピソード記述という記録方法がある。この記録を取ることで、保育者自身の問題意識が明確化され、子どもや場面の理解の枠組みが意識化されるとともに、実習指導者からの助言などのより適切な指導を受けられるようになる。

このエピソード記述は、背景となるエピソードと考察という部分から成る。例えば、前記のエピソードでは、次のような考察が記される。

### ❻考察

泣き出してしまったAに、とりあえず「痛かったね」と声かけして寄り添いながらも、Bに対してどのような声かけをしたらよいのか、この事態をどのように納めたらよいのかと、うろたえている自分がいた。また、情緒的に不安定だったAのようすを見ていた私は、もっと早く何か対処する方法があったのではないかと思い反省した。

➡ このような記録によって指導者からの適切な助言を引き出すことができる。しかし、記録にとどめるためには、現象をしっかりと観察して、自身で内省し考える必要がある。

## 2　子どものようすの観察

　施設では、子どもたちのさまざまな生活場面を見ることになる。これらを観察するときに大切なのは、「気づき」であり、気づくための問題意識や見るための枠組みである。カメラを持って外出したとする。美しい光景を見て写真に収めたいと思うだろう。そして、カメラのファインダー(のぞき窓)をのぞき込んでシャッターを押す。なぜ、その光景を写真に収めたいと思ったのか。何をファインダーに切り取ったのか。観察するためには、そのような意識が必要である。

　子どもとの関わりの場面に出会ったとき、今この場面で子どもに関わるか否か、関わるとしたらどのような観点で関わるか、どのように対応するか。そして、その結果、子どものようすがどうであったかをメタ認知(自身を客観的に把握し認識する)し、内省する必要がある。そのためにも、施設実習における子どもの養育支援についての基本的な考え方や観点をしっかりもっていることが求められる。児童養護施設運営指針では、養育・支援の基本や衣食住などの養育・支援の具体的な要点が示されているので、事前に読み込んでおくことが必要である。

　実習生は、子どもたちのさまざまな生活場面で観察した記録をもとに実習指導者に相談し、指示を仰ぎ学習していくことになる。しかし、実習指導者に即座に連絡、相談、指示を仰ぐことができない状況の場合もある。それでも子どもの健康や身体に危機がある状況では、即座に近くにいる職員に報告することが必要であるが、その他の場合には、事後での報告と助言や指示を仰ぐことになる場合もある。そのためにも実習生のメモや記録は重要である。また実習生として判断できる範囲を事前のオリエンテーションなどで確認しておくことは大切である。

## 3　計画的支援と自己評価

　施設で子どもを育てるということは、単に衣食住を保障する

ということだけでなく、子どもの人格を形成することでもあり、親以上に社会的な対応責任と説明責任を担うことになる。そのためには、あらかじめ養育や支援行為個々の目的や目標を定めて取り組む必要がある。

　実習生も短期間ではあるが、自身の実習の計画化と自己の振り返りが求められる。計画化のためには、具体的に実習のどの時期までに何ができるようになればよいのかを設定する必要があるし、どの程度できるようになったかを振り返ることも必要である。具体的な目標と、その評価の基準を設定し、振り返る体験が実習後の今後の成長の糧となり、また自分の課題を見つめることにつながる。また、実習では、一つひとつの仕事に対して、どれだけ広い視野から考えることができたか、そして考えながら仕事ができたかという評価も重要である。例えば、洗濯物にしても、ズボンなどのポケットに何か入っていないかを確認することや、汚れたものは下洗いすることや区別すること、いつも衣類を裏返しで出している子ども、汚れがひどい子どもなど、観察し考えながら作業をすることが、子どもを大切にし、子どもをより理解するための実践となる。

　アメリカでソーシャルケースワーカーという専門職を創設し、訓練養成をしたリッチモンド（Richmond,Mary E.）は、『ソーシャルケースワークとは何か』という文献の序論で、他人のパーソナリティを援助していくのは、努力を傾注すべき分野であるとして、「その分野を教育と呼ぼうと、ソーシャル・ケース・ワークと呼ぼうと、あるいはまた別の名称をつけようと、この分野はあらゆる分野の中で最も骨の折れる分野である。われわれはそのようなサービスをすることによって、『名づけられ知られて』いる。このようなサービスによって、サービスを通じて、今のわれわれの『地位と資格』をもつに至っているのである」[1]と述べている。

　パーソナリティとは、私たちを取り巻く生活環境のなかで適応していこうとするときの私の全体的な特徴であり、それをより豊かなものにしていくということである。私たちは、気が長いとか短いとか個性をもって生活しているが、その個性でもって周りの人たちや置かれた環境のなかで、適応していこうとしている。施設で生活する子どもたちは、さまざまな親の問題を背負い、社会のなかで自立して生活を送るために育ち努力を注

いでいる。そのような子どもたちに直接的に関わり、あるいは親に関わり、さまざまな人たちと協力しながら、子どもたちのパーソナリティを、より豊かなものにしていく仕事が施設保育士という専門職である。

　実習によって子どもたちと関わる力がどのくらい身についただろうか。施設保育士として働いていくうえで、施設で暮らす子どもたちのことを、どの程度理解できるようになっただろうか。そして、そのような子どもたちを育成支援する心構えができただろうか。実習を終えた段階で、しっかりと自身の評価をしてもらいたい。

## ⟲ 学習のふりかえり

**1** 児童福祉施設等の機能や役割、働いている各種の専門職、そこでの保育士の役割について説明することができるか。

**2** 児童福祉施設等で実習を行うときの心構えや人権上の配慮について、具体的に説明できるか。

**3** 児童福祉施設等で生活をしている子どもたちに、保育士はどのような生活支援をしているか、具体的にいくつか説明できるか。

**4** 児童養護施設等で自立支援計画を策定する意義について説明できるか。

**5** 実習に向けて自身の課題や目標について具体的に説明できるか。

引用文献：
＊1　リッチモンド, M.E.、小松源助訳『ソーシャル・ケース・ワークとは何か』中央法規出版、1991年、14頁。

参考文献：
2.　山本智佳央ほか『ライフストーリーワーク入門　社会的養護への導入・展開がわかる実践ガイド』明石書店、2015年。

3. 才村眞里『生まれた家族から離れて暮らす子どもたちのためのライフストーリーブック』福村出版、2015年。
4. B.ニイリェ、河東田博・橋本由紀子ほか訳編『ノーマライゼーションの原理』現代書館、1998年。
5. 金子保『ホスピタリズムの研究　乳児院保育における日本の実態と克服の歴史』川島書店、1994年。
6. 伊藤友宜『親とはなにか』中公新書、1972年。
7. 積惟勝『集団養護と子どもたち』ミネルヴァ書房、1971年。
8. 副田あけみ・小嶋章吾編著『ソーシャルワーク記録　理論と技法』誠心書房、2006年。
9. 鯨岡峻『エピソード記述入門—実践と質的研究のために—』東京大学出版会、2005年。

290

# 項　　　目　　　索　　　引

**執筆代表者**

大方　美香　大阪保育総合大学大学院教授

砂上　史子　千葉大学教授

■

**執筆者（執筆順）**

大方　美香　大阪保育総合大学大学院教授

……………………………………… 序章／第Ⅰ部 第1章 第1・2節

砂上　史子　千葉大学教授………… 序章／第Ⅰ部 第3章 第1・2・3節

實川　慎子　植草学園大学准教授…………… 第Ⅰ部 第1章 第3・4節

古賀　松香　京都教育大学准教授…………… 第Ⅰ部 第2章 第1・2節

吉田伊津美　東京学芸大学教授………………… 第Ⅰ部 第2章 第3節

吉永　早苗　東京家政学院大学教授…………… 第Ⅰ部 第2章 第4節

島田由紀子　國學院大學教授………………… 第Ⅰ部 第2章 第5節

瀧川　光治　大阪総合保育大学教授………… 第Ⅰ部 第4章 第1・2節

門田　理世　西南学院大学教授……………… 第Ⅱ部 第1章 第1節

立花　直樹　学校法人関西学院 聖和短期大学准教授

……………………………………… 第Ⅱ部 第1章 第2・3節

望月　文代　育英大学講師……………… 第Ⅱ部 第2章 第1・2・3節

農野　寛治　大阪大谷大学教授…………… 第Ⅱ部 第3章 第1・2・3節

2019年6月現在

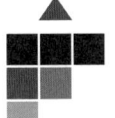

最新　保育士養成講座　第9巻

**保育専門職と保育実践**

―保育実習／保育内容の理解と実践

| 発　　行 | 2019年7月17日　初版第1刷発行 |
| --- | --- |
| 編　　集 | 『最新　保育士養成講座』総括編纂委員会 |
| 発行者 | 笹尾　勝 |
| 発行所 | 社会福祉法人　全国社会福祉協議会 |

〒100-8980　東京都千代田区霞が関3-3-2　新霞が関ビル
TEL：03-3581-9511　　郵便振替：00160-5-38440

| 定　　価 | 本体1,900円（税別） |
| --- | --- |
| 印刷所 | 日経印刷株式会社 |

禁複製

ISBN978-4-7935-1312-1 C0336　￥1900E